金川幸司 編著

# 公共ガバナンス論
サードセクター・住民自治・コミュニティ

晃洋書房

# はしがき

　バブル経済が崩壊し，失われた20年は30年に至ろうとしている．1人当たりのGDPも一時は世界第1位を競うまでになっていたものがいまや20位以下に後退している．野口悠紀夫 [2015] の言葉を借りるまでもなく，私たちはどこで道を誤ったのだろうか．

　少子高齢化，労働力人口の不足，医療・介護における拡大し続ける財政需要に対して政府は，外国人の研修生制度の拡大，一億総活躍社会という用語に代表されるように，高齢者・女性・障害者等の労働力への期待を高めている．また，医療や介護における自己負担の増加，社会給付への所得要件の強化，年金や生活保護の抑制など，支出を押さえる政策を導入している．

　一方，歴史を遡れば，1970年代のオイルショックに端を発する先進国の低成長に対して，アングロサクソン諸国を中心にサッチャー，レーガンといった新自由主義的な小さな政府を指向する政府形態が一世を風靡した．日本においても，中曽根改革において，国鉄の民営化をはじめとする臨調行革路線が取られた．この時期の改革は，後の改革と比較して，粗野でラディカルな改革と言われることがある．しかし，これらの政策は，行政サービスの効率化などの光の部分がある一方，その根底にはトリックルダウン（雨だれ理論）をベースとしている．結果的には，貧困層が得た恩恵は小さく，貧富の差を拡大させるという影の部分も顕在化した．

　日本では，その後，バブル経済とその崩壊に対して，銀行の不良債権問題に悩まされ，その処理と公共事業の拡大といった財政政策がとられた．また，1995年に発生した阪神・淡路大震災を契機にNPO法が制定されるなど，市民活動などの，サードセクターへの期待が高まった．この時期には，河川法の改正，住民投票の活発化など，市民活動がブームを迎え，各自治体では，NPOとの協働条例や指針が次々と作られた．さらに，日本NPOセンターの設立，日本財団による地方におけるNPOの中間支援組織の育成などの動きが見られた．

　一方，よりマクロな視点からは，1998年の金融危機によって大きく潮目が変わることになる．いわゆるケインズ政策から，新古典派経済学をベースとした

NPM改革の推進である．2000年代に入って登場する小泉内閣は，郵政民営化，市町村合併，指定管理者制度，市場化テスト，行政評価など，矢継ぎ早のNPM的政策を実行していくことになる．この間，地方分権改革も行われ，機関委任事務の廃止，財政分権も視野に入れた三位一体の改革が行われた．しかし，財政分権は，不徹底であり，自治体の税収は増えたものの，地方交付税の減額などにより，自治体はその財源を減少させた．

このように，私たちは，30年間激動の変化を歩いてきた．そうした大きな政治社会のうねりの中で，「ガバナンス」が日本だけでなく世界レベルでも重要なテーマとなり，そのガバナンスを展開していく中で，私たち市民一人一人がそこにどう向き合うかが真剣に問われているのである．

ガバナンス論に関しては，多くの専門書が出版されている．本書が目的としたのは，理論的精緻化もさることながら，現実の日本社会において，ガバナンス概念がどのように導入され，運用されているのかを様々な事例を通して明らかにすることである．グローバル化の中における環境変化は，企業活動に限らず公共の分野に対しても大きな影響を与えている．そして，将来社会への処方箋とするために，どのような視点を持つ必要があるのかを考察したつもりである．アカデミックな研究者はアイデアを提示することはできるが，そのアイデアは，現場の実務家が求めているものと必ずしも一致しているとは限らない．このため，本書では，理論と実践を融合することを心がけ，実際の政策の最前線で活躍している実務家の協力を仰いだ．

本論でも述べたが，現在の日本は，財政難による小さな政府によるNPM的な効率性の追求と参加民主主義に代表される，水平的なガバナンスの2つの潮流がせめぎ合っている状況にあると言える．このような視点を念頭に入れながら，ローカルレベルのガバナンスを中心にその主要アクターの行動，現場における実態を可能な限り紹介することに腐心した．

本書は大きく2つの部分から構成されている．各次元におけるガバナンスの実態としての第Ⅰ部と公共ガバナンス論の発展としての第Ⅱ部である．

第Ⅰ部の第1章では，NPO法人に代表される日本の非営利法人制度について，公益法人制度改革も含めて，過去からの経緯を振り返り，その課題と今後の方向性を示した．第2章では，NPM施策の1つである指定管理者制度に焦

点を当て，どのような課題が現場で発生しているのかを公立美術館に焦点を当て，政策当事者の視点から議論した．

第3章からは，ネットワークガバナンスの主要プレイヤーと目されるサードセクターについて議論した．第3章では，NPOを支援する支援センターの現状と課題を全国のアンケート調査などを元に現場での経験のある実務家によって分析がなされた．第4章では，静岡県内を例に，行政とサードセクターの協働政策を紹介した．さらに，静岡市を例に，協働の実態に関して，行政が行ったアンケートと，受け手のサードセクターへのアンケートの両方を見ることにより，協働がどのようになされているのかどうかに関して考察を加えた．第5章では，近年議論が活発化しているソーシャルビジネス（社会的企業）に関して，国際的な視点を交えながら日本の特徴を紹介し，政策的なインプリケーションを探った．

第6章以下は，コミュニティレベルのガバナンスに焦点が当てられる．第6章では，イギリスの地域主義法（Localism Act）によりコミュニティに権限委譲が行われていることを紹介し，そのスキームについて，具体的な資産移転を事例として示し，その現状と課題について詳細な分析がなされている．第7章では，平成の合併で吸収され，周辺部に位置する旧自治体に焦点を当て，旧来から行われてきた事業の継続を地域の住民がNPO法人を設立しながらどのようにそれを維持しようとしているのかを合併に至る経緯を分析した上で紹介した．第8章では，日本特有の自治会町内会が取り上げられ，これまで果たしてきた役割と，社会経済状況の変化の中での変化を描いた．第9章では，基礎自治体の下位分権について，地域自治組織や財政分権も含めて最新のデータを元に紹介した．国の制度によるもの，自治体独自の条例に基づくものなどを詳細に紹介し，分析を行っている．第10章では，東日本大震災で被災したコミュニティに焦点を当て，伝統的なコミュニティ組織の役割と，新しく発生した住民の自主的組織，そして，それを支援する外部のアクターとの関係性をローカル・ガバナンスの視点から議論した．

第Ⅱ部では，まず，第11章で，ガバナンス論の系譜を紹介した．イギリスにおける国家の空洞化から発したローズのニュー・ガバナンス論はNPM的改革の限界とも相俟って世界中に伝播していった．そして，その理論も精緻化したものとなっていった．第2世代と言われるガバナンス論まで含め，ガバナンス

論をとりまく理論的な枠組みを実務家にもわかりやすいように要領よく紹介した．第12章では，本書が自治体内分権，住民自治に焦点を置いているため，マルチレベル・ガバナンスに焦点を当てて議論を行った．自治体内分権とローカル・ガバナンスの研究者によってわかりやすい記述がなされている．続く第13章は，水平的ガバナンスにおけるサードセクターの重要性に鑑み，サードセクターの位置づけを理論的に敷衍した．サードセクターも国による制度的，文化的影響を強く受けているため，そのハイブリッド構造に着目した議論を中心に展開した．最後の第14章は，本書のまとめの意味も持った章であり，今後のガバナンスの行方を考察した章になっている．まずは，NPM理論から考察し，ガバナンス論との違いを明らかにした上で，今後の政府政体のビッグモデルを示した上で，新公共ガバナンス（NPG）が成立するための条件を提示した．

**参考文献**

野口悠紀雄［2015］『戦後経済史——私たちはどこで間違えたのか——』東洋経済新報社．

# 目　次

はしがき

## 第Ⅰ部　各次元（セクター）におけるガバナンスの実態

### 第1章　日本における新たな非営利法人制度の導入とその動き …2
　はじめに　(2)
　　1．NPOの概念　(3)
　　2．NPO法人制度　(4)
　　3．新公益法人制度　(8)
　　4．その他の特別法に基づく法人　(15)
　　5．特定非営利活動促進法と一般法人の選択の問題　(16)
　おわりに　(19)
　　　——今後の課題——

### 第2章　指定管理者制度と公立博物館 ……………………………24
　はじめに　(24)
　　1．指定管理者制度の導入　(24)
　　2．指定管理者制度の現況　(28)
　　3．博物館の運営形態を巡って　(33)
　おわりに　(37)
　　　——博物館と自治体文化政策——

### 第3章　日本の市民活動における中間支援機能の実態 …………39
　はじめに　(39)
　　1．用語としての中間支援　(39)
　　2．NPO制度の輸入とインフラ組織　(41)
　　3．地方における中間支援組織の誕生と展開　(43)
　　4．公設型中間支援施設　(45)
　　5．中間支援団体を活用した国の事業の事例　(48)

おわりに　(52)

## 第4章　日本における行政・サードセクターの協働実態 …………55
はじめに　(55)
1. 協働の概念　(55)
2. 協働の指針等とモデル事業　(59)
3. 静岡市における協働の実態　(66)

おわりに　(72)

## 第5章　国際的に見た日本の社会的企業の実態とその政策 ………76
はじめに　(76)
1. 社会的企業の背景と概念の分類　(76)
2. 概念整理　(77)
3. 日本の社会的企業の定義と規模　(80)
4. 日本の社会的企業の現状　(84)
5. 日本の社会的企業の特徴　(86)
6. 国の支援策　(90)
7. 自治体の支援策　(91)
8. ソーシャルインパクトボンド　(92)
9. 民間の支援　(93)

おわりに　(93)

## 第6章　英国におけるコミュニティによる資産所有・管理 ………99
はじめに　(99)
1. 英国における資産移転の状況　(99)
2. コミュニティによる資産所有・管理をめぐる政策展開　(102)
　　──資産移転政策・コミュニティ入札権──
3. コミュニティ資産所有・管理の事例　(104)

おわりに　(109)

## 第7章　市町村合併と集落支援型NPO ……………………119
はじめに　(119)

1．合併と自治体内分権制度　（120）
　　2．由比町の合併　（122）
　　3．由比町の合併過程における住民自治の確保の動き　（124）
　　4．NPO法人ふれあい由比の誕生　（126）
　　5．佐久間町の合併　（130）
　　6．浜松市の中山間地活性化施策　（132）
　　7．NPO法人がんばらまいか佐久間の設立　（134）
　　お わ り に　（138）

第8章　既存自治組織としての自治会町内会の役割とその変容……144
　　1．自治会町内会の定義と特質　（144）
　　2．自治会町内会のこれまで　（149）
　　　　──その役割──
　　3．起こりつつある変容　（153）
　　お わ り に　（156）
　　　　──自治会町内会のこれから──

第9章　自治体内分権と地域自治………………………………………160
　　1．自治体内分権　（160）
　　2．地域自治組織　（161）
　　3．財 政 分 権　（164）
　　4．財政分権の実態と限界　（166）
　　お わ り に　（172）
　　　　──自治体内分権のこれから──

第10章　東日本大震災からの復興過程におけるローカル・
　　　　ガバナンス………………………………………………………176
　　は じ め に　（176）
　　1．南三陸町の概況　（177）
　　2．協働の復興まちづくり　（178）
　　3．考　　察　（184）
　　お わ り に　（186）

## 第Ⅱ部　公共ガバナンス論の発展と展望

### 第11章　公共ガバナンス論の展開 …………………… 192
　はじめに　(*192*)
　1．ガバナンスの概念　(*192*)
　　　──公共ガバナンスの領域──
　2．公共ガバナンス論の発展過程　(*196*)
　おわりに　(*203*)

### 第12章　マルチレベル・ガバナンスの中の市民自治の方法 ……… 208
　　　──コミュニティ・ガバナンスとは──
　1．ガバナンス概念の登場　(*208*)
　2．コミュニティ・ガバナンス　(*209*)
　3．コミュニティ・ガバナンスのデザイン　(*215*)
　おわりに　(*218*)
　　　──コミュニティ・ガバナンスのこれから──

### 第13章　新たなアクターとしてのサードセクターとその理論的
　　　　　位置づけ …………………………………………… 222
　はじめに　(*222*)
　1．サードセクター論　(*222*)
　2．アドボカシー，市民社会論との関係　(*227*)
　3．サードセクターの多義化と財源問題　(*229*)
　4．サードセクターの近年の潮流と課題　(*231*)
　おわりに　(*235*)

### 第14章　日本における今後のガバナンス改革 …………… 239
　はじめに　(*239*)
　1．ニューパブリック・マネジメント（NPM：新公共管理）　(*240*)
　2．NPMとガバナンス　(*244*)
　3．新公共ガバナンス（NPG）　(*248*)

4．ポストNPMとガバナンス改革　　(251)
　　おわりに　　(253)

あとがき　　(259)
人名索引　　(261)
事項索引　　(263)

# 第Ⅰ部

## 各次元(セクター)におけるガバナンスの実態

# 第 1 章

# 日本における新たな非営利法人制度の導入とその動き

## はじめに

　日本の非営利法人制度は，1896年に成立した民法により，公益法人として，社団法人，財団法人制度が発足した．

　この社団法人，財団法人は，旧民法34条「祭祀，宗教，慈善，学術，技芸，その他の公益に関する社団又は財団であって，営利を目的としないものは，主務官庁の許可を得て，法人とすることができる」という規定による法人である．さらに，戦後，個別領域に関して，同法34条の特別法として，学校法人，社会福祉法人，更生保護法人，特定非営利活動法人などが設立された．これらの特別法による非営利法人は180にも及ぶとされている．

　この民法による社団法人，財団法人の課題は，① 不祥事が起こるたびに規制が強化されていったこと，② 設立に際して，主務官庁制の広い裁量が認められ，厳しい要件が課される一方，早期退職公務員の受け皿となったこと，③ 設立後の規律の不明確さ，④ 非公益・非営利団体は法人になれない，といった問題であった［中田 2007：3］．

　このため，民間の公共的活動の自由な促進という点が抑制され，一般市民が公益活動を行おうとする場合に事実上使える制度ではなく，ボランティア団体のような任意団体として活動するか，株式会社などの営利法人形態や企業組合形態で活動する団体も見られた．

　一方，欧米の事例を参照に，1990年代に入って，市民公益活動を行うボランティア団体に法人格を与えようとする動きが加速し［総合研究開発機構 1994］，1995年に発生した阪神・淡路大震災によるボランティア活動の活性化が世論を動かし，特定非営利活動促進法が民法34条の特別法として，議員立法の形で1998年に公布，施行された．

また，従来の公益法人の許可は，民法典の中で規制されてきたが，許可等は行政法に属する分野である．しかし，行政法はこの点を視野に入れてこなかったし，私人間の個別具体的な法律関係を基本的対象とする民法法学は「不特定多数の利益」や許可といった概念を深く議論してこなかった経緯がある［塩野 2009：32］．本章では，このような視点を含め，新たに成立した特定非営利活動法人（NPO法人）と公益法人制度改革の2つの動きを見ながら，日本の非営利法人法制について考察する．

## 1　NPOの概念

　ボランティア団体などが容易に法人格を取得できないという状況に対して，冷戦の終結によって公益性を掲げる団体に保守・革新・左右の踏み絵を迫るイデオロギー的地盤が緩んできたという政治的環境も追い風となり［岡本 2017：180］，1990年代に入って，諸外国の事例を参考とし，新しい市民公益活動を円滑に進めるための検討が，主に，アメリカのNPO概念を念頭に置き，議論が進められた．NPOの定義に関しては，様々な議論があるが，アメリカのジョンズホプキンス大学が中心となり，日本も含めた国際比較研究もなされており，その中での以下のような，NPOの定義が大きく影響したと言える．この定義はアメリカの内国歳入法第501条（c）（3）に該当する組織が念頭に置かれているといった見方が強く，特にヨーロッパで発達している協同組合のような，一定限度の利益配分を行う共益的な組織，あるいは，利益を目的としないが限定的な配当を認める社会的企業のような組織をどのように扱うか，さらには，日本においては，自治会のような狭域で会員のために活動する組織をどう扱うかが課題となる[1]．

　ここでは，上述の国際比較においてなされた定義をNPOの概念として以下に示す［Salamon and Anheier 1996：邦訳 21-23］．

①　制度的形式性（定款等を有すること）
②　政府とは別の組織であること（民間の組織であること）
③　非営利であること（利益の分配を行わないこと）
④　自己統治組織であること（理事会等によって自ら主体的に意思決定を行っていること）

⑤ 自発的な意思によるものであること（ボランティアの存在，寄付の存在などがあること）
⑥ 宗教組織でないこと
⑦ 政治組織でないこと（政党及び選挙で選ばれる特定の職の候補者を支援することに関わる組織でないこと）

## 2 NPO法人制度

### (1) 定義と活動分野

　NPO法人は，ボランティア活動をはじめとする市民が行う自由な社会貢献活動としての健全な発展を促進することを目的として，認定を受けた法人である．営利を目的としない法人（Nonprofit Organization）であることからNPO法人と呼ばれる．

　すなわち，① 分野を規定し，② 利益の分配を認めず，③ 不特定多数の者に，公益活動を行うものに対して，④ 主務官庁制によらない認証制によって，成立を認めようとするものである．また，焦点となった税制上の優遇措置に関しては，任意団体と変わらないものであったが，将来，見直しを行うということでスタートした．また，法的には，学校法人等と同様，民法の特別法として位置づけられた．その後，分野の拡大，寄付の免税を受けることのできる認定NPO法人制度，さらには，その要件の緩和などが行われ，現在に至っている．特に大きな改正は，2012年であり，分野の拡大，税制上の優遇措置の拡大など諸外国と比較しても，進んだ制度内容となった．

　認証は，団体の主たる事務所が所在する都道府県または指定都市が所轄庁として審査を行うが，所轄庁における裁量は極めて限定的なものとされており，法人格の認証においては実態審査ではなく書面審査によって審査を行い，設立要件に適合するとされる場合は，所轄庁はこれを認証しなければならない（NPO法第10条）[2]．

　NPO法で定められた活動分野は，現在20分野であり，社会のニーズに合わせて表1-1のように変遷してきた．また，2012年改正では，地域のニーズに合わせて，所轄庁が条例で独自に分野を制定できるようにした．

　さらに，当初は，全国的に活動する団体は内閣府が所轄庁として認証していたが，2012年改正により，このような団体であっても，主たる事務所が所在す

る自治体が行うようになり，内閣府は認証業務から撤退した．その他，制定当初から比較して，「暴力団排除規定の強化」，「会計報告書の変更」など，何度かの改正がなされている．

　本書においては，集落支援型NPO法人が取り上げられているが，余り狭い地域を活動範囲とすると，互助的団体（共益団体）に近くなり，NPO法上における「不特定多数の者に対して，公益活動を行うもの」（法第2条1項）に抵触することになる．本書では，主として，平成の合併前に基礎自治体全域を対象として活動している団体を中心に分析しているため，問題はないものと思われる．また，基礎自治体よりも狭い地域で活動している団体であっても，〇〇地域を中心として，といった文言を定款に入れたり，世帯加入（法第2条2項イ号）などの文言を入れたりしなければ，実際に不認証になることはないような運用を行っているといえる．[3]

### (2) 認定制

　NPO法人のうち，特に公益性が高い法人は認定を受けることができる（認定NPO法人）．これは，2001年から加わったものであり，認定を受けた法人に対する寄付については税制の優遇を受けることができるなどの措置が認められている．

　認定NPO法人の認定要件の1つに，活動の公益性を図る基準として，一定期間における市民支援の程度を示す「パブリック・サポート・テスト（PST）」が用いられている．これは，寄付を多く受けている団体は，それだけ社会から支持を受けているとの解釈で，アメリカで行われている制度を参照したものである．なお，当初は，相対的基準のみであり，その後，絶対値基準，条例個別指定基準が加わり，いずれかの基準を達成すれば良いようになった．また，相対的基準のハードルも30％と高かったが，割合の低下（20％）に加えて，その他の要件も緩和していった．現在，認定を受けるためには，以下のいずれかのPST基準を満たす必要がある．さらに，見なし寄付金制度の導入（2003年度），仮認定制度の導入（2012年度）[4]，寄付金控除における適用下限額の引き下げ（当初1万円，現在2000円），所得控除対象寄付金の限度額の引き上げ（当初総所得の25％，現在40％），などのように，認定NPO法人制度は，要件緩和を何度も繰り返し，2001年当時と現在を比較すると別の制度と言ってもよいほど変更が加えられている．[5]

表1-1　NPO法人の活動分野と法人数（複数回答）（2017年9月末）

| 号数 | 活動の種類 | 法人数 | 割合（%） |
|---|---|---|---|
| 第1号 | 保健・医療又は福祉の増進を図る活動 | 30,280 | 58.8 |
| 第2号 | 社会教育の推進を図る活動 | 24,891 | 48.3 |
| 第3号 | まちづくりの推進を図る活動 | 22,845 | 44.3 |
| 第4号 | 観光の振興を図る活動 | 2,403 | 4.7 |
| 第5号 | 農山漁村又は中山間地域の振興を図る活動 | 2,090 | 4.1 |
| 第6号 | 芸術，文化，芸術又はスポーツの振興を図る活動 | 18,392 | 35.7 |
| 第7号 | 環境の保全を図る活動 | 14,124 | 27.4 |
| 第8号 | 災害救援活動 | 4,201 | 8.2 |
| 第9号 | 地域安全活動 | 6,191 | 12.0 |
| 第10号 | 人権の擁護又は平和の推進を図る活動 | 8,723 | 16.9 |
| 第11号 | 国際協力の活動 | 9,587 | 18.6 |
| 第12号 | 男女共同参画社会の形成の促進を図る活動 | 4,778 | 9.3 |
| 第13号 | 子どもの健全育成を図る活動 | 23,745 | 46.1 |
| 第14号 | 情報化社会の発展を図る活動 | 5,812 | 11.3 |
| 第15号 | 科学技術の振興を図る活動 | 2,906 | 5.6 |
| 第16号 | 経済活動の活性化を図る活動 | 9,213 | 17.9 |
| 第17号 | 職業能力の開発又は雇用機会の拡充を支援する活動 | 12,873 | 25.0 |
| 第18号 | 消費者の保護を図る活動 | 3,185 | 6.2 |
| 第19号 | 連絡，助言又は援助の活動 | 24,265 | 47.1 |
| 第20号 | 都道府県又は指定都市の条例で定める活動 | 217 | 0.4 |

（注）
1　一重下線は2003年5月1日，二重下線は2012年4月1日に追加された分野．
2　1つの法人が複数の活動分野を行う場合があるため，合計は，51,725法人にはならない．
（出典）内閣府ウェブページ（https://www.npo-homepage.go.jp/about/toukei-info/ninshou-bunyabetsu，2018年3月17日閲覧）をもとに筆者作成．

　また，認定事務は国税庁が行っていたが，NPO法の中に，認定NPO法人の規定が入り，2012年度から所轄庁が行うようになった．認定事務は都道府県及び政令市の自治事務であるが，改善命令，認証・認定取り消し等について，地域の均衡を図るために，内閣総理大臣は所轄庁に指示を行うことができる（特定非営利活動促進法69条）．この点は，後に述べる，公益法人の公益認定に関する国の関与と同じ理屈である．また，都道府県が地方自治法第252条の17の2に

表1-2　パブリック・サポート・テストの3つの基準

| 基準 | 内容 | 留意点 |
|---|---|---|
| 相対値基準 | 実質判定期間における寄付金等収入金額÷経常収入金額が20%以上であること | ・小規模法人の場合，小規模法人の特例を選択することが可能である<br>・国の補助金等を計算式に参入することが可能である |
| 絶対値基準 | 実質判定期間における各事業年度中の寄付金の額の総額が3000円以上ある寄付者の数の合計数が年平均100人以上いること | ・氏名等が明らかな寄付者のみを数える<br>・寄付者本人と生計を一にするものも含めて1人とする<br>・寄付者が寄付を受けるNPO法人の役員及び役員と生計を一にする者である場合は寄付者の数から除く |
| 条例個別指定基準 | 都道府県又は市区町村の条例により，個人住民税の寄付金税額控除の優遇措置を受けることのできる法人として個別に指定を受けていること | ・申請日の前日に条例の効力が生じている必要がある<br>・条例個別指定を受けた都道府県又は市区町村に事務所を有している必要がある |

(出典)　熊谷・片岡・藤田ほか［2012］．

基づいて，認証事務を県内の基礎自治体に権限委譲している場合がみられる．しかし，「当該市町村の長」はその事務を「管理し及び執行する」だけであり，「所轄庁」が「当該市町村の長」に代わるわけではない．「権限の委譲」がなされたとしても，その場合の「所轄庁」は依然として都道府県知事のままである．

### (3)　設立数の推移

1998年12月の法施行時点から2016年度末までの推移は，**表1-3**のような，状況で，現在は，5万団体を超えている．ただ，認証件数のピークは，2003年～2004年あたりであり，後述する一般社団法人制度の成立の影響もあり，現在の認証ペースはピーク時と比較して減少している．また，認定NPO法人も要件が緩和されたため，徐々に数が増加しているものの，NPO法人全体に占める割合は，2％程度であるのが現状である．また，定款に掲げている分野別の割合を見ると，「保健，医療又は福祉の増進を図る活動」(58.8%)，「社会教育の推進を図る活動」(48.3%)，「子どもの健全育成を図る活動」(46.1%)，「連絡助言援助を図る活動」(47.1%)，「まちづくりの推進を図る活動」(44.3%)，などで割合が高くなっている（**表1-1**）．

表1-3　特定非営利活動法人数の推移 (各年度末)

|  | 1998 | 1999 | 2000 | 2001 | 2002 | 2003 | 2004 | 2005 |
|---|---|---|---|---|---|---|---|---|
| 認証法人数 | 23 | 1,724 | 3,800 | 6,596 | 10,664 | 16,160 | 21,280 | 26,374 |
| (対前年伸率) | − | 75.0 | 2.20 | 1.73 | 1.61 | 1.51 | 1.31 | 1.24 |
| うち認定法人数 | − | − | − | 3 | 12 | 22 | 30 | 40 |
| 割合 | − | − | − | 0.05% | 0.05% | 0.14% | 0.14% | 0.15% |

|  | 2006 | 2007 | 2008 | 2009 | 2010 | 2011 | 2012 | 2013 |
|---|---|---|---|---|---|---|---|---|
| 認証法人数 | 31,115 | 34,369 | 37,192 | 39,732 | 42,385 | 45,138 | 47,540 | 48,980 |
| (対前年伸率) | 1.18 | 1.10 | 1.08 | 1.07 | 1.14 | 1.06 | 1.05 | 1.03 |
| うち認定法人数 | 58 | 80 | 93 | 127 | 198 | 244 | 407 | 630 |
| 割合 | 0.19% | 0.23% | 0.25% | 0.32% | 0.47% | 0.54% | 0.86% | 1.29% |

|  | 2014 | 2015 | 2016 | 2017 |
|---|---|---|---|---|
| 認証法人数 | 50,087 | 50,866 | 51,516 | 51,872 |
| (対前年伸率) | 1.02 | 1.02 | 1.01 | 1.01 |
| うち認定法人数 | 821 | 955 | 1,021 | 1,067 |
| 割合 | 1.64% | 2.46% | 2.46% | 2.06% |

(注) 2012〜2016年度の認定法人数には，特例認定法人数を含む.
(出典) 内閣府 (website) (https://www.NPO-homepage.go.jp/about/toukei-info/ninshou-seni, 2018年5月28日閲覧) をもとに筆者作成.

## 3　新公益法人制度

### (1) 旧公益法人制度とその課題

　従来の公益法人制度については，「はじめに」で示した課題があり，批判の的となっていた．このため，1998年には，ボランティア団体等に法人化の道を与える特定非営利活動促進法が成立したが，その経緯の中で，民法改正も議論に上がったものの，大きな作業になることに加え，市民活動団体側からの反発［太田 2015:46］もあり，とりあえず，旧民法34条の特別法として同法が成立している．
　一方，戦後における公益法人制度に関しては，1960年代の後半，公益法人を巡る不祥事（詐欺，背任横領，睡眠法人，天下り，補助金不正使用）などの数々の問題が国会で取り上げられ，時の佐藤内閣は，1972年に総理府による行政監察指示

を出している．その後も，1990年代を通して，公益法人に対する規制を強化する動きが繰り返されるが，断続的に発生する不祥事件と，特に主務官庁が絡んだ行政委託型公益法人の諸問題が頻発し，その都度小手先の規制強化策が打ち出される歴史であった［太田 2015：37-45］．

2001年には，非営利・非公益団体の法人化のための中間法人法が成立していたが，同年に起こったKSD事件［北沢 2001:42-48］などの影響もあり，特に，行政改革の一環として公益法人制度の改革が必要だとの認識が広まった［中田 2007：4］．2002年3月に「公益法人制度の抜本的改革に向けた取り組みについて」を閣議決定し，2004年11月には，「公益法人制度改革に関する有識者会議報告書」がとりまとめられ，2006年3月公益法人関連3法が他の行政改革に関する法律である「行政改革推進法案」と「市場化テスト法案」と共に国会に提出され可決された［中田 2007：4-5］．

### (2) 新公益法人制度

一般法人法に基づき設立される法人が一般法人（一般社団法人又は一般財団法人）であり，これらのうち，公益認定法に基づき公益認定申請を行い，認定を受けたものが公益法人（公益社団法人又は公益財団法人）となる．公益認定申請は，行政庁（事務所所在地又は事業範囲が2以上の都道府県に及ぶ場合は内閣府，それ以外の場合は都道府県）に対して行うが，行政庁は認定に当たっては，公益認定等委員会（都道府県の場合は，当該都道府県の合議制機関）に諮問しなければならない．この認定委員会は，委員会という名は付いているが，組織法的には審議会（国家行政組織法第8条）であり，都道府県に置かれる合議機関も付属機関としての審議会である［塩野 2009：36］．また，行政法学の視点からは，地方における認定事務は自治事務であり，多元化自体は地方分権の一環として正当化できるとしても，地域間の均衡のバランスをどう図るかは課題であり，法定受託事務には認められている認定取り消しを内閣総理大臣に認めるのは（公益社団法人及び公益財団法人の認定等に関する法律第60条），特別扱いである．国税という地域を越えた問題に関わる点と公益法人という名称を使用させる制度の信頼性の確保を考慮に入れた措置と解されている［小幡 2011：22］．

新制度は2階建構造ということができる．1階に当たる部分が一般法人法に基づくものであり，その行う事業のいかんにかかわらず，準則主義により法人格を取得することができる（すなわち，定款を作成し，公証人の認証を得て設立登記を

行えば法人となることができる）とし，法人の機関，運営，管理などについて定めた．法体系としては，民法33条1項の「法人」を基盤として営利を目的とした「一般法人」と営利を目的とした「会社」が並立し，その他の特別法による諸法人が両者の周辺ないし，中間に並ぶ構造となる［中田 2007：6］．但し，「一般社団法人・一般財団法人」という用語が使われ，事業化を行わないという誤解を避けるため「非営利法人」という文言が避けられたこと，さらに，「一般」という用語を使うことによって，法人格の技術的側面がより重視される傾向が促進されたと解される［中田 2007：6］．

一方，2階に当たる部分が公益認定法に基づくものである．公益認定法では，① 公益認定基準（公益目的事業の実施を主たる目的としている，公益目的事業の収入が費用を超えないと見込まれる，公益目的事業比率が100分の50以上と見込まれる，等，計18項目）や，② 公益法人の事業活動，③ 財産管理のあり方，また，④ 公益認定を行う「新たな判断主体」（民間有識者からなる公益認定等委員会，都道府県の合議制機関）等について定めている．これらにより，公益性，認定もある程度透明化が図られることになっている［雨宮 2015：29］．また，認定法2条4号で規定されている公益目的との関係について，地域の事情等によって解釈の幅の余地がある［能見 2011：28］．

中田［2007：10-11］は，新制度の意義として，① 政府と民間部門の再編成（行革的意義），② 個人の善意の行動の支援，③ 私人の財産管理の自由の拡張，の3つの意義があると指摘する．そして新法では，公益法人には民法の枠にはまり切らない規定が入っており，今後，行政法上の問題として論じられることが多くなるとしている．

また，堀田［2011］は，制度設計の課題として，① 公益概念の未整理から来る問題として，〈1〉収支相補の原則自体に課題があり，〈2〉公益事業比率が50％以上であることの課題，〈3〉遊休資産の保有制限についてルールを緩和すべくガイドラインを次々と出しているが，収支相補と同様に問題があること，② 認定手続きに関しては，上述した太田の指摘同様，判定する側の無理解，自治体によるバラツキの問題を指摘している．

さらに，行政依存型の官益法人に関しては，認定法は何も触れていない．これは，能見［2011：31］の述べるように，認定法の中で直接扱うのは無理がある問題だろう．

以上のように新公益法人制度により，主務官庁制からの離脱が行われたとと

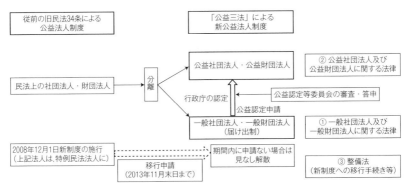

**図1-1　公益法人制度改革の概念図**

(出典)　各種資料を基に筆者作成.

もに，社会福祉法人や医療法人制度にも影響を与えたといった点が指摘されている［岡本　2017：192］．

### (3)　新公益法人制度の税制

　新公益法人制度では，一般法人は，非営利貫徹型，共益型では，NPO法人と同様，非収益事業には課税されないが，普通法人型は株式会社同様すべての事業に法人税が課税される．

　公益法人は，寄付金の免税が認められ，個人からの寄付については，2011年度より，上述したPSTテストの要件をクリアすれば税額控除も認められるようになった．この税額控除を受ける公益法人は2011年には186団体だったものが2017年には988団体にまで増加している［内閣府　2015：41；内閣府公益認定等委員会2017］．その他，認定NPO法人との税制比較に関しては，**表1-4**の通りである．主な違いは，①認定NPO法人が法人税法上の収益事業はすべて課税なのに対して，公益法人は，その中にあっても，公益目的事業は非課税であるという点である．また，②公益法人は利子配当所得非課税であり，③みなし寄付金に関して両者に若干の違いがある．

### (4)　公益法人制度の改革の結果

　制度改革の結果，2014年2月末現在の数値で見ると，制度施行時特例民法法人数は2万4371法人であったものが，移行期間満了時には，公益法人への移行

表1-4 公益法人，認定特定非営利活動法人の税制比較

| | 公益法人 | 認定特活法人 |
|---|---|---|
| 収益事業 | 課税，ただし公益目的事業と認定された事業は非課税 | 課税 |
| みなし寄附金 | 収益事業から公益目的事業に支出した金額は最低50％まで損金算入可，条件によっては最高100％まで損金算入可能 | 収益事業から公益目的事業に繰り入れる金額は50％まで損金算入可 |
| 利子配当所得 | 源泉所得税非課税 | 課税 |
| 寄附者（個人）に係る寄附金控除 | 寄附金より2000円控除した金額を所得（所得金額の40％）を限度）より控除 | 同左 |
| 寄附者（個人）に係る税額控除 | 原則なし，ただし行政庁よりPST条件を満たすものとして証明を受けた時は同右 | 寄附金より2000円控除した金額の40％（所得税税額の25％を限度）より控除 |
| 寄附者（法人）に係る損金控除 | （所得金額の6.25％＋資本金等の額の0.375％）×1/2まで一般寄附金とは別枠で損金算入可 | 同左 |
| 有価証券・不動産等の現物寄附 | 別途国税庁長官の承認を得て，みなし譲渡所得税が非課税 | 同左 |
| 相続財産寄附 | 相続財産から控除 | 同左 |

(出典) 太田 [2015].

認定が9050法人，一般法人への移行認可が1万1679法人，合併・解散が3588法人となっている．一般法人の税制上の優遇措置は，NPO法人とほぼ同様であり，旧制度での公益法人が，法人税の優遇措置を受けていたため，その対象となる法人数が大幅に減少したことになる．ただし，旧公益法人において，寄付の免税を受けることのできる特定公益増進法人は862法人（全体の3.5％）だったものが，公益認定を受けた公益法人がすべて寄付の免税資格を得ることができるため，移行完了時には，9050法人（44％）と大幅に割合が増加している［雨宮2015：22］．また，また，2015年末時点における公益目的事業の目的別法人数を見ると，図1-2のように，「地域社会発展」，「児童等健全育成」，「高齢者福祉」，「文化及び芸術」，「学術・科学技術」，「教育，スポーツ」などの割合が高くなっている．

また，寄付金収入に関しては，2016年1年間を見ると，寄付金合計額は約2100億円，1団体当たりの平均額は約4400万円となっている．社団より財団が多いこと，特に行政庁が内閣府の全国団体の公益財団において，平均寄付額が9200万円となっている．ただし，中央値を見るとわかるように，一部の大きな

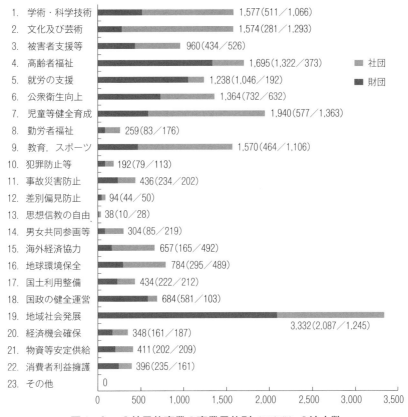

**図1-2　公益目的事業の事業目的別（23事業）の法人数**

（出典）　内閣府［2017］．

団体が大きな寄付金を集めていること，その反面，4627もの団体が寄付金をまったく受け取っていない（表1-5）．

### (5)　一般法人とその実態

一般法人は登記のみで成立し，所轄行政庁がないので，その事業目的，財務内容が把握できない．

公益法人協会の太田は，その数に関して，3万2000強，うち，旧公益法人からの移行が，約1万1000，旧中間法人からの移行が4000強とみられるので，制

表 1-5　寄付金収入額規模別の公益法人（社団，財団別）

| | | 法人数 | 寄附金額計(百万円) | 寄附金あり法人数 | 平均値(百万円) | 中央値(百万円) | 0円 | 1円以上1百万円未満 | 1百万円以上1千万円未満 | 1千万円以上1億円未満 | 1億円以上 |
|---|---|---|---|---|---|---|---|---|---|---|---|
| 内閣府 | 社団 | 787 | 14,647 | 565 | 26 | 3 | 222 | 167 | 255 | 121 | 22 |
| | 財団 | 1,579 | 144,284 | 1,156 | 125 | 15 | 423 | 129 | 345 | 497 | 185 |
| | 計 | 2,366 | 158,931 | 1,721 | 92 | 8 | 645 | 296 | 600 | 618 | 207 |
| 都道府県 | 社団 | 3,333 | 3,934 | 1,133 | 3 | 0.5 | 2,200 | 721 | 327 | 84 | 1 |
| | 財団 | 3,672 | 47,043 | 1,890 | 25 | 2 | 1,782 | 594 | 844 | 393 | 59 |
| | 計 | 7,005 | 50,978 | 3,023 | 17 | 1 | 3,982 | 1,315 | 1,171 | 477 | 60 |
| 合計 | 社団 | 4,120 (100.0%) | 18,581 | 1,698 | 11 | 1 | 2,422 (58.8%) | 888 (21.6%) | 582 (14.1%) | 205 (5.0%) | 23 (0.6%) |
| | 財団 | 5,251 (100.0%) | 191,328 | 3,046 | 63 | 5 | 2,205 (42.0%) | 723 (13.8%) | 1,189 (22.6%) | 890 (16.9%) | 244 (4.6%) |
| | 計 | 9,371 (100.0%) | 209,909 | 4,744 | 44 | 3 | 4,627 (49.4%) | 1,611 (17.2%) | 1,771 (18.9%) | 1,095 (11.7%) | 267 (2.8%) |
| 前年合計 | | 9,293 (100.0%) | 221,381 | 4,648 | 48 | 3 | 4,645 (50.0%) | 1,588 (17.1%) | 1,738 (18.7%) | 1,058 (11.4%) | 264 (2.8%) |

（注）
1　過去1年間に提出された事業報告等（平成28年12月1日時点の入力確認済みデータ）による．
2　平均値及び中央値は，寄附金収入のある法人（4744法人）についての値である．
（出典）内閣府 [2017].

度発足後，新設された一般法人は1万7000前後と推定している［太田 2015：119］．

　一般法人の数を把握する唯一の方法は，国税庁法人番号公表サイトでのキーワード検索になるが，2018年3月時点では，一般社団法人4万8997法人，一般財団法人7080法人，計5万6077法人という数値が検索される[12]．ただし，一般社団では，非営利型か普通法人型かの区分などはわからない[13]．このため，公益法人協会では，新設一般法人に対して，アンケート調査を2014年に実施している．それによると，非営利徹底型52%，共益型17%，普通法人型31%となっている．一般法人の選択理由は，「法人格が欲しかった」，「設立が容易」を合わせると60%を超えている［太田 2015：119-120］．また，後［2015］の行ったサードセクター全体の調査においても，一般社団においては，非営利型が84%，一般財団においては80%で，非営利型がほとんどとなっている．

また，上述したように，多くの一般法人が設立されており，特に，東日本大震災の復旧・復興に際して，迅速な設立ができる当法人格が選択されたようである．一般法人は，登記のみで成立し，情報公開義務もないので実態がつかめないが，認定基準が明確化されたことで，一般市民が設立した一般法人でも公益認定を受けることができる可能性が高まったと言える．ただし，一般法人の実態がつかめず，公益活動を行っている市民団体も多く存在するものの，官益法人の存在，個人資産の租税回避などに使われている法人がメディアなどで報じられている[14]．さらに，非営利徹底型，共益型を非営利型とすると，普通法人型の存在は，市民公益活動を行っている団体のイメージを損なうという大きな問題があると言える．

## 4　その他の特別法に基づく法人

　その他，特別法に基づく公益法人として，学校法人，社会福祉法人があげられる．これらは，戦後憲法89条によって，公の支配に服する代わりに補助金等を受けるといった改革がなされ，学校法人においては，1949年に公布され，財団法人から移行，社会福祉法人は1951年に施行，社団法人，財団法人から移行している．これらは，社団法人，財団法人の許可制から，認可制に変更されており，完全な自由裁量ではなくなっている．

　また，医療法人に関しては，1948年に医療法が施行されているが，上記とは異なり，病院が簡易に法人格を取得できるようにしたものである[15]．出口は，学校法人，社会福祉法人に，「公の支配」を強化して，監督権限を強め，別法人にする流れ，医療法人に関しては，法人格の取得を容易にする改革がなされ，これらを，公益法人改革の第一次改革と見なしている［出口 2015：165-72］．

　さらに，1995年には，犯罪をした者が善良な社会の一員として更生することを助け，もって個人及び公共の福祉の増進に寄与することを目的とする更生保護事業法が制定され，社会福祉法人同様の特定公益増進法人としての資格を有する．その他，上述した旧民法34条は，非営利公益団体を規定しており，非営利非公益団体を規定していなかった．このため，同窓会や互助的団体に対する法人格の検討を求める点に関して，1971年の行政監察においても勧告がなされていた．これらを受けて，いわば民法34条の間隙を埋める形で2001年に中間法人法が成立した．しかし，2008年の公益法人制度改革の中で，一般社団の中に

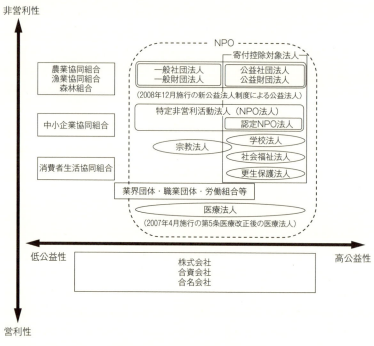

**図1-3 法人のマッピング**

(出典)『NPO白書2010』.

共益型が認められたため，その中に吸収された［太田 2015：47-50］[16]．また，共益型法人としては協同組合なども含まれる．また，一定の利益配当を認める組織として協同組合などの営利を目的としない（not-for profit）団体や社会的企業などが考えられるが，主として国際的な視点から第5章の中でふれることとする．

以上をまとめたものが図1-3，図1-4であり，各法人の位置関係と団体数を示している．

## 5 特定非営利活動促進法と一般法人の選択の問題

市民公益活動という観点から，NPO法人と一般法人について考えてみると，1998年までは，ボランティア団体などが法人格を取得する方法が事実上困難

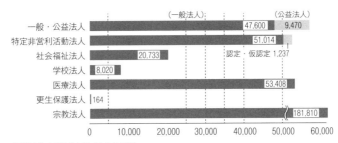

**図 1-4　公益・非営利セクターの法人格別法人数**

（出所）　公益法人協会ウェブページ（http://nopodas.com/contents.asp?code=10001009&idx=101131，2018年3月18日閲覧）．

だったわけだが，2008年以降は社団に関しては，NPO法人と一般社団法人という選択肢ができたわけである．また，寄付金の税制優遇についても，認定NPO法人と公益法人という選択肢が可能となった．

これに関しては，公益法人協会，日本NPOセンターがアンケート調査をもとに，両者の比較に関してまとめている［非営利人格選択に関する実態調査委員会 2015；2017］[17]．

### (1)　選択の比較

① 一般法人を選択した理由

一般法人を選択した主な理由は，下記のようになっている．

- 法人格が欲しかった，社会的信用が得られると思ったと回答した割合が圧倒的に高い．
- 設立が短時間で行える．
- 東日本大震災後，補助金の受け皿等として，迅速に法人を立ち上げたかった．また，NPO法人は分野が限定されているため，一般法人の方がニーズの変化にフレキシブルに対応できる．
- 将来，公益法人を目指す（NPO法人には財団形式がないことも含む）．
- NPO法人に対するマイナスのイメージ（汚職事件，行政との関係の難しさ等）．

・NPO法人と比べて活動の自由度が高い．

② NPO法人を選択した理由

・市民性を強調できる．
・将来認定NPO法人を目指すため．

### (2) 実態比較

NPO法人と一般法人の主たる実態を比較すると以下のようになる．

・NPO法人の方が，社会福祉，児童・青少年の健全育成などで割合が高く，一般法人で，業界団体，産業創造などで割合が高くなっている．
・一般法人の，① 非営利徹底型，② 共益型，③ 特定普通法人型を比較すると，②は，学術団体，業界団体で多く，③は教育関係，地域社会貢献活動，行政関係（行政の外郭団体を指すと想定される）で割合が多くなっている．
・認定NPO法人になって，提出書類の数が増え，事務が繁雑になった．
・公益目的事業の収支相補原則は，問題点がある．
・また，フォローアップ調査である2016年報告書では，次に示すような結果が出ている．すなわち，公益認定，認証を受けたが期待していた効果がなかったという割合が多い．また，行政側からは，自由回答の中で，認定要件をクリアして認定NPO法人になった団体には，事業実績の伴っていない団体が見受けられるとの指摘もなされている．
・寄付金の免除よりも，見なし寄付金制度の活用の方が利用価値が高いという意見も見られる．

### (3) 総括

　2つの法人制度に関しては，概ね上述したような実態及び意識の差異がみられる．また，認定NPO法人は，決算結果を見た実績主義，公益法人は将来計画を見た認定という思想の違いがあると言える．NPO法人を支持するのはその「市民性」に期待している傾向があり，一般法人を支持している団体は，「自由度の高さ」，「設立の容易さ」に期待している傾向があると言える．また，

どちらの法人格を選択した団体も，社会的信用力がアップする，補助金等が得られやすくなるといった回答が高いが，NPO法人の度重なる不祥事は，社会的な信用を落としているといえよう．また，上述のアンケート対象と回答団体には，太田の指摘する「風俗営業や高利貸しを本業として，儲かれば解散して関係者に分配する」ような組織［太田 2015：121］は，ネットでの公表がなされておらず，回答もしない可能性が高いだろうから，普通法人型等に関しては特に，バイアスがかかっていると想定できる．

このような，一般法人の普通法人型の悪用の問題もあり，現時点では混沌とした状況にあるといって良いだろう．ただ，行政の市民活動支援がNPO法人に片寄っており，一般法人，公益法人，そして，ソーシャル・ビジネスの地方レベルでの中間支援機能の確立が必要と思われる．

## おわりに
――今後の課題――

NPO法人，認定NPO法人，一般法人，公益法人について，そのメリットについて見てきた．逆に課題としては，①一般法人法の公開制が極端に低いこと，②さらに，その規定が会社法に準拠しているため，その運営や会計等について「重装備」になり，小規模法人の負担が思いこと，③公益法人の公益目的事業の「収支相補基準」，「遊休財産保有制限」，「公益目的事業費率の過半数制」の財務3基準が公益法人の持続性を損ねること，などが課題としてあげられている［太田 2015：71；岡本 2017：192］．

非営利法人制度全体については，1階部分の制度を完全に一本化し，現在の非営利徹底型のものを情報公開のもとに準則主義で成立できるようにする．2階部分の税制優遇について認定基準が統一的であれば，認定機関を統一しなくても，当面現在の所轄庁が担当しても良いという考え［山岡 2015：154］．それだと指定事業者の認定と税制優遇の認定が混同され，所轄庁が公益的事業を担う指定事業者としての要件を確保させることにつながるので，統一的公益認定制度の構築が望ましいと言う考え［後 2015：25］．2階部分は，認定NPO法人制度が米国のパブリック・サポートテストを導入，公益法人制度が英国のチャリティコミッション方式を導入しているので，どちらの方法が日本に合っているか見極めていくべきであるという議論［出口 2015：179］，などが存在する．いずれは，協同組合なども含めた非営利組織全体の見直しが必要になってくる

と思われるが，現時点においては，NPO法人と一般法人，認定NPO法人と公益社団が改革の選択肢として入ってくる．また，NPO法人は社団であるから，財団の存在が加わった一般財団法人，公益財団法人制度の持つ意味も大きい．

また，新公益財団制度の発足と共に，全国でコミュニティ財団の設立が見られ，2014年には，各地のコミュニティ財団等が連携し「全国コミュニティ財団協会」が結成されている．全国で最初の事例である公益財団法人京都地域創造基金では，相対的に大きな額の寄付金を集めているがそれでも，2009年の法人設立から2018年1月末までで，トータル4億円弱，年間平均4000万円程度であり，数パーセントの手数料を取って助成を行っているものの，スタッフの人件費，事務所，その他管理費の捻出には十分とはいえない（京都地域創造基金，ウェブページ）[19]．その他のコミュニティ財団の現状を見ると，年間寄付額が数百万円の財団も多く，ほとんどは行政のNPOの中間支援施設の委託や指定管理者制度で組織を維持しているのが現状である．今後，休眠預金が各県のコミュニティ財団に交付される可能性があるが，そうなったとした場合民間財団としての性格に変容が起こる可能性があるかもしれない．今後の推移を見守りたい．

また，非営利組織の支援団体に関しては，全国レベルでは，公益法人協会と日本NPOセンターの連携が見られるが，地方レベルでは，市民活動サポートセンターはNPO法人を中心に支援している．日本NPOセンターのアンケート調査にも見られるように，今後は，既存の市民活動支援センターが一般法人，公益法人のサポートを行っていくことが求められよう．また，一般法人に関しては，情報公開を前提とした登録制を採用し，行政等から支援を行いやすくする仕組みも地方レベルで行える手法と思われる[20]．

注

1) なお，NPO法の成立過程に関して論ずることは紙面の都合上できないが，金川[1998]参照．また，政策過程論の観点から，詳細な分析を行った論考として，小島[2003]がある．
2) 法人の許可，認可，認証，準則各主義については，四宮・能見[2010：84]参照．
3) 内閣府ポータルサイトQ&A参照（https://www.NPO-homepage.go.jp/qa/ninshouseido/ninshou-tetsuzuki#Q2-1-9，2018年3月17日閲覧）．
4) 設立初期の法人には財政基盤が弱い法人が多いことから，設立後5年以内のNPO法人のうち，1回に限りスタートアップ支援としてPST基準を免除した仮認定（3年間有効）制度を導入．また，法改正により，2017年から「仮認定」の用語は「特例認定」の

　　　　　　　　　　第 1 章　日本における新たな非営利法人制度の導入とその動き　　21

　　用語に変更された．
 5）詳しい変更内容は，内閣府ウェブページ（17https://www.NPO-homepage.go.jp/up-loads/kiso_seidokaisei_keii_insatu.pdf，2018 年 3 月 17 日閲覧）を参照．
 6）公益認定委員会は，公益認定法に基づき内閣府に置かれる国会同意人事である．委員主導による審査体制が進んでいるが，それでも，事務局長の意向が反映される傾向があるとの指摘がある．また，都道府県においては，常勤委員がおらず，公益認定等審議会が完全に事務局を制御することは困難で，地域によっては，事務局の結論を追認するだけで，機能不全に陥っているところもあるとの指摘がある〔太田 2015：74〕．
 7）ただし，運用は相対的には独立性の高い 3 条機関とされる行政委員会的運用がなされている〔小幡 2011：20〕．
 8）「一般社団法人の定款に記載（記録）しても効力を有しないこととされている事項として，「一般社団法人の社員に剰余金又は残余財産の分配を受ける権利を与える旨の定款の定め」，同様に一般財団は，「設立者に剰余金又は残余財産の分配を受ける権利を与える旨の定款の定め」がある．ただし，法人税法上は，一般法人を非営利貫徹型，共益型，普通法人型と分類しており，普通法人型は収益事業のみならず，全事業の収益に法人税が課税されることになる．また，一般法人法における残余財産分配の取り扱いは折衷的であり，定款に定めがないときは，清算法人の社員総会の決議により，残余財産の帰属を決定するものとなっている（法 239 条 2 項）．そして，社員総会の決議として，残余財産の帰属者として社員を指定すること禁じられていないので，実質的に事業の成果を社員に分配することは可能である〔神作 2007：41〕．
 9）法第 22 条 49 では，23 の事業が個別に列挙されている．ただ，その内容の順序がランダムであり，文化・芸術などの外延の不明確なものがあるとの指摘がある〔塩野 2009：35〕．
10）反面，行政法学側からは，優遇措置が連動するものであるから，審議会の判断結果のみでなく，その理由も広く納税者に公表されるべきとの指摘がある〔塩野 2009：39〕．
11）国税庁ウェブページ（https://www.nta.go.jp/shiraberu/ippanjoho/pamph/hojin/koekihojin/pdf/01.pdf，2018 年 3 月 17 日閲覧）．
12）http://www.houjin-bangou.nta.go.jp/（2018 年 3 月 18 日閲覧）．
13）その他公益法人協会が非営利組織のデータベースを構築しているが，申告制のため，一般法人に関しては，全数データが掲載されているわけではない（公益法人協会，http://nopodas.com/，2018 年 3 月 18 日閲覧）．
14）クローズアップ現代「検証公益法人制度改革」2014 年 5 月 27 日など．
15）医療法人に関しては残余財産の帰属に関して非営利性が徹底していなかった面もあったため，幅広い事業ができる代わりに，残余財産の帰属先の制限等，非営利制を強化した「社会医療法人」制度が 2006 年の第 5 次改正で行われている．
16）実務的には，有限責任中間法人は，自動的に一般社団に移行，無限責任中間法人は，1 年以内に一般社団法人への移行を行わなければ解散されたことになる（それまでの間は，特例無限責任中間法人となる）．
17）2015 年調査では，一般法人に関して，ネットでの公表団体を抽出してアンケートを

行っている．団体数は東京に片寄っており，サンプリングの仕方には課題があるかもしれないが，おおよその傾向はつかめる．今後の詳細な調査を待ちたい．
18) ただし，公益目的事業は必ず赤字で行わなければならないというのは誤解であるとの指摘がある［雨宮 2011：14］．
19) https://www.plus-social.jp/accounting.html（2018年3月18日閲覧）．もっとも，京都の場合は，公益財団法人京都地域創造基金，（特活）京都NPOセンターなどが連携して活動している．また，基金の理事長，全国コミュニティ財団協会会長の深尾は，額の問題も重要だが，全国各地にこういった市民の志を集める仕組みができていくことの社会的インパクトの重要性を指摘している（2014年7月14日の同氏へのインタビューによる）．
20) 例えば浜松市の浜松夢基金は行政基金であるが，助成を受けようと思えばあらかじめ登録しておく必要がある．登録に際しては，一定の要件の具備と，公益性を考えた審査がある．もっとも，現時点では，構成員10人以上となっているので，NPO法人及び任意団体を想定しているようである．浜松市，ウェブページ（http://www.city.hamamatsu.shizuoka.jp/shiminkyodo/civil/kyoudou/joureitorikumi/kikin/dantaitoroku.html，2018年3月18日閲覧）．

**参考文献**

雨宮孝子［2011］「「民」による公益の増進を目指して――新公益法人制度――」『ジュリスト』1421．
雨宮孝子［2015］「公益法人制度と公益認定制度の課題」，岡本仁宏編『市民社会セクターの可能性』関西学院大学出版会．
後房雄［2015］『公共サービス改革の進展とサードセクター組織――社団法人，財団法人の新たな展開――』経済産業研究所．
太田達夫［2015］「制度改革の経緯」「セクターの構造と変容」，岡本仁宏編『市民社会セクターの可能性』関西学院大学出版会．
岡本仁宏［2017］「法制度――市民社会に対する規定力とその変容――」，坂本治也編『市民社会論』法律文化社．
小幡純子［2011］「公益認定等審議会の意義・役割」『ジュリスト』1421．
金川幸司［1998］「特定非営利活動促進法（NPO法）の意義と今後の課題」『21世紀ひょうご』75．
神作裕之［2007］「一般社団法人と会社――営利性と非営利性――」『ジュリスト』1421．
北沢栄［2001］『公益法人――隠された官の聖域――』岩波書店．
熊谷則一・片岡圭太・藤田整継・村山眞也・菅野豊［2012］『はじめよう！ひろげよう！NPO法人』中央経済社．
小島廣光［2003］『政策形成とNPO法――問題，政策，そして政治――』有斐閣．
塩野宏［2009］「行政法における「公益」について――公益法人制度改革を機縁として――」『日本學士院紀要』64(1)．
四宮和夫・能見善久［2010］『民法総則』弘文堂．

総合研究開発機構［1994］『市民公益活動基盤整備に関する調査研究』
出口正之［2015］「主務官庁制度のパターナリズムは解消されたのか」「制度統合の可能性と問題」，岡本仁宏編『市民社会セクターの可能性』関西学院大学出版会．
内閣府［2015］『公益法人に関する概況』．
内閣府［2017］『平成28年公益法人の概況及び公益認定等委員会の活動報告』．
内閣府公益認定等委員会［2017］『公益認定等委員会だより』63．
中田裕康［2007］「一般社団・財団法人法の概要」『ジュリスト』1421．
能見善久［2011］「新公益法人制度と公益認定に関する問題」『ジュリスト』1421．
非営利法人格選択に関する実態調査委員会（公益財団法人公益法人協会・認定特定非営利活動法人日本NPOセンター）［2015］『非営利法人格選択に関する実態調査報告書』．
非営利法人格選択に関する実態調査委員会（公益財団法人公益法人協会・認定特定非営利活動法人日本NPOセンター）［2017］『非営利法人格選択に関する実態調査報告書［2016年度継続調査］』．
堀田力［2011］「制度設計のゆがみが起こす問題点」『ジュリスト』1421．
山内直人・田中敬文・奥山尚子編［2010］『NPO白書2010』NPO研究情報センター．
山岡義典［2015］「非営利法人制度の統一的将来像に向けて」，岡本仁宏編『市民社会セクターの可能性』関西学院大学出版会．
Salamon, L.M. and Anheier, H.K.［1996］*The Emerging Nonprofit Sector: An Overview*, Manchester, UK: Manchester University Press （今田忠監訳『台頭する非営利セクター』ダイヤモンド社，1996年）．

# 第 2 章
# 指定管理者制度と公立博物館

## はじめに

　公立博物館を取り巻く環境は，この20年程の間に大きく変化してきている．1990年代以降に館数が大きく増加する一方で観覧者数の伸びは頭打ちとなり，1館当たりの観覧者数は減少した．また，2003年の地方自治法改正によって公立博物館を含む公の施設に指定管理者制度が導入されたことを契機として，博物館の在り方そのものが改めて問われることとなった．
　本章では，指定管理者制度が導入された公立博物館の状況を概観した上で，指定管理者制度の課題や評価の在り方，更には運営形態を巡る動向に触れ，指定管理者制度導入の判断は，地方自治体の文化政策における公立博物館の位置付けや，政策目的の設定に関係してなされるべきであることを指摘する．

## 1　指定管理者制度の導入

### (1)　博物館の設置状況

　博物館法によれば，博物館は「歴史，芸術，民俗，産業，自然科学等に関する資料を収集し，保管（育成を含む．以下同じ．）し，展示して教育的配慮の下に一般公衆の利用に供し，その教養，調査研究，レクリエーション等に資するために必要な事業を行い，あわせてこれらの資料に関する調査研究をすることを目的とする機関」（博物館法第2条第1項）と定義され，非常に広範囲な分野において多様な役割を担っている．
　2015年度に文部科学省が実施した社会教育調査によれば，日本国内には5690館の博物館関係施設が設置されている．このうち，博物館法に設置根拠を持つ登録博物館は895館，博物館相当施設は361館の計1256館であり，それ以外は，

表2-1　公立博物館数の推移

| 年 | 1971 | 1975 | 1978 | 1981 | 1984 | 1987 | 1990 | 1993 | 1996 | 1999 | 2002 | 2005 | 2008 | 2011 | 2015 |
| --- | --- | --- | --- | --- | --- | --- | --- | --- | --- | --- | --- | --- | --- | --- | --- |
| 博物館数 | 164 | 186 | 222 | 269 | 324 | 354 | 387 | 423 | 518 | 549 | 608 | 667 | 704 | 724 | 765 |
| 増加数 |  |  |  | +105 |  |  | +118 |  |  | +162 |  |  | +155 |  |  |

(出典) 文部科学省「社会教育調査」より筆者作成.

特に法的な根拠は無いものの博物館と同種の事業を行う博物館類似施設の4434館である．

　博物館法に設置根拠のある1256館を種類別に分類すると，最多が歴史博物館451館，次いで美術館441館，総合博物館152館，科学博物館106館等の順となっており，上位2館種で約70％を占める．また，設置者別に見ると，都道府県，市町村，一部事務組合が設置する公立博物館は765館であり，約60％を占める．

　さらに，公立博物館数の変化に目を向けてみると，1990年代以降に大きく増加していることがわかる（表2-1）．

　同様に社会教育調査における公立文化会館数の変化を見ると，1990年から1999年にかけての10年間に934館から1587館へと650館以上急増した後，2008年までの9年間では1751館へと164館の増加に止まり，それ以降は実質的に横ばいである（2015年度：1743館）．公立博物館，公立文化会館がともに1990年代以降に大幅に館数を増加させた大きな要因の1つとして，この当時の貿易摩擦を背景とする内需拡大策として実施された，地域総合整備事業債（地総債）等を利用した大規模な公共投資の一環として公立文化施設の整備が進められたことを指摘しておきたい．

　その一方で，博物館（登録博物館，博物館相当施設）への入館者数は，1992年度間の約1億3433万人をピークとして，2014年度間は約1億2957万人となっており，1館当たりの入館者数は，1974年度間の約23万4000人から，平成2014年度間の約10万5000人へと減少している（表2-2）．

　指定管理者制度が導入され始めた2003年前後の博物館は，このように入館者数の伸びが頭打ちになるとともに，館数の増加に伴って1館当たりの入館者数が減少してきていた．さらに，博物館のうちの約60％を占める公立博物館では，設置者である地方自治体の財政状況悪化による事業費削減傾向が強まる中で，今後の博物館運営についての問いかけの声が徐々に高まり，博物館の在り方を改めて問い直し，閉塞的な状況を打開するための様々な取組や，新たな博物館

表2-2　美術館入館者数の推移（人数の単位：千人）

| 年度 | 1974 | 1977 | 1980 | 1983 | 1986 | 1989 | 1992 | 1995 | 1998 | 2001 | 2004 | 2007 | 2010 | 2014 |
|---|---|---|---|---|---|---|---|---|---|---|---|---|---|---|
| 入館者数 | 93,656 | 98,487 | 116,278 | 109,167 | 120,191 | 130,322 | 134,334 | 124,074 | 113,273 | 113,977 | 117,854 | 124,165 | 122,831 | 129,579 |
| 博物館数 | 400 | 485 | 575 | 663 | 726 | 781 | 842 | 968 | 1030 | 1107 | 1188 | 1240 | 1243 | 1240 |
| 入館者数/館 | 234.1 | 203.1 | 202.2 | 164.7 | 165.6 | 166.9 | 159.5 | 128.2 | 110.0 | 103.0 | 99.2 | 100.1 | 98.8 | 104.5 |

(出典) 文部科学省「社会教育調査」より筆者作成．

像の模索が行われている状況にあった．

### (2) 博物館における指定管理者制度の導入状況

2003年6月の地方自治法改正により，地方自治体が設置する公の施設の管理には指定管理者制度が導入され，同法改正前には出資法人，公共団体，公共的団体に限られていた管理者について，法人その他の団体であれば特段の制限が無くなり，企業等の営利法人の参入が可能となった．2015年度の社会教育調査によれば，地方自治体が設置する公立博物館及び博物館相当施設765館のうち指定管理者制度を導入しているのは183館（約24％）である．

一方，博物館と同様に地方自治体が設置した文化会館については，1749館中指定管理制度が導入されている施設は1006館（約58％）であり，導入比率には2倍以上の差がある．この違いは，博物館及び博物館相当施設が第二次世界大戦後，早くから博物館法（1951年公布）によってその存在が規定され，専門職員である学芸員或いは学芸員に相当する職員の配置の義務付けや，資料収集，展覧会企画の活動等により専門性を持つ施設として認識されてきたからである．一方で，公立文化会館が法的な設置根拠を持ったのは2012年に施行された，劇場，音楽堂等の活性化に関する法律（いわゆる劇場法）においてであり，それまでは，設置者である地方自治体による施設の設置管理条例がほぼ唯一の法的根拠であったこと，市民の文化活動等への貸館業務が単なる施設管理業務として理解され，専門職員の必要性が認識されにくかったこと等が背景にあると考えられる．

### (3) 指定管理者制度導入の背景

総務省によれば，公の施設の管理への指定管理者制度導入の目的は，「公の施設の管理主体を民間事業者，NPO法人等に広く開放する」ことであり，具

体的には，① 民間事業者の活力を活用した住民サービスの向上，② 施設管理における費用対効果の向上，③ 管理主体の選定手続きの透明化，とされている［総務省 2018］.

その背景として考えられるのは，1980年代に進められた「増税なき財政再建」による国庫支出金の大幅削減や，貿易摩擦を背景とする日米構造協議を受けた内需拡大策の一環として行われた大規模な公共投資によって1990年代以降に長期債務残高が急速に増加し，大幅に悪化した地方自治体の財政状況である．これに対し，1980年代半ば以降にイギリスやニュージーランド等で形成された，民間企業の経営手法を公共部門に適用して効率化や活性化を図ろうとするNPM（ニューパブリック・マネジメント）の考え方に基づく，民営化と規制緩和を軸とした民間活力の導入をうたった様々な施策が政府によって導入されることとなり，自治体の施策にも大きな影響を与えることとなった．その１つが公立博物館を含む公の施設への指定管理者制度の導入であり，2004年度予算から2006年度予算にかけて実施された「三位一体の改革」によって，地方自治体の財政状況が更に厳しさを増したことで，導入に拍車がかかったということができる．

### (4) 指定管理者制度導入の課題とメリット

2003年６月の地方自治法改正により，公の施設の管理は，自治体の直営か，指定管理者制度の導入かについて，３年間の移行期間終了までに選択を求められることとなった．その時点での公立博物館の運営形態は，自治体による直営か，自治体が出資する外郭団体等に対する管理・運営委託かであったが，いずれの場合も，移行期間が終了する2006年９月以降の運営形態を決定する必要があった．

博物館への指定管理者制度導入については，博物館関係者を中心に次のような課題が指摘されていた．

① 長年に渡る資料収集とそれらに関する研究を基盤として活動している博物館は，３〜５年を期間とする指定管理者制度では，一貫した方針の下で継続的な事業を行うことが困難となる．
② 指定管理期間に合わせた雇用形態が導入され，職員の身分が不安定化する．特に，博物館の活動を担う専門職員である学芸員が指定管理者の変更に伴って数年程度で入れ替わってしまう可能性があるとすれば，

博物館の最も重要で基本的な機能である，継続的な調査・研究に基づく事業を実施することが困難となる．

③ 採算性を重視した事業が増加し，博物館として本来必要な事業（例えば，美術館であれば，採算性は低くとも美術史的に重要な展覧会や，入念な準備を必要とする教育普及活動等）を実施しにくくなる．

その一方で，指定管理者制度導入のメリットとしては，以下のような点が挙げられた．

① 民間企業やNPO等の柔軟な発想により，利用目線でのサービス提供が可能となり，利用者サービスが向上する．
② 従来の業務委託よりも指定管理者の判断によって実施可能な業務範囲が拡大し，積極的な施設運営が可能となる．
③ 指定管理者の選定という競争状態が生まれ，緊張感を持った施設運営が行われるようになる．
④ コスト意識が強まり，より効率的な施設運営が可能となる．

指定管理者制度の導入に伴うメリット，デメリットについては単純に判断できるものではなかったが，博物館関係者の間では，指定管理者制度に関する検討が，従来から様々な課題を抱える博物館運営について活発な議論が展開される契機となったということができるだろう．

## 2 指定管理者制度の現況

### (1) 指定管理者制度の導入後の状況

指定管理者制度が導入された博物館には，2つの形態が見られる．1つは，博物館業務全体を対象とするもので，もう1つは，資料収集，調査研究，展覧会企画等を担う学芸部門を直営とし，施設管理，対人サービス，広報等を指定管理者が担う形態である．前者は，長崎県美術館や広島市現代美術館等，後者は島根県立美術館，山梨県立美術館等が該当する．

指定管理者制度導入後の状況については，それぞれの博物館が置かれた環境によって異なるが，いくつかの可能性を指摘することができる．

肯定的な面としては，接客サービスの向上，情報発信の活発化，地域や企業

等との連携の促進，新規事業への取組みや，それらの結果としての入館者増加等が挙げられる．

一方，課題としては，制度導入の際に効率的な運営を理由に事業費が削減されるケースが多いため，事業予算の不足，職員の待遇低下が見られる．また，業務の一部に指定管理者制度を導入した場合，自治体と指定管理者という異なる組織の間の意思疎通や価値観の共通化が円滑に行われない，といった課題も挙げられる［金山 2016：249］．

さて，文化庁が主催した2011年度ミュージアム・マネジメント研修において，博物館業務全体を対象として指定管理者制度を導入した長崎県美術館長，長崎歴史文化博物館長のコメントが紹介されている．「館の使命達成と職員のキャリア育成のためにも一括委託は有効」「直営館の場合，専門以外の分野について関与しないのが一般だが，業務全体を対象として指定管理者制度を導入した場合は，職員が協議し全体の運営について共通理解が図れている」（長崎県美術館長），「経営管理，広報営業，教育普及などをトータルにマネジメントしなければミュージアムの持続可能性が弱化する」（長崎歴史文化博物館長）．さらに，両館の設置者である長崎県の担当部長の「指定管理者制度では，行政のコンセプトがないと館の運営はできない」「行政（設置者）側がコンセプトをつくり，ミッションを示さなければならないので，行政側の政策立案能力も高まる」「文化政策の継続性については，設置者サイドがきちんと分析・整理すれば，設置者の責任の上で必要な対策を講じることが可能」「学芸員は，直営よりも指定管理のほうか緊張感をもって，取り組む」というコメントも紹介されている［髙橋 2011：10-11］．

3者のコメントが，指定管理者制度を博物館業務全体に導入している現況を基本的に肯定していることは，それぞれのポジションを勘案すれば一定程度理解ができる．しかしながら，それぞれのコメントには指定管理者制度導入を論じる前になされるべき議論が混在している．

例えば，直営館においても専門職員（学芸員）を含む職員が館の使命や状況を理解し，異なる職種の職員同士がチーム力を発揮して業務改善に取り組んできた事例は少なからずあり，館の経営形態というよりも博物館のマネジメントやガバナンスに関する問題である．まして，行政によるコンセプトやミッションの提示は，博物館の経営形態に関わらず設置者である自治体の文化政策担当部署として本来当然実施すべきものであり，指定管理者制度の導入は理由にな

らないはずである．さらに，指定管理者制度の導入が学芸員に緊張感をもたらしている要因は，主に指定期間である5年間程度の後の雇用が保障されない雇用の不安定さである．本来専門職である学芸員に生じる緊張感は，調査・研究や展覧会等の実績を巡る専門領域での競争によるべきものだろう．公立博物館でそのような緊張感が感じられないとすれば，運営形態以前に，設置者である自治体における政策の不在や設置目的の不明確さがまず問われるべきであり，また，博物館内でのガバナンスやマネジメントを担うことのできる館長等を配置してこなかった設置者（自治体）の責任も同時に問われるべきである．

なお，民間企業やNPOが指定管理者となっている博物館に対するヒアリング調査の報告として，設置者が指定管理者の自主性を重視する館は指定管理者制度に対する評価が高い一方で，従来の業務委託の延長と考えている設置者による評価は低くなる傾向にあることを指摘しているものもある．また，この調査によれば，職員の給与等の待遇問題も浮き彫りになったとしている［金山 2016：49-50］．

さらに，一旦指定管理者制度を導入しながら，後に自治体の直営に運営を戻す事例も見られる．栃木県の足利市立美術館，静岡県の藤枝市郷土博物館・文学館等が該当し，後者においては，その理由を，専門分野に長じた学芸員の中長期的な育成や学校教育との連携等に課題があったとしている［金子 2012：32］．

### (2) 指定管理者制度を導入しなかった事例

一方，検討の結果，指定管理者制度を導入しなかった博物館の事例として，静岡県立美術館の状況を概観する．

同館は，1986年の開館以来，静岡県の直営施設として運営されてきた．2009年に実施された事業仕分けにおいて「指定管理者制度導入を検討」するよう意見が付されたことを受け，施設の設置目的，導入のデメリット，他県の状況等を改めて検討した結果，引き続き直営施設として運営することを決定した．その理由としては，大別して館の目的，役割及び長期的視点に立った運営体制の必要性を挙げている．

このうち，前者の館の目的，役割については，収集してきたコレクションの後世への継承と，県内美術館の中核施設として市町や民間の美術館を支援する役割を重視する考え方を示している．また，後者の長期的視点に立った運営体制の必要性については，①長期的視点に立ったコレクション形成，②継続的

な調査研究と長期間に渡る作品所有者等との交渉による展覧会事業の展開，③優秀な人材（学芸員）の確保を理由として，指定管理者制度を導入しないこととしている．

同館の場合，2005年度から独自の美術館評価制度を運用して現場レベルの業務改善を図るとともに，館のミッションの練り直しや経営体制の検討を外部有識者による第三者評価委員会との協働によって取り組んできており，自治体による直営の場合も博物館運営の改善や新たな事業展開等を行うことが可能であることを示したということが言えるだろう．

### (3) 指定管理者の評価

指定管理者制度を導入する際には，一般に博物館の設置者である地方自治体と指定管理者との間で協定を締結し，それに基づき業務を実施する．実施した業務の内容については事後評価を行い，翌年度以降の事業改善や，次期の指定管理者選定に当たっての判断等に活用していくことになる．

日本の博物館評価は，2000年度に東京都が行った都立博物館を対象とする行政評価の試行と，2001年度に国立美術館，博物館の独立行政法人化に伴って導入された評価が契機となって全国的に関心が高まり，更に指定管理者制度の導入によって実施する館が増加することとなった．

筆者が2014年に都道府県立博物館を対象として実施したアンケート調査によれば，何らかの形で内部評価を始めた時期については，地方自治法改正に伴う指定管理者制度導入を判断する移行期間が終了した2006年が最も多く（回答76館中で評価を実施している45館のうちの15館），指定管理者の第1期指定期間が終了し（3年間の場合），第2期の指定期間が始まった2009年が続いている（同7館）．また，外部評価については，実施35館中11館が2006年から実施している．

指定管理者制度を導入している公立博物館において，評価項目等の設定状況には，設置者である地方自治体が博物館に求める役割が反映されていると考えることができる．

例えば，以下に示す2つの公立美術館（広島市現代美術館，長崎県美術館）の指定管理者に対する設置者による評価（2016年度を対象）を見ると，展覧会や教育・普及活動等の意義に触れつつも，施設の管理，運営に主眼が置かれていることがわかる（表2-3）．さらに，広島市現代美術館では，法令や規則の順守状況に力点が置かれ，一方，長崎県美術館では，網羅的に評価項目を設定しつ

表2-3　指定管理者制度を導入している公立美術館の評価事例

| | 広島市現代美術館 | 長崎県美術館 |
|---|---|---|
| 設置者による位置付け | ・記載なし | ・県総合計画上の位置付け等を記載 |
| 収支状況 | 対象年度実績 | 対象年度計画＋過去4年間の実績 |
| 利用状況 | ・利用者数<br>※目標利用者数に対する達成率を記載 | ・入館者数<br>・利用者の満足度<br>・県民ギャラリー稼働率<br>※上記を指標とする達成状況を記載 |
| 事業実施状況に対する評価項目 | ・市民の平等利用の確保策<br>・展覧会，文化情報の収集・提供<br>・維持管理業務<br>・利用促進策の実施状況<br>・アンケート実施状況（利用者の満足度）<br>・個人情報保護対応<br>・情報公開実施状況<br>・緊急事態，不法行為等への対応状況<br>・苦情，要望への対応状況<br>・人員配置，職員研修実施状況 | 【管理運営】<br>・設置目的との整合性<br>・住民の平等・公平な利用<br>・質の高いサービス提供（利用者の満足度）<br>・施設，設備の維持管理<br>・収入確保に向けた取組<br>・経費節減に向けた取組<br><br>【施設の在り方】<br>・必要性（県民ニーズ，環境変化への適用，市町，民間への移譲）<br>・効率性（投入資源と活動結果，指定管理者以外の手法）<br>・有効性（設置目的に対する指定管理者制度の効果，事業効果向上の余地） |
| 翌年度に向けた方向性 | ・記載なし | ・2016年度事業評価に基づく改善点を記載 |

(出典)「広島市現代美術館指定管理者の業務実施状況（平成28年度）の概要・評価」及び「事業評価調書［途中評価］（平成28年度）」（長崎県）より筆者作成．

つも，入館者数と収支状況を判断基準としていることが明確であり，指定管理者制度の効果を肯定する内容となっている．

また，長崎県美術館は，同館の長崎県の総合計画上の位置付け，設置目的（長崎県美術館条例からの引用）を明示した上で3つの目標値を設定するとともに評価の視点を示して評価を実施しているが，広島市現代美術館では，広島市による位置付けは特に記載されておらず，目標値は利用者数のみであり，特に評価の視点は示されていない［広島市 2016；長崎県 2016］．博物館評価の視点や目標値等が，館の設置目的や博物館活動の重点の反映だとすれば，博物館活動の内容に関して外形的な評価を実施するに止まる設置者は，指定管理者制度導入

の前に，改めて博物館の設置目的や目標の実現方法等について問い直す必要があるだろう．

ところで，筆者が実施した前述のアンケート調査では，入館者数や収支状況等以外の数値化が困難な分野（展覧会の質や専門性，来館者に対する長期的な影響，地域社会に及ぼす影響等）の評価方法や，現場での事業改善にとどまらない，施策や政策に反映させることが可能な評価の在り方等についての意見が回答として寄せられている．

また，比較的早い時期から評価を導入した静岡県立美術館おいて，評価のルーティン化に伴う評価目的の不明確化による行き詰まり感が見られることからも，博物館評価が次の段階に向けてある種のターニングポイントを迎えているということも考えられる．

したがって，指定管理者の業務に関する評価についても，目的，対象，手法等について十分に検討した上で実施される必要がある．業務の効率性に関する項目が多くなりがちな指定管理者評価を，博物館施設の設置者である地方自治体がどのように行うかは，指定管理者，ひいては博物館に求める機能や役割をどのように捉えるのかの反映であり，設置者による博物館の文化政策上の位置付けに関わってくる課題である．この課題は，当然，博物館の運営形態にも関係すると考えることができる．

## 3 博物館の運営形態を巡って

### (1) 公立博物館の新たな運営形態

公立博物館や設置者である地方自治体を取り巻く環境の変化によって導入された指定管理者制度は，実際の運用に伴って前述のような制約や課題が指摘されるようになった．

これらの課題等への対応策の1つとして制度化が図られたのが，地方独立行政法人による博物館の設置，管理である．2014年10月の地方独立行政法人法施行令改正により，地方独立行政法人の業務である公共的施設の設置，管理の対象に「博物館，美術館，植物園，水族館又は動物園」が加えられ，従来は，設置者である地方自治体の直営若しくは指定管理者制度の導入に限られていた公立博物館の運営について，新たな形態を選択することが可能となった．博物館の設置者が地方独立行政法人であれば，地方自治法上の公の施設には該当しな

くなるためである．なお，現行の博物館法の規定においては，博物館の設置者には地方独立行政法人が含まれないため，従来博物館法上の博物館（いわゆる登録博物館）であった館であっても，博物館相当施設に位置付けに変化が生じることになる．

公立博物館の運営形態については，新たに地方独立行政法人という選択肢が加わったことになるが，そもそも博物館の在り方，博物館運営を含む自治体文化政策の中で規定されるべきものである．既存の博物館についてはもとより，特に新たに設置される博物館については，設置に至る過程で運営形態を含む様々な要素について丁寧でオープンな議論が必要とされるだろう．

### (2) 地方独立行政法人化に向けた事例

大阪市は，2006年以来，国の構造改革特区の制度を利用した博物館施設の地方独立行政法人化に向けた法令改正の要望を行ってきており，2014年の地方独立行政法人法施行令改正を受け，同市が設置する文化施設のうち展示系として分類した施設の中の5館（大阪歴史博物館，市立美術館，東洋陶磁美術館，自然史博物館，市立科学館）を対象として現状と課題を分析，検討し，今後の運営形態として，新美術館準備室を含む6館による地方独立行政法人化に向けた「文化施設（博物館施設）の地方独立行政法人化に向けた基本プラン（素案）」を2015年2月に公表した．

このプランでは，既に指定管理者制度を導入している5館について，①経費削減が限界に至っていること，②経営の自主性が発揮できないこと，③標準で5年程度の指定期間では中長期視野での事業展開が難しく，それを避けようとして指定期間を長期化し，非公募による指定管理者選定が続けば，競争原理が働かなくなること，等の課題が生じ，同市が博物館施設に求める「より多くの利用者が集い賑わう施設となることで，大阪の活性化と発展に貢献」［大阪市 2015：22］することが困難だとして経営形態を検討し，地方独立行政法人化を目指すこととしている．

経営形態検討の中で，指定管理者制度を全体に導入した場合と一部に導入した場合を比較し，全体に導入した場合については，民間事業者等のノウハウや経営手法が活用できる反面，専門職員（学芸員）の人材と事業の継続性が確保できないこと，協定書に基づく施設管理であるため，指定管理者の自主性が発揮しづらいことを挙げている．また，一部に導入した場合については，専門職

員の人材と事業の継続性が確保でき，部分的には民間事業者等のノウハウや経営手法が活用できるものの，直営部分と指定管理者部分が混在することで，館内でのガバナンスが機能しない，経営判断や責任の所在が不明確になる等の懸念を指摘している．

　ところで，当プランによれば，2016年10月の地方独立行政法人化を目指していたが，2015年の大阪市会3月定例会都市経済委員会において，複数の博物館を1つの法人とすることのメリット等に対して委員（市会議員）から疑義が出され，経営形態の見直しについてはさらに時間をかけて様々な角度から検討すべきとの指摘を受けている．この指摘を受け，大阪市では，同月に有識者による「大阪市ミュージアムビジョン推進会議」を設置し，「博物館としての使命や要件，長年の活動実績を念頭に，取り巻く環境にも対応しつつ，次代の博物館群（ミュージアム）として，今後おおむね10年で目指す姿（ビジョン）を示す」［大阪市経済戦略局 2016：1］「大阪市ミュージアムビジョン」の策定を進め，2016年10月にその案を「ビジョンの実現にふさわしい経営形態」とともに公表し，パブリックコメントを経て，同ビジョンを策定した．

　この後，2017年2月に「博物館施設の地方独立行政法人化に向けた基本プラン（案）」が公表され，3月の市会定例会において2019年度の独立行政法人化に向けた経費を含む2017年度予算案が，附帯決議（学芸員等の職員の安定的確保，社会教育施設としての役割が確実に果たせるような適切な予算措置，館蔵品の確実な保全，継承等）を伴って可決されている．

　大阪市の選択は，今後の公立博物館の経営形態を考える上で重要な動きであり，その具体的制度設計や成果が注目されている．その一方で，一連の経緯からは，博物館の設置者（大阪市）が進めてきた経営形態の変更（地方独立行政法人化）について，市会や市民の間で必ずしも十分な議論が行われておらず，コンセンサスが形成されていたとは言い難い面がうかがわれる．博物館の設置目的，在り方，市民にとっての存在意義等が広く十分に検討されるとともに，そのプロセスが明らかにされることが必要であることを示していると考えることができる．

### （3）　公立博物館のあり方

　鳥取県立博物館は，1972年に開館した総合博物館として，自然，歴史・民族，美術の3分野の資料収集，調査研究，展示，教育普及等の事業を実施してきた

が，建物の老朽化や収蔵庫の狭隘化等の課題を抱えていたため，1991年から同館の将来構想の検討を始め，1994年には県立美術館の基本構想が提言された．その結果，第七次鳥取県総合計画期間中（1996～2000年）の美術館建設が決定されたが，1999年に就任した片山善博知事による大規模プロジェクト見直しの一環として，巨費が投じられるプロジェクトにもかかわらず県民の支持や内容検討が不十分だとして内容や運営体制等が再検討され，整備計画は凍結された．

　その後，2008年に策定された「鳥取県の将来ビジョン」には「財政事情が許せば県民合意を得た上で美術館を建設」と記載され，2012年以降，決算に関する監査等において，博物館機能の在り方についての検討を進める旨の発言が知事，教育長からなされ，2015年には，鳥取県美術館整備基本構想検討委員会が設置された．

　同委員会は，2017年3月までに13回の会議を開催して，館のコンセプト，規模，機能，運営費，運営手法，建設候補地の評価，特色づくり等についての検討を行い，同月，基本構想を決定，公表している．委員会の議事録，配布資料は公開されており，さらに，2016年6，7月には県内主要3都市で美術館整備に関するフォーラムが開催されるとともに，8月から9月にかけて，「美術館について語り合うキャラバン」が県内各市町で23回開催され，博物館スタッフによる同館の現状説明や，美術館整備についての県民との意見交換が行われている．また，2015年11月からは，美術館構想を県民に直接説明するための出前説明会を申し込みに応じて随時実施しており，2016年9月までに45回行われている．さらに，「美術館の整備に関する県民意識調査」，「美術館の建設場所に関する県民意識調査」が併せて実施された．これらを踏まえ，2017年3月には，「鳥取県立美術館整備基本構想」，2018年3月には「鳥取県立美術館整備基本計画（中間まとめ）」が策定されている［鳥取県 2017；2018］．

　県民の支持や内容検討の不十分さを理由とする整備計画凍結という経緯からも，県立美術館整備を巡る鳥取県の姿勢は，積極的な情報発信や県民との意見交換を基本としている．フォーラムの議事録等からも，県立美術館整備を巡る県民の意見は多様であることが分かり，策定された整備計画の実現には紆余曲折も予想されるものの，博物館を取り巻く環境がかつてなく厳しい時代においては，基本構想段階から住民の間での活発な議論を経て館の在り方を検討していくことが重要だと考えられる．指定管理者制度の導入を含む運営形態については，その議論の過程で決定されるべきであり，大阪市の事例からも同様のこ

とを指摘することができる．

## おわりに
──博物館と自治体文化政策──

　これまで見てきた，公立博物館への指定管理者制度導入を巡る背景や導入後の状況，さらには，館の運営形態や整備の在り方を巡る事例からは，指定管理者制度をどのように活用するのか，或いは導入しないのかは，その時々のトレンドではなく，個々の博物館の在り方を基本に検討すべきだというごく常識的な結論に立ち至る．そして，それらの個々の館の在り方は，設置者である地方自治体の文化政策にどのように位置付けられるかによって決定されるべきである．

　自治体文化政策の担い手は，行政機関だけではなく，アーティスト，芸術・文化団体，地域住民，NPO，民間企業等多様である．博物館や文化会館等の文化施設の運営が自治体の主な業務と認識されていた20年ほど前までとは異なり，「文化を対象領域とする公共政策」[後藤 2001：1]としての認識が徐々に浸透し，関連する人々や分野も多様になるにつれて，文化・芸術と他分野との協働が注目されるようになってきている．そのような変化の中では，博物館のあるべき姿も，基本的な機能（資料収集，調査研究，展示，教育普及等）のクオリティを保ちながらも変化していく必要がある．

　公立博物館への指定管理者制度の導入を巡る議論は，それぞれの博物館の在り方を改めて検討する好機となったが，その機会が十分に生かされたとは言い難い．NPMの考え方を背景とする行政改革の流れの中での時間的制約もあり，導入を巡る技術的な議論や導入否定のための議論が主となる例もあった．

　指定管理者制度を導入した公立博物館では，現在3期目以降の指定期間となっている例が大半である．導入時の混乱や不安は収まり，一定程度安定した運営が行われてはいるものの，自治体による運営負担金の削減や職員の雇用不安定化といった基本的な課題が解決されているわけではない．むしろ，解決が見込みにくい中で課題が表面化しにくくなり，必要な議論が行われない，という状況が生じている可能性がある．地方自治体は公立博物館の設置者として，公立博物館は地域の貴重な資料を預かり，専門機能を持つ運営者として，また，地域住民はそれらの資産の本来的なオーナーとして，プロセスを明確にしたオープンな議論の中で，文化政策の在り方と，その中での博物館の在り方につ

いて，改めて考え，位置付けていく必要があるだろう．

**参考文献**

大阪市経済戦略局［2015］「文化施設（博物館施設）の地方独立行政法人化に向けた基本プラン（素案）」．

大阪市経済戦略局［2016］「大阪市ミュージアムビジョン（素案）」．

金山喜昭［2016］「シンポジウム報告　博物館指定管理者制度」『日本の博物館総合調査研究平成27年度報告書』．

金子淳［2012］「静岡の社会教育小史――思想・実践・政策面に関する動向を中心に――」『静岡大学生涯学習教育研究』14．

後藤和子［2001］「文化政策とは何か」，後藤和子編『文化政策学』有斐閣．

総務省［2018］「地方自治制度の概要　第二編　普通地方公共団体　公の施設　公の施設の指定管理者制度について」(www.soumu.go.jp/main-content/000451041.pdf, 2018年4月1日閲覧).

高橋信裕［2011］「指定管理者制度の活用」『文化庁主催平成23年度ミュージアム・マネジメント研修資料』．

鳥取県［2017］「平成28年度までの取組（美術館整備に係る議論の経緯や新しい美術館に向けた検討について）」(http://www.pref.tottori.lg.jp/273554.htm, 2018年4月1日閲覧).

鳥取県［2018］「H30.3鳥取県立美術館整備基本計画（中間まとめ）の策定」(www.pref.tottori.lg.jp/274104.htm, 2018年4月1日閲覧).

長崎県［2016］「事業評価調書［途中評価］（平成28年度）」(https://www.pref.nagasaki.jp/sehyo/h28/detail/pdf/tyosho2/03.pdf, 2018年4月1日閲覧).

広島市［2016］「広島市現代美術館指定管理者の業務実施状況（平成28年度）の概要・評価」(http://www.city.hiroshima.lg.jp/www/contents/1505287781179/simple/05.pdf, 2018年4月1日閲覧).

# 第 3 章

# 日本の市民活動における中間支援機能の実態

## はじめに

　本章では，NPO等の活動を支援する市民公益活動組織や施設等の，いわゆる「中間支援機能」についての事例紹介を行う．

　中間支援機能を持つ組織や施設は，NPOセクターの多様な意見をとりまとめて国や自治体への政策提言を行ったり，NPO同士やNPOと他のセクター（行政や企業）との協働プロジェクトの調整役となったり，あるいは行政や企業がNPOへの支援を行う際の仲介役となるなどの機能を果たしている．本章では，このような「とりまとめ役」「調整役」「仲介役」としての機能という観点に着目して，中間支援機能の公共ガバナンスにおける役割を紹介していく．

## 1 用語としての中間支援

　「中間支援」とは何かの定義については，実のところ定まったものはなく，例えば国が行った「中間支援組織」についての調査（内閣府「平成13年度 中間支援組織の現状と課題に関する調査」）でも，冒頭で「NPOを支援するNPOとして中間支援組織の役割が今後一層大きくなることが期待されている」と期待を述べる一方で，「中間支援組織については，いろいろな捉え方があり，必ずしも明確に規定された定義があるわけではない」といった紹介がなされている（表3-1参照）．とはいえ，ある程度の定義は必要なので，若干，この「中間支援」という用語について考察をしておきたい．

　まず，字義から考えていくと，「中間」は英語では「ミディアム」である．これの複数形が「メディア」で，派生語の「インターミディアリー」には「仲介者」等の意味がある．この「インターミディアリー」は，アメリカのNPO

表 3-1　中間支援の分類

| | |
|---|---|
| 「支援方法」に着目した団体の分類 | ・基盤整備型（インフラストラクチャー）<br>・経営支援型（マネジメント・サポート）<br>・資源媒介型（インターミディアリー）<br>・連絡・ネットワーク形成型 |
| 「地理的な活動範囲」に着目した団体の分類 | ・全国型<br>・地方型 |
| 「支援対象」に着目した団体の分類 | ・総合型<br>・専門分野特化型（例：環境系，福祉系，男女共同参画系等） |
| 「設置者・運営者」に着目した施設の分類 | ・民設民営型<br>・公設公営型（官設官営型）<br>・公設民営型（官設民営型） |

（出典）　内閣府「平成13年度　中間支援組織の現状と課題に関する調査」等をもとに筆者作成．

　関連用語としては，資金を始めとする資源の仲介によりNPO等の活動を支援する組織のことで，例えば，富豪や企業が設立した財団からの資金を預かって助成金プログラムを作成し，NPO等の事業実施者を選定して資金を提供するとともに，その活動を支援・管理・評価することによって一連のプログラムを効果的に行うといった「仲介者」の役割を果たしている［田中 2005：iv-v］．

　「中間支援」を，「資源の仲介を手段とする支援」と狭く解釈すれば，上記のようなインターミディアリーの機能についてのみここでは紹介すればよいかもしれないが，日本におけるNPO用語・行政用語としての「中間支援」は，もっと広義の意味で用いられることが多い．

　「中間支援」という言葉の字義からのもう1つの解釈は，『仲介を意味する「中間」』と『その他の方法による「支援」』とを並列に考えるものであり，このように解釈すれば，現在の実務における広義の用法とも合致するだろう．また，特定非営利活動促進法（NPO法）においても，中間支援という言葉は使わないものの，特定非営利事業の分野として，NPOの「運営又は活動に関する連絡，助言又は援助の活動」というものを置いている．

　本章では，中間支援を「NPO等を支援する機能全般」として幅広くとらえ，前述のような「インターミディアリー」に加え，NPOの組織マネジメント上のコンサルなどに応じる「マネジメント・サポート」や，政策提言などの方法でNPO等の活動基盤の整備を行う「インフラストラクチャー」のような機能までを含めて，「中間支援」と呼ぶことにする［吉田 2004：105-106］．

## 2 NPO制度の輸入とインフラ組織

### (1) 概要

日本では，1998年の特定非営利活動促進法の施行によって，NPOの法人格取得が幅広く行えるようになった．それまで，非営利団体の法人格取得は，学校や病院といった認可の厳しい特定の領域のものや，主務官庁の裁量のもとでごく例外的に認められてきた社団法人・財団法人などに限られており，草の根のいわゆる「市民活動団体」が法人格を取得する途は，現実的にほぼ閉ざされていた（第Ⅰ部第1章参照）．

市民活動団体が法人になれないことは，市民活動の拡大を阻む1つの壁として，関係者の間では認識されており，アメリカやイギリスなどの制度を参考に，日本でも市民活動団体が各種契約や財産所有の主体となれるように法人制度を導入しようという提言が続いていた[1]．

この機運は，特に1995年の阪神・淡路大震災を契機に一気に高まり，紆余曲折の末，中間支援組織を中心とするNPOのネットワークによる粘り強い働きかけと，経済界の後押しによって，1998年の法成立として実を結ぶことになった［日本NPOセンター 2007：67-70］．

このNPO法人制度を立法化して，かつ円滑に運用していくためには，NPOに関する様々な情報を日本に紹介して，制度の必要性を広く周知する必要があった．この一連の啓発から政策提言までを担ったのが，一般に「インフラストラクチャー・オーガニゼーション（基盤整備組織）」と呼ばれる中間支援組織の一種だった．

本節ではこの基盤整備系の中間支援組織の事例について紹介していく．

### (2) 「シーズ＝市民活動を支える制度をつくる会」

「シーズ」は，「市民活動を支える制度をつくる会」の名称のとおり，市民活動に関わる法人制度や税制等の整備を目的に設立された政策提言を専門に行うインフラ型のNPOであり，設立当初からの目標の1つであった市民活動のための法人法制であるNPO法の成立を実現させたことで知られている．

任意団体としての設立は，阪神・淡路大震災の2カ月前の1994年11月．以来，98年のNPO法の成立・施行や，その後の制度改正を推進してきた．2007年に

は自らもNPO法人となっている．

　まだ日本で「NPO」という言葉そのものがほとんど知られていなかった90年代半ばから，主としてアメリカのNPO制度や，各種NPO支援組織やプログラムの実態調査に熱心に取組み，それらに関する研究成果を政策提言に活かすだけでなく，出版・講演等の形で広く社会に還元してきた［シーズ 1998］．シーズが行ってきた外国制度の紹介等によるNPO制度の普及啓発は，今日の日本における「NPO」のあり方や，その概念についての通説的な理解にも，大きく影響することになった．

　また，地方自治体のNPO担当部局や地方の中間支援組織とのネットワーク化をいち早く進めて，意見集約を行ってきたこともシーズの特色の1つである．それらの意見集約を背景に，NPO法人にとって有利な法人法制の改善を進め，2001年には，これもシーズの設立当初からの目標の1つである市民活動のための税制優遇制度「認定NPO法人制度」を実現させている［柏木 2008：144-63］．

　NPOの信頼性・透明性を高めるための制度整備にも取組み，NPO会計基準の策定などを行ってきたが，ここでも前述の全国の中間支援組織を繋ぐネットワークを活かした意見集約などの実績が活かされることになった．

### (3)　「日本NPOセンター」

　前述のシーズが日本におけるNPO法人法制の実現化のために誕生した団体であるとしたら，日本NPOセンターはその法制化推進のプロセスの中で誕生した団体であると言える．

　日本NPOセンターは1996年11月に設立された．翌12月には与党のNPO法案が衆議院に提出されており，時期的にはまさにNPO法成立のための働きかけが大詰めを迎えるタイミングであった．この政策提言と連動する形で，それに関わったNPO関係者の人的ネットワークを背景に，NPO法人法制の施行後を見越した基盤整備を目的とする団体として日本NPOセンターは設立されることになった．

　設立趣意書では，「インフラストラクチャー・オーガニゼーション（基盤的組織）」であることが明記され，情報交流，人材開発，調査研究，政策提言などを通じたNPOの基盤強化と，企業や行政との新しいパートナーシップの確立を目指すことが謳われている．

　日本NPOセンターの実際の事業として特筆すべきは，このNPOセクターと

行政セクター及び企業セクターとの間のパートナーシップの確立に関する活動であり，日本のNPO黎明期における他セクターとのパートナーシップ構築の役割を果たしてきた．

行政セクターとの連携においては，地方自治体のNPO関連の諸制度（特に都道府県のNPO条例）の整備に協力し，また，企業セクターとの連携においては，ファイザーやマイクロソフト等のNPO助成プログラムの創設展開を支援した．

特に日本NPOセンターは，設立時から日本経済団体連合会を中心とした経済界との連携を重視しており，役員にも経済界のパイプ役となる人物を継続して据えてきた．日本の経済界は，行政の肥大化への処方箋として，民間による公益活動の活性化による財政改善を提唱しており，日本NPOセンターと経済界との連携は，こうした経済界のNPO推進の声を具体的な政策として発信・調整する役割を果たした［日本NPOセンター 2007：249-51］．

また，地方におけるNPO支援センターの設立を促すことにも熱心であり，こうした日本NPOセンターの協力や提言も1つの推進剤となって，全国各地に民間の中間支援団体が組織されたり，あるいは行政が中間支援機能を持つ公共施設（いわゆる公設型NPOセンター）を設置するといった流れが加速していった［日本NPOセンター 2007：58-165］．

## 3 地方における中間支援組織の誕生と展開

### (1) 概要

本節では，1998年のNPO法施行前後から地方で形成された中間支援団体について記述する．

地方における中間支援機能の提供者には，大きく分けて，NPO等の民間の中間支援団体と，自治体が設置した中間支援のための公共施設が存在しており，それらは混同されることも多い．特に，民間の中間支援団体が，自治体から請け負って中間支援のための自治体施設を運営しているような場合には，どこからどこまでが民間団体の活動で，どこからどこまでが自治体の活動なのか必ずしも明確に区別できない場合もある．だが，まずは，民間団体と自治体施設を区別して，ここでは民間の中間支援団体の事例について見ていくことにする．

前節で紹介したように，1990年代後半以降，全国的な中間支援団体の働きかけによってNPO法人制度が現実のものになってくると，各地方においても

NPO促進のための基盤整備の必要性が認識されるようになり，全国の主要都市で，活動領域を各地域に特化した基盤整備系の中間支援団体が誕生していった．NPO法人制度の実現を目的に，全国から東京に集まって，シーズや日本NPOセンターなどとともに政策提言や陳情の活動を行っていた各地域のNPOセクターのリーダーたちが，それぞれの地元に経験・知見を持ち帰って中間支援活動を行う流れが生まれたことにより，それまで日本において馴染みの薄かったNPOに関係する概念が全国的に広がっていくことになった［今瀬 2011：36-46］．

### (2) せんだい・みやぎNPOセンター

せんだい・みやぎNPOセンターは，1997年11月に任意団体として設立され，1999年7月にNPO法人となった．

定款で「仙台・宮城の地におけるNPO（民間非営利組織）活動の発展」を目的に掲げているように，地域に特化した活動を標ぼうしている点が，前節で取り上げた全国組織であるシーズや日本NPOセンターとの大きな違いであると言える．地域における活動目的としては，「NPOの活動基盤強化」と「企業や行政とのパートナーシップの形成」が定められている．

具体的な事業としては，NPO向けの活動相談や，民営スモールオフィスの提供，それに仙台市の公設型中間支援施設の指定管理の受託など，地域の中小零細のNPOを主要な対象とするサービス提供を行ってきた．このようなリテール向けのサービス提供も，前述の全国型組織と異なる点であると言えるだろう．

せんだい・みやぎNPOセンターは，その後に全国で設立が相次いだ類似の「地域インフラストラクチャー・オーガニゼーション」型NPOの模範となり，創立者の故・加藤哲夫は，全国各地の民設・公設の中間支援施設から招聘されて，官民の中間支援実務者たちのための講演やワークショップなどを行い，その哲学とノウハウを伝播させた．

### (3) 市民フォーラム21・NPOセンター

市民フォーラム21・NPOセンターは愛知県名古屋市を拠点とする地域インフラ組織であり，せんだい・みやぎNPOセンターなどと同じく1997年に任意団体として設立され，翌々年の1999年にNPO法人となった．活動目的は，他

の地域インフラ組織の多くと同じく,「NPOの活動基盤強化」と「NPOと企業や行政とのパートナーシップの形成」であり,地域の中小零細NPO向けの各種相談業務も行っている.

市民フォーラム21・NPOセンターの特徴は,定款で「地域の市民セクター自らの手によるNPO支援組織として」の活動を掲げているように,地域における市民セクターの自治を基本理念として,各種の政策提言を行ってきたという点である.

特に,創設者である政治学者の後房雄の理念が反映される形で,NPOが行政からの委託等を受けて公共サービスを担っていくための制度整備や運用改善に熱心に取り組んできた.

行政とNPOとの委託契約関係においては,行政がNPOの運営の独立性を侵害したり,不当に廉価で利用したりする危険性が指摘されており,そういったことのない対等な契約関係の原則を構築するために,地域のNPOセクターと自治体とが協約を結ぶといったことがイギリス等では行われてきた.

市民フォーラム21・NPOセンターをはじめとする愛知地域のNPOセクターは,これら外国の事例などを参考に,愛知県に対して政策提言を行い,それは2004年に日本初とされる行政とNPOセクターとの協約「あいち協働ルールブック」として発効することになった.「あいち協働ルールブック」は,NPOと行政との契約における対等性や,委託費の適切な積算のあり方等を盛り込んだ「協働の原則」を定めている［柏木 2008：166-77］.

## 4 公設型中間支援施設

### (1) 概要

1998年にNPO法が施行されると,その定めによってNPO法人の認証を行う所轄庁となった都道府県において,NPO推進に関する条例が相次いで制定されることになった.都道府県庁内にNPOを担当する部署ができ,そこが所管する形で,公設型の中間支援施設が全国の多くの都道府県に設置され,同様の施設が基礎自治体においても広まっていくことになった.これらの中間支援施設には一般的に,NPO等が会議やイベントに使用できるスペースが設けられて,無料または安価な料金で貸し出されている.また,印刷機やポスタープリンターなどの機材の利用提供も行われている.ハード的な機能の他に,NPO

等の設立や運営に関する相談に応じたり，研修講座を開催したりといったソフト面の支援も行っている．本節では，この公設型中間支援施設について見ていくことにする．

### (2) 公設型中間支援施設の設置状況

2015年に筆者が全国の自治体にアンケート調査を行ったところ，中間支援施設を設置する自治体は，1990年代末から少しずつ現れ，2000年代以降の短期間で急激に普及したことが分かった．特に2002年前後と2006年前後で著しく増加している（図3-1）．2002年の増加の背景には，改正NPO法の成立等，NPO制度の啓発に関する機運の高まりがあったと考えられ，2006年の増加の背景には，改正地方自治法（2003年施行）の指定管理者制度の移行期間が2006年に満了を迎えるタイミングであったことから，いわゆる新公共経営管理（NPM）における民営化の推進の中でNPO活用を試験的に導入していこうという行政側の機運の高まりも影響していたものと考えられる［日本NPOセンター 2012：65］（第Ⅰ部第2章参照）．

### (3) 公設型中間支援施設の普及の理由

自治体はなぜこのような中間支援施設を設置したのだろうか．NPO制度の一般的な啓発以外にも，考えられるいくつかの理由がある［松下 1998：106-18］．

第1は，法人制度施行後に次々と新設された特定非営利活動法人への対応である．地域の草の根の市民活動団体が法人格取得を行う中で，認証庁である都道府県には，行政手続や会計に不慣れな市民活動団体関係者への対応の必要が生じた．

これは，市民活動側のニーズであると同時に，窓口における混乱を防ぎたい行政側のニーズでもあった．そのため，今日においても，公設型中間支援施設においては，NPO法人の認証・報告手続や，会計実務，税務処理の方法，役員や財産に関する登記手続等の相談に対応できるスタッフ又は外部の専門家が配置され，これらの手続に関するNPO向けの講座が定期的に開催されていることが一般的である．

第2の理由は，多種多様なNPOにとって既存施設の使い勝手が悪かったことである．地域には類似の公共施設が確かに存在した．生涯学習のための公民館や，福祉ボランティアのための社協系施設，地縁団体が使うコミュニティセンターや，男女共同参画センター等がそれである．しかし，それらの施設は，

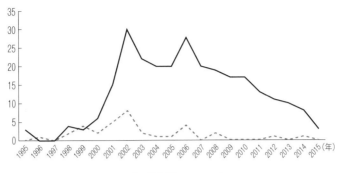

**図3-1　年ごとの公設型中間支援施設を新設した自治体の数**
(注) アンケート調査で確認できた限り，2015年3月末現在，47都道府県中で30の自治体（約64％），813の市・特別区中で267の自治体（約33％）が，中間支援施設の設置主体となっている．
(出典) 金川・荻野「2016」．

利用が限られた分野や地域のみを想定していたり，非営利であっても有償の活動には制限があったりしたため，NPOの利用には即さない場合も多かった．

より野心的な第3の理由としては，将来的な行政機関のダウンサイズを見越して，公益事業を民間にバトンタッチするためのモデルケースとして中間支援施設を活用しようという思惑があげられる．業務委託や指定管理の形でNPOを活用することは行政改革の1つの定石だが，それを実践・実験する場として，協働推進の担当部署が所管することの多い中間支援施設は最適であった．

せんだい・みやぎNPOセンター，きょうとNPOセンター，岡山NPOセンターをはじめ，それぞれの地域を代表する有力な基盤整備型の中間支援団体が，公設型中間支援施設の運営を請負っており，自治体から支払われる数百万から数千万の委託費や指定管理料は，それらの団体の大きな財源にもなった．

一方，そのような有力なNPOが存在しない地域においては，将来の「協働パートナー」となり得るNPOを育成しなければならないという長期的な課題もあった．行政による中間支援施設を活用したNPOの育成には，施設の各種サービスを提供することによってNPOの活動をサポートするという方法だけでなく，もう1つ，別の重要な方法があった．それは，中間支援施設の運営を業務委託や指定管理等の方法によってNPOに委任することにより，そのNPOを地域のNPOセクターの中核を担える中間支援機能を持つ団体として育成す

るという方法である．アンケート調査で，中間支援施設をNPO等の民間団体に委任している自治体にその理由を尋ねたところ，約半数が，その目的は運営団体を中間支援団体として育成するためであると回答している．

さらには，行政が主導して施設の利用者会議等をNPO化させ，中間支援団体の看板を掲げさせて，施設の運営を担わせたという事例も散見されるが，このようなやり方については，いわゆる「官設型NPO」とでも呼ぶべきものであって，民間が自主的・自律的に公益活動を行うためのNPO制度の趣旨に合致しないのではないか，との批判も存在する［吉田 2006：93-94］．

### (4) 行政用語としての「中間支援」

前節までで見てきた民間の中間支援団体は，自分たちの事業を必ずしも「中間支援」と呼称しない場合が多く，それぞれの活動により具体的に即した「インフラストラクチャー」や「マネジメント・サポート」等の用語を使用していた．その一方，行政へのアンケートで確認できたのは，NPOを支援する施設を設置している都道府県と市・特別区297自治体のうち，220の自治体（約74％）が，施設の機能を「中間支援」と呼んでいた．「インターミディアリー」に限らない広い意味での「中間支援」という用語は，民間団体よりも，行政のNPO支援施策の用語として定着してきた可能性が高そうである．

## 5　中間支援団体を活用した国の事業の事例

### (1) 概要

ここまで，中間支援機能を担う民間団体と行政の施設についての事例を見てきた．本節では，そのような中間支援機関を国が本格的に活用して実施した「新しい公共支援事業」と「地域社会雇用創造事業」という2つのプログラムの事例について見ていくことにする．

2009年に発足した民主党政権は，それまでの自民党政権下でも進められようとしていた，公共サービスを行政だけが行うという方法からNPO等の民間セクターと行政が連携しながら担っていくという方法への転換，すなわち「新しい公共」の推進を，政策の目玉として位置づけた．国や自治体の財政状況が厳しさを増す中，少子高齢化や内なる国際化の進展等によってますます多様化する市民の公共サービスへのニーズを賄うためには，NPO等の民間の公益活動

を活性化していく必要があるとの認識にたち，NPO等の活動基盤を整備して，人材を育成し，寄付金の拡大や，融資の円滑化を図っていくことでNPOセクターの活性化を後押しするとともに，地域社会がNPOと連携して地域の課題解決を行うモデルを確立していくことを政策目標に掲げたのである.[4]

「新しい公共支援事業」と「地域社会雇用創造事業」は，このような背景のもと，実施されたプログラムであり，NPOの活性化支援と，地域社会とNPOが連携した公共的課題解決のためのモデル作りをしていく上で，中間支援機能の活用が重視されることになった.

### (2) 新しい公共支援事業

「新しい公共支援事業」は，NPO等の自立的活動を後押しすることで，新しい公共の拡大と定着を図ることを目的として，2010年度の補正予算に87.5億円の事業費を計上して実施された．この補正予算は，鳩山内閣が設置した「新しい公共円卓会議」における理念的な提言と，閣議決定した「新成長戦略」におけるNPOや社会的企業等の活性化という目標を背景として，「円高・デフレ対応のための緊急総合経済対策」の一環として実施されることになったものである．その位置づけからは，当時の民主党政権が，NPO等の活性化を，単なる市民活動への支援ではなく，デフレ時代における新しい経済成長や雇用吸収のモデルとして模索していたことがうかがえる.

事業のスキームとしては，87.5億円の予算を交付金として各都道府県に配分して，都道府県ごとに基金を設置させ，その基金を用いて，都道府県が主体となって，NPO等の新しい公共の担い手を支援・育成する事業を展開する事業と，NPO等が主体となって，行政等との協働で公共的な課題解決に取組むための実験的な事業とを実施するというものであった.

都道府県主体の，新しい公共の担い手支援・育成事業としては，「NPO等の活動基盤整備のための支援事業」「寄附募集支援事業」などが行われた．この事業スキームにおいては，北海道NPOサポートセンター，あおもりNPOサポートセンター，杜の伝言ゆるる（宮城県），やまぐち県民ネット21，えひめNPOセンター，NPO高知市民会議，岡山NPOセンターといった地域を代表する地域型・基盤整備型の中間支援団体が，道県からの委託を受ける形で，NPOへの支援プログラムを実施した.[5] また，NPO等が主体の協働実験事業としては，「新しい公共の場づくりのためのモデル事業」と「社会イノベーショ

ン推進のためのモデル事業」が行われたが，こちらは中間支援団体に限らず，主としてそれぞれの専門分野を持つNPO等が選定された．

### (3) 地域社会雇用創造事業

2010度から2012年度の3カ年度において実施された起業支援と人材育成の地域社会雇用創造事業は，NPO等を活用した地域の社会的課題解決を促進するためのプログラムを組んで，そこでの雇用吸収をはかるという趣旨の事業である．土木建設等の公共事業が，インフラ整備と雇用創出の両面を実質的な目的としていたように，NPO等が担い手となる「新しい公共」によって，地域社会の課題解決と雇用創出の両方を図るというのが，この事業の目的であった．NPO等の社会的企業（ソーシャルビジネス）は，日本においてはまだ基盤が弱く，この分野の雇用吸収力の伸びしろは大きいというのが政府の認識であった．

この補助金事業は，2010，11年度は幅広いテーマの「地域社会雇用創造事業」として実施され，2012年度は東日本大震災の被災地の復興支援関連事業に特化した「復興支援型地域社会雇用創造事業」として実施されたが，ここでは，一般テーマで実施された2010，11年度の「地域社会雇用創造事業」の事業スキームと，そこで中間支援団体がどのように活用されたかについて見ていくことにする．

2010～11年度に実施された地域社会雇用創造事業は，その前年に閣議決定された「明日の安心と成長のための緊急経済対策」の一環として，「地域社会における事業と雇用を加速的に創造すること」を目的に行われた．事業の実施主体には，環境NPOのグラウンドワーク三島や，社会的企業支援系NPOのETIC.など，起業支援や人材育成の面での中間支援的な機能が期待できる12の機関が採択され，それぞれの実施機関ごとに，2億円から10億円，総額で70億円の補助金が内閣府から交付された．各機関はこの補助金によって基金を作り，それを使って「社会起業インキュベーション事業」と「社会的企業人材創出・インターンシップ事業」という2つのプログラムを実施した．実施機関により，このどちらか片方のプログラムだけで採択されたところと，両方のプログラムで採択されたところがあった．

内閣府の事業報告によると[6]，農林水産業の活性化から，若者のソーシャルビジネス立ち上げ，シニア人材の活用まで，各実施機関の専門分野に応じて多岐にわたり，最終的には「社会起業インキュベーション事業」で800人の起業を

支援し,「社会的企業人材創出・インターンシップ事業」では1万2000人をインターンに送り人材育成を行ったとされている.

### (4) 新しい公共関連事業に対する評価

民主党の「新しい公共」に関連した政策は,鳩山・管・野田と,内閣が目まぐるしく交代したことや,民主党政権自体が3年という短期間で下野したこともあり,その政策を検証して改善するという段階に進む前に終了してしまった.

民間の非営利公益活動に政策の焦点を当てたことや,NPOセクターにとって相対的に大きな予算が投じられたことにより,NPOや社会起業に関連する活動基盤が改善して,参入者の裾野が広がったであろうことについては一定の評価をする声がある一方で,これらの事業の方法・効果については批判の声もある[7].それらの批判は,事業の設計の問題,実施団体の選定に関する問題,効果測定・説明責任の問題にまで多岐に及ぶが,ここでは中間支援団体の活用に関して指摘された主要な問題点について簡単に紹介をしておく.

まず,新しい公共支援事業については,そもそも緊急性がある事業ではなかったにも関わらず補正予算によって事業化されて都道府県に2億円程度ずつの予算が交付されたため,中間支援団体等を活用する事業のスキーム自体が生煮えのまま見切り発車的に実施されてしまった面がある.その中で,地方の小規模な中間支援団体などに短期間で大量の公的資金が投入されたことについては,かえってそれらの組織の持続的な発展を阻害したのではないかとの懸念が指摘されている.また,そういった安易な税金の投入自体が「新たなばらまき型の事業」だったのではないかとの倫理的な批判もあり得るだろう［西田 2014：171-84］.

地域社会雇用創造事業についても同様に批判の声は強く,特に受託団体に内閣府関係者の団体や「新しい公共円卓会議」メンバーの団体が含まれていたことについては,利益相反の観点から問題視する意見があり,今後は,中間支援団体等が基盤整備のために政府の政策作りにコミットすることと,その基盤整備事業のベンダーとして政府からの事業を受託することとの間における倫理的な規範をどうするかも課題になってくると考えられる[8].また,個人の社会的起業に対しての資金投入そのものが「ばらまき」であるとの批判や,起業したその後の生存率などの費用対効果の検証が不十分であることへの批判も成り立ち得ると考えられ,NPOや社会的起業に対する支援スキームのあり方について

の課題は，検討・改善されないまま終わってしまったと言えるだろう．

## おわりに

　以上，見てきたように，中間支援機能を持つ機関には様々な形がある．東京を拠点として国の制度等の全国的な基盤整備に取り組む民間組織がある一方で，地方を拠点として自治体への政策提言や地域の基盤整備を行うことに特化した民間組織もある．民間以外には自治体が設置した公設型の中間支援施設があり，自治体により直営で運営される場合と，委託や指定管理によって民間に委任される場合とがある．民間の中間支援団体には，行政の中間支援施設や中間支援事業を受任することで中間支援事業を行うところと，民間だけで独自に中間支援事業を行うところがある．それら官民の中間支援機能を活用した，様々な国や企業のプログラムも行われてきた．
　NPO法の施行から20年になる．NPOについての初歩的な啓発は相当以前に一段落し，市民活動団体の法人化のラッシュも落ち着いた．行政からNPOへの各種事業委託も日常的となり，長年の課題だった寄付金税制優遇のための認定NPO法人制度も充実したものになっていった．そうした中で，中央・地方の中間支援団体や中間支援施設が担ってきた役割は，今後どうなっていくのだろうか．
　関心が高いのは，やはり資金力強化の問題のようである［日本NPOセンター 2012：70-71］．これは，支援対象となるNPOの問題であると同時に，中間支援団体自身の問題でもある．
　地方の中間支援団体の中には，地域ファンドを創設することで地元企業などからの寄付を拡大し，地域内でNPOセクターへの資金の流れを作ろうとするところも出てきた．しかしながら，それらのファンドの規模はまだ小さく，運用益や寄付金の手数料等では事務局経費を十分に賄うことができず，行政からの別の事業の受託等で得た収益や，そのために雇用したスタッフを兼任させる形で，何とかファンドの事務局機能を維持していたりするのが現状である．
　一方，地方の中間支援団体にとっては収入の大きな部分を頼っている，行政からの中間支援施設の受任による収入も，今後は事業の見直しや縮小があることも予想され，不透明感が増している．
　イギリスのソーシャル・インパクト・ボンド等の事例を参考に，新しい形の

公的資金の流れを作る試みや，そのための評価・認証機能を中間支援団体に持たせて事業収入を生み出す方向の提言もされているが[9]，今後の展開は未知数である．

会費収入・寄付収入の拡大で安定的財源を確保すべきというオーソドックスな提言もあるが，受益者の範囲が不明瞭なインフラ的性質の強さを考えると，完全な民間資金のみで中間支援団体を維持することが困難であることも確かであろう．

その一方，新公共経営管理（NPM）の進展により，行政からNPO等への事業移管は拡大・多様化することが予想され，複雑化する公共ガバナンス構造の中で，NPOセクターの意見をとりまとめて政策提言等を行う中間支援団体の存在は，ますます重要になっていくと考えられる．

財政面での困難を乗り越えて，公共的な役割をどう果たしていくかが，引き続きの課題となるだろう．

**注**
1) 主な提言としては，1994年に社団法人奈良まちづくりセンターが，総合研究開発機構からの委託研究としてとりまとめた「市民公益活動基盤整備に関する調査研究」などが挙げられる．
2) 加藤哲夫氏の日本のNPOセクターに与えた影響については，せんだい・みやぎNPOセンターが開設している特設のデジタルアーカイブ「K-museum」に詳細が記載されている（http://minmin.org/kto/，2018年3月19日閲覧）．
3) 公設型NPOセンターの設置・運営状況について調査をするため，2015年の2月下旬に，全ての都道府県，市，東京特別区の市民活動担当部署に向けて一斉に調査票を郵送し，3月末日まで回答を受け付けた．47都道府県中，42（89％）の自治体から回答を得た．また813市・特別区中，601（74％）の自治体から回答を得た．今回の調査対象である公設型のNPOセンターの範囲は，市民活動やNPOを支援するための常設の施設で，当該自治体が設置しているものに限定をした．同一の自治体に複数のNPOセンターがある場合は，主要なセンターを1つ選び，それについての回答のみを統計に利用した．
4) 「第173回国会における鳩山内閣総理大臣所信表明演説」（2009年10月26日）．
5) 「新しい公共支援事業連絡調整会議 成果報告の部における報告事例一覧」（http://www5.cao.go.jp/npc/unei/24nblock2kai/program.pdf，2018年3月19日閲覧）．
6) 「新しい公共支援事業連絡調整会議 成果報告の部における報告事例一覧」（http://www5.cao.go.jp/npc/unei/24nblock2kai/program.pdf，2018年3月19日閲覧）．
7) 例えば，言論NPOが実施した「民主党政権9ヶ月の実績評価」や「菅政権100日評価」

など.
8) 言論NPOによる「管政権100日評価　新しい公共」など.
9) 例えば，G8社会的インパクト投資タスクフォース国内諮問委員会が2015年5月にとりまとめた「社会的インパクト投資の拡大に向けた提言書」など.

**参考文献**
今瀬政司［2011］『地域主権時代の新しい公共』学芸出版社.
柏木宏［2007］『指定管理者制度とNPO』明石書店.
柏木宏［2008］『NPOと政治』明石書店.
金川幸司・荻野幸太郎［2016］「全国の公設型NPOセンターの設置状況と運営実態に関する調査研究」『社会・システム学会』37.
小島廣光［2003］『政策形成とNPO法──問題，政策，そして政治──』有斐閣.
シーズ＝市民活動を支える制度をつくる会［1998］『非営利セクターを支えるしくみとは──サンフランシスコのサポートセンターに学ぶ──』シーズ＝市民活動を支える制度をつくる会.
世古一穂［2009］『参加と協働のデザイン』学芸出版社.
田中弥生［2005］『NPOと社会をつなぐ──NPOを変える評価とインターメディアリ──』東京大学出版会.
辻中豊・伊藤修一郎［2010］『ローカルガバナンス　地方政府と市民社会』木鐸社.
西田亮介［2014］「日本における社会起業家の登場とその起業過程──制度的基盤，コミュニティ機能，政策との協働──」博士論文　慶應義塾大学大学院政策・メディア研究科.
日本NPOセンター［2007］『市民社会創造の10年──支援組織の視点から──』ぎょうせい.
日本NPOセンター［2012］『2012年度NPO支援センター実態調査報告書』日本NPOセンター.
原田晃樹・藤井敦史・松井真理子［2010］『NPO再構築への道』勁草書房.
松下恵一［1998］『自治体NPO政策』ぎょうせい.
吉田忠彦［2004］「NPO中間支援組織の類型と課題」『龍谷大学経営学論集』44(2).
吉田忠彦［2006］「NPO支援センターの類型と課題」『非営利法人研究学会誌』8.

# 第4章

# 日本における行政・サードセクターの協働実態

## はじめに

　本章では，日本における行政とサードセクターの協働に関して事例を踏まえながら，考察することとする．

　サードセクターをめぐる理論的考察は，第Ⅱ部第13章に譲るが，本章においては，基本的にはNPO法人，社団法人，財団法人，ボランティア団体などの非営利組織，ソーシャルビジネス，協同組合，自治会などの地縁組織の一部も含むこととする[1]．

　日本において，協働（collaboration）が政策として脚光を浴びるようになったのは，1998年に成立した特定非営利活動法によるNPO法人制度を契機にすると言って良いだろう．すなわち，市民社会組織が法人格を持ち，一定の事業を行い，委託契約などの対象となる中で，従来の民間企業への単なるアウトソーシングと異なった概念整理を行う必要性が認識されたのである．しかし，近年，ほとんどすべての行政文書に協働という言葉があふれ，用語自身のインパクトが失われつつあるように見える．このため，本章では，協働の概念，実践，時系列的な流れを整理した上で，主として静岡県内の事例を整理しながら協働について考えていきたい．

## 1　協働の概念

### (1) 協働の概念

　協働の概念は，市民参加や住民自治から端を発する流れと，NPM的価値観から，政府のサービスを民間にアウトソーシングし，効率性を追求するという流れに大別することができる．また，協働のフェーズに関しては，政策形成過

程，政策実施過程における2つの局面が考えられ，それぞれによって定義の仕方が異なる（第Ⅱ部第14章を参照）．サリバン達 [Sullivan and Skelcher 2002] は，組織間関係論を援用しながら，協働 (collaboration) は，パートナーシップに近い概念とし，それは，「ある程度中長期的にわたって共に働くことを目的とし，共同の意思決定を伴うこと，単一組織では達成できない付加価値の確保を内容とするもの」と定義している．ただし，政府と民間との協働に限定した定義ではないため，政策形成過程における協働には必ずしも当てはまらない面がある点に注意を要する．民主的正統性の観点から，政策の最終決定権は，一民間組織であるNPO等に委ねるわけにはいかないからである（後 [2009：175]，本書Ⅱ編第14章参照）．

政府とNPOとの関係性に関して，ギドロン [Gidron, Kramer and Salamon 1992：18] は，**表4-1**のように整理している．これは主として政策実施過程の関係を示したものである．政府支配モデルは政府が資金を出し，事業も直接行うもので，かつての旧共産圏などがこれに該当するだろう．二重モデルは，政府のサービスとNPOのサービスが社会の中で並立し，それぞれが無関係に存在する場合であり，平行棒 (parallel bar) モデルといわれるものである [Lewis 1999：259]．19世紀までのイギリスなどがこれに該当するだろう．NPO支配モデルは，政府サービスが社会になく，存在しても希薄な場合，NPOによるサービスのみが主体となるもので，近代的な政府が発展する近代以前，あるいは，開拓期におけるアメリカなどがこれに近い状況と考えられる．協働モデルは，政府が資金を出すが，サービスはNPOが行う形態として位置づけられている．これは，さらに，NPOが政府プログラムの単なる代理人である場合 (vender machine) とある程度の裁量権を持つ場合に分けられる．

これらは，概念モデルであるから，現実社会はこれらのモデルの混合形態を取っていると言える．すなわち，協働モデルを取っていたとしても，一方で，政府が直営でサービスを提供したり，NPOは寄付などを元に独自のサービスを行うケースなどである．また，ギドロンの協働モデルは，資金提供とサービス提供に区分しているが，実際の協働は，政府が資金提供をする場合だけではなく，情報提供，共催，場所の提供などの何らかの便宜供与など，本章に示すようないくつかの形態が考えられる．

さらに，現実に政府サービスとNPOサービスが存在するとして，どのようなサービスが協働にふさわしいのかについて，考える必要がある．基本的には，

表4-1　政府とNPOの関係性

| 機能 | 政府支配 | 二重 | 協働 | NPO支配 |
|---|---|---|---|---|
| 資金 | 政府 | 政府／NPO | 政府 | NPO |
| サービス供給 | 政府 | 政府／NPO | NPO | NPO |

(出典)　Gidron, Kramer and Salamon [1992 : 18].

協力することによって双方の強みを引き出し，単独で行うよりは付加価値が高まる部分が協働にふさわしい領域ということになる．

また，協働は，政策策定過程，政策実施過程におけるものに分けることができるが，本章では，その両方を射程に入れて考える．なぜなら，協働には協治の概念が含まれ，民間からのアドボカシーといった観点が含まれるからである．

ただし，小田切が述べるように，あるいは，実態を見る限り，政策策定レベルでの協働が実現しているかどうかは疑問があり，特に，その定量的な分析は，手法の確立等の問題から，現実的には，きわめて困難である[2]．このため，ここでは，現実の政策の中で，どのような実務的な取り扱いがなされているかを見ていくこととする．

### (2)　協働の背景

協働概念が出現した背景は，先述したように，大きく分けて，市民自治，市民参加の文脈からと新公共管理（NPM）の文脈から説明できる．前者は，公共問題の解決は行政だけが独占的に行うものではなく，市民活動セクターや個々の市民が参加する中で解決していこうという参加民主主義に基づいた議論である．これには，熟議民主主義，多元主義などの考え方が背景にある．一方，後者は，行政改革の一環として，協働が語られているのであり，1つは，1990年代に入って地方分権の動きが進み，なおかつ，行政を改革し，公共サービスを再編成する中でNPOなどの市民社会組織の役割を見直そうという動き，2つは，NPOやボランティア団体，地縁団体などを行政サービスのアウトソーシング先として考え，コストカットに結びつけていこうとする中で，その概念が使われている．

後述するように，市民自治の立場に立てば，現実の協働政策を批判的に捉える傾向が強いし，行政改革の立場に立つものであっても，単なるコストカットの手段として協働を論じることに対しては批判がある．特に，2000年代に入っ

てからの小さな政府を指向する政策が強まる中で，2010年初頭に民主党政権の「新しい公共」によって，NPOに対するミニバブルが発生したものの，全体的な流れとしては，「協働」という言葉の理念と実態が乖離しており，80年代のサッチャー，レーガンの時代の粗野な撤退型新自由主義［仁平 2017：161］と変わらない状況が起こっており，日本の協働概念も，その内実をオブラートに包む用語として使われていると見ることもできる。これは，アメリカでもイギリスでも類似の状況が起こっており，特にイギリスは2010年の保守党主導の政権になってから，ドラスティックな財政削減が行われ，NPOセクターに流れる資金も急減する中で，改良された進展型新自由主義をとったニューレーバー（前労働党政権）時代に作られたセクター間の対等性を強調するコンパクト（協働協定）の理念は，形骸化しているといって良いだろう［金川 2013］．

### (3) 協働概念の時系列的変化

協働という用語が始めて行政の計画などに登場するのは，1990年代に入ってからである．それを加速させたのが1995年に起こった阪神・淡路大震災とそれに続くNPO法の制定である．NPOが法人化し，サービス供給に関する契約主体としての役割が期待されるようになり，行政との間に何らかの関係性のルールを示すことの必要性が求められた．

白井は，協働概念を整理した上で，国の政策文書に出てくる「協働」の内容と頻度をもとに，時期における協働のフェーズが変化していくことを国の政策との関係から説明している．その流れは，下記の通りとなっている［白井 2010：118-24］．

① サービスの担い手としてボランティア活動への参加が推奨される時期（1990-1997年）
② ボランティアから「サービス提供主体」としてのNPOへと関心が移行し始める時期（1998-2000年頃）
③ NPOと行政との「協働」に関心が向けられ始める時期（2001-2002年頃）
④ 行財政改革の文脈において「協働」が明確に位置づけられる時期（2003-2004年頃）
⑤ 民間委託の推進において公共サービス供給の一形態としての「地域協働」が注目されるようになる時期（2005年以降）

これは，1970年代に始まり，1980年代に入って政策に実装される新自由主義との関連が大きい．新自由主義も，80年代のサッチャー，レーガンの時代の粗野な撤退型新自由主義の時期と90年代に入ってからのブレア，クリントンに代表される改良された新調型新自由主義［仁平 2017：161-63］の影響下で協働の関係性が変遷してきたとみることができる．仁平に代表されるように，市民社会論の立場から，新自由主義レジームの中で，市民活動に運動性がなくなり，"協働的なもの"に切り詰められていくという議論もある［ibid 175］．

　逆に，政府支援の減少がアドボカシーの低下に結び付くかどうかは，政府と市民活動団体の関係性次第で両義性を持つといった見解も見られる［坂本 2016；後 2009］．

　また，仁平は，福祉予算を減少させず，政府が資金を提供し，NPO法人を含めた民間がサービスの担い手になるという福祉多元化が十分に浸透しないままに，給付抑制，ヘルパー，保育士の賃金抑制といった状況が発生し，無償のボランティアとしての市民社会組織に期待がかけられていることが問題と指摘する［仁平 2017：175］[5]．

　いずれにしても，協働には，「費用対効果・効率性」をより重視するもの」と「協働・住民参加などの政策目的をより重視するもの」［今井 2006：35］，あるいは，「多様な主体による公共サービスの効率的な提供を重視するベクトル」と「人と人とのつながりを重視するベクトル」［白井 2010：126；山口 2006：3-4］とに分かれており，これらがせめぎ合っているとみて良いだろう．また，白井［ibid.：124］の述べるように，総務省の「地方公共団体における行政改革の推進のための新たな指針（新地方行革指針）」［総務省 2005］が，"職員数の抑制に取り組むための手段の1つとして「地域協働」を捉えており，また，指針を参考とした「集中プラン」の策定を義務づけているため，その具体化の過程で各自治体に，前者の2つのベクトルの強弱が発生したのではないかという見方もできる．

## 2　協働の指針等とモデル事業

### (1) 概要

　NPOに対する支援施策に関して，都道府県，政令市レベルで見ると，多くの自治体が支援条例，支援指針，支援施設，基金制度，情報ネットワークシス

テムを持っていることがわかる。日本NPOセンターの調査では、都道府県では、支援条例（16）、支援指針（47）、支援施設（42）、基金制度（12）、情報ネットワークシステム（47）、政令市では、支援条例（11）、支援指針（16）、支援施設（18）、基金制度（9）、情報ネットワークシステム（20）となっている。

　また、小田切［2014：8-9］のまとめによると、都道府県レベルでは、宮城県がNPO推進事業発注ガイドラインを2001年4月に定めたのが最も早い例となっている。全体的には、基本指針、ガイドラインが比較的多く、基本指針とマニュアルの両方を策定している場合も見られる。

　これらの中には、「協働推進における条例」で、「市民との協定による施策の実施」を掲げるものもある。特に契約の場合は、①NPOと行政が権利・権限等の面などから「対等」な関係になれない。②事業を進める際に、受託者のNPOが意思決定権を持たないことから、NPO自身の持ち味を十分に発揮できない。③成果物等の権利（著作権）等が行政のみに帰属するようになっているため、その成果をNPOとして今後の事業に十分に活かせない」と言った点などを問題視し、「協働契約書」の必要を指摘する主張がある［今瀬 2011：134-64；碓井 2007］。

　法律学者の碓井も、協働契約にあっては、通常の契約とは異なり、一般の入札制度になじまない代わりに経済性だけではなくプロセスが重視されること、透明性の確保が強く要請されることから、「協働事業法制」を樹立する必要性を示している［碓井 2011：262；大久保 2010：26］。現状では、協定の締結と委託契約のセット方式が多く見られる（例えば、2012年に策定された横浜市の協働条例で示された協働協定書など）。この場合、従来の会計法令に基づく委託契約の概観を有するとしても、その内容については、対等な立場に立った十分な協議を踏まえて、協働に相応しいものにする必要がある［碓井 2011：264］、といった指摘が見られる。

　ただし、ここでいう協働における対等性は、ある公的任務が行政事務として行われる限り、法律により権限を付与された行政庁が最終的な決定権や責任を保持することには変わりない。したがって、行政庁の最終決定をNPOの意思にかからしめるような強い参加権（同意権）を認めることは原則として許されず、提案や意見聴取といった諮問的参加にとどまることになる［大久保 2002：80, 84］。ただし、大久保も、行政サービスのアウトソーシングに際して、民間企業へ行政事務を委託する場合には、経済効率の改善ということが前面に出て

いたが，NPOへの事務委託の場合には，利用者による自治や主体性の確保，利用者の要望にかなうきめ細かなサービスの供給という目的が強調されることが少なくなかったとし，アウトソーシングにも「請負的な」ものと，「参加・協働の理念を実現するための」ものに分類できるのではないかと述べる［大久保 2002：96］．

さらに，委託事業の場合，民間営利企業では当然勘案される間接経費をNPO法人との間では等閑視するケースが見られる．間接費を見なければ，NPOはその分を寄付や会費などの別の資金から持ってこなければならず，事業を行えば行うほど財政的に厳しくなると言う問題がある．これは，フルコストリカバリとして2000年代からイギリスなどで議論されてきた問題であるが［金川 2008：108-17］，日本においても，国の委員会の中で間接経費の適正な勘案が謳われた［「新しい公共」推進会議 2011］．ただ，当時においても，イギリスにおける調査では，財政上の問題でその原則が必ずしも守られていないケースが多かったといえる［金川 2008］．

### (2) 静岡県内の事例
**静岡県内の基礎自治体のモデル事業**

多くの自治体では，市民社会組織もしくは，市民活動を対象に，補助，委託，共催などのモデル事業を実施している．

表4-2は，静岡県内の基礎自治体のモデル事業を示している．これは，提案公募型の協働事業には限らない単なる補助事業，委託事業も含まれるが，特徴としては，市民協働，市民活動促進部局が基本的に市民社会組織のみを対象として事業を行っているものである．協働と名前が付いている事業は，当該自治体の指針などで協働の定義がなされていることが多く，共通の目標，対等な関係性による協力，協働することによる事業効果の向上，といった内容が主体となっている．下記の表の通り，補助型，委託型に分かれるが，全体的に見ると，1件当たりの金額が小さく，限られた予算しか持たない市民活動支援部局がモデル的に事業を行っているのが現状である．また，この程度の少額な金額の場合，フルコストリカバリといった管理費や人件費を見るかどうかに関しては，実質的には，あまり大きな影響を与えるものとは言いがたい．また，予算全体に占める比率はきわめて低い実験的な事業であり，上述の協働協定書などを提示していく前提となる事業として捉えるべきであろう．

表4-2　静岡県内市町におけるモデル事業

| 自治体 | 事業名 | 金額 | 補助等 | 委託 | 人件費 | 管理費 | 他の補助金等 | 対象等 |
|---|---|---|---|---|---|---|---|---|
| 静岡市 | 協働パイロット事業 | 200万円の予算の範囲内で1事業又は複数の事業 | ― | ○ | ○ | ○ | ― | |
| 富士宮市 | NPO等市民活動促進事業 | 上限額15万円 | ― | ○ | × | ○ | ― | 分野を設定したフォーラム等の開催 |
| 富士市 | 市民活動支援補助金 | 上限額50万円，補助率1/2以内 | ○ | ― | △ | × | ― | |
| | 市民協働事業提案制度 | 毎年度予算計上 | ― | ○ | ○ | ○ | ― | |
| 磐田市 | 協働のまちづくり提案 | 上限額50万円 | ― | ○ | ○ | ○<br>委託料の15%以内 | × | 総合計画の38事業に沿って提案 |
| 袋井市 | 袋井市協働まちづくり事業 | 委託：1事業あたり30～50万円程度，補助：1事業当たり20～40万円程度（補助率2/3以） | ○ | ○ | ○ | ○ | × | |
| 浜松市（注1） | はままつ夢基金事業費補助金 | 団体支援補助事業事業提案：寄付者が指定した団体ごとに，集まった寄付金額の合計の範囲内 | ○ | ― | ○ | ― | × | 基金へ登録している団体に寄付者から希望があった場合 |
| | | スタートアップサポート事業事業提案：上限5万円（補助率1/2以内） | ○ | ― | ○ | × | × | 設立1年未満の市民活動団体 |
| 三島市 | 市民主体のまちづくり活動費補助事業 | 上限額10万円（補助率10/10以内）5事業，上限額25万円（補助率8/10以内）1事業 | ○ | ― | × | × | ― | 総合計画を推進するなどの特定事業 |

| 自治体 | 事業名 | 金額 | 補助等 | 委託 | 人件費 | 管理費 | 他の補助金等 | 対象等 |
|---|---|---|---|---|---|---|---|---|
| 島田市 | 島田市まちづくり支援事業交付金 | 一般分，上限額10万円 | ○ | — | × | × | — | |
| | | 特別分，上限30万円 | ○ | — | × | × | | 総合計画の重点プロジェクトの推進に資する事業 |
| 焼津市 | 焼津市市民公益活動事業費補助金 | 初期的事業：上限額10万円（補助率8/10以内） | ○ | — | ○ | × | × | 設立・事業開始後2年以内の団体 |
| | | 発展的事業：上限額30万円（補助率2/3以内） | ○ | — | ○ | × | × | |
| 掛川市 | 掛川市市民活動推進モデル事業 | 上限額10万円又は50万円補助率1/2以内 | ○ | — | × | × | × | 団体の初期支援 |
| | | 上限額又は50万円補助率1/2以内 | ○ | — | × | × | × | 2団体以上の事業実施が必要 |
| | 掛川市まちづくり協働推進事業 | 上限額50万円，補助率10/10以内（総事業費50万円以上の事業を対象） | ○ | — | ○ | × | × | 行政課題の解決を目的とする事業 |
| 藤枝市 | まちづくり総合事業補助制度 | 活動育成支援事業：上限額5万円（補助率2/3以内）活動推進支援事業：上限額10万円（補助率2/3以内）活動拡大支援事業：上限額10万円（補助率1/2以内） | ○ | — | ○ | × | — | サンセット方式による3段階支援 |
| 御殿場市 | 御殿場市市民協働型まちづくり事業補助金事業 | はじめの一歩部門：上限額25万円補助率10/10以内 | ○ | — | × | × | × | |
| | | 市民提案部門：上限額30万円補助率10/10以内 | ○ | — | × | × | × | |

| 自治体 | 事業名 | 金額 | 補助等 | 委託 | 人件費 | 管理費 | 他の補助金等 | 対象等 |
|---|---|---|---|---|---|---|---|---|
| 裾野市 | 市民活動支援事業補助金制度 | 上限額3万円,補助率10/10以内 | ○ | − | ○ | × | × | |
| | 裾野市パートナーシップ事業補助金 | 125,000円未満の事業：上限額10万円（補助率10/10以内），125,000円以上の事業：上限額50万円（補助率4/5以内） | ○ | − | × | × | × | 3年を限度として期間延長可 |
| 湖西市 | 湖西市文化の香るまちづくり事業補助金 | まちづくりスタート事業 上限額10万円,補助率2/3以内 | ○ | − | × | × | × | 活動団体の自立の促進 |
| | | 協働まちづくり事業, 上限額30万円, 補助率2/3以内 | ○ | − | × | × | × | 総合計画の施策の促進活動への支援 |
| 御前崎市 | 御前崎市まちづくり活動支援補助金 | 手作り施設整備活動：上限額30万円以内（補助率10/10），人づくり等育成活動：上限額20万円以内（補助率10/10），地域活性化のための活動：上限額20万円以内（補助率10/10），まちづくり団体等広報活動：上限額5万円以内（補助率10/10） | ○ | − | × | × | × | |
| 菊川市 | 菊川市1％地域づくり活動交付金（注2） | 地域づくり団体：上限額30万円（補助率3/4以内）コミュニティ協議会：上限額100万円（補助率10/10） | ○ | − | × | × | × | |

| 自治体 | 事業名 | 金額 | 補助等 | 委託 | 人件費 | 管理費 | 他の補助金等 | 対象等 |
|---|---|---|---|---|---|---|---|---|
| 伊豆の国市 | 市民提案型パートナーシップ事業 | 上限額20万円,補助率10/10以内 | ○ | ― | × | × | × | 3年間継続可 |

(注)
1 浜松市は,このほか,地域力応援事業や中山間地域に特化したモデル事業を展開している.第7章参照.
2 これは,協働モデル事業というより第9章の自治体内分権としての財政分権的性格を持っている.
(出典) 各自治体資料を基に筆者作成,2017年.

### (3) 静岡市の協働パイロット事業の例

ここでは,上記の協働モデル事業の中の静岡市で行われている協働モデル事業としての協働パイロット事業を取り上げる.静岡市では,2002年度に当時の市民活動懇話会から「自由なアイデアや自発性を活かした協働事業の仕組みであり,時代の趨勢であるため必要だ」との提言がなされたため,市民活動団体がゼロから事業提案をし,市と協働して試行的に取り組むことのできる事業として2004年度に創設された.市では,市民活動促進基本計画を策定しており,現在は第三次基本計画に基づいて本事業が行われている.

また,委託事業としたのは,どのような成果が上がったのかに関して業務完了報告書を通じ,市民に説明責任が生じることと,間接経費を計上できるため,人件費などに対するコスト意識を醸成できるからとしている(静岡市資料による)[9].

〈1〉種類
・「課題テーマ」:各課等から提案された協働アイデア
・「自由テーマ」:分野を問わず,社会的課題の解決のための事業
〈2〉契約方法
　　委託(提案公募型プロポーザル方式):事業内容を公募し,複数の応募者の中から第三者委員会によって選定する方法で,随意契約の一種になる.
〈3〉事業概要
・趣旨:市民活動団体と市の協働を進めるために,その試行的な事業として募集して実施.
・予算:予算に基づいて毎年要綱を定める.
・対象団体:市内に事務所のあるNPO法人,規約等を備えた5人以上から構成される非営利団体.

〈4〉事業内容
　　事業の目的や内容が広く市民に理解されると認められる企画提案であって，次のような視点により高い評価を受けた企画提案を行った団体を選定
① 市民ニーズや社会的課題の解決に資する事業
② 協働にふさわしい事業
③ 先駆性，創造性が認められる事業
④ 実行性が認められる事業
⑤ 予算の見積りが適正な事業
⑥ 本格実施（継続実施）への発展性が見込める事業

〈5〉事業費
　　200万円の予算の範囲内において1事業又は複数の事業を採用

〈6〉その他
・市民委員を含む審査委員会による書類，プレゼンテーションによる審査（原則非公開）．

## 3　静岡市における協働の実態

### (1)　国の調査[10]

　内閣府では，NPO法人に対する実態調査を継続的に行っている．2015年度の調査を見ると「安定的な法人の経営を行うに当たっての課題」に関しては，人材の確保や教育，収入源の多様化，法人の事業運営力の向上などの割合が高い（表4-3）．

　また，「法人の活動を発展させるに当たって行政に期待すること」では，法人への資金援助，法人に対する税制優遇措置の拡充，公共施設等活動場所の低廉・無償提供などの割合が高くなっている（表4-4）．

　さらに，2016年度の調査においては，「行政から積極的に受託を受ける」が約5割を占めており，NPO法人としては，全体として，行政資金の導入は，否定的には取られていないことがわかる．

　また，多少古くなるが，2003年に，市民フォーラム21が全国のNPO法人に対して行った調査では，委託を受けることによって「組織の独立性が弱まった」といったマイナスの回答が少なく，「元々やりたい事業が行えた」と言ったポジティブな意見が多く出されている［後 2009：128；坂本 2016］．

第4章　日本における行政・サードセクターの協働実態　67

表4-3　安定的な法人の経営を行うに当たっての課題

|  | 割合 |
|---|---|
| 人材の確保や教育 | 75.5% |
| 収入源の多様化 | 56.3% |
| 事業規模の拡充 | 36.0% |
| 外部の人脈・ネットワークの拡大 | 29.0% |
| 法人の事業運営力の向上 | 46.8% |
| 一般向けの広報の充実 | 16.5% |
| 関係者への活動結果の報告 | 5.4% |
| 会計情報の開示 | 1.3% |
| その他 | 3.4% |

(出典)　内閣府 [2015].

表4-4　法人の活動を発展させるに当たって行政に期待すること

|  | 割合 | |
|---|---|---|
|  | 一般の<br>NPO法人 | 認定・仮認<br>定NPO法人 |
| 法人への資金援助 | 58.7% | 63.7% |
| 公共施設等活動場所の低廉・無償提供 | 54.8% | 55.5% |
| 法人に対する税制優遇措置の拡充 | 49.9% | 52.1% |
| 市民・企業等が法人の活動情報を得られる仕組みなどの環境整備 | 33.6% | 44.5% |
| 法令・経理等に係る研修の機会の提供 | 23.6% | 26.3% |
| 行政からの支援は期待していない | 3.5% | 4.5% |
| 行政からの支援は必要ない | 1.6% | 1.7% |
| その他 | 7.3% | 8.2% |

(出典)　内閣府 [2015].

(2)　静岡市における市民活動団体との協働事業調査報告書に係る分析
**概要**
　静岡市が第三次市民活動促進基本計画の進捗状況の指標とするため，市の庁内全課室及び独立機関事務局に対して，2014年度に実施する協働事業について，市民活動団体との状況を把握することを目的として実施した調査を通して，行政と市民活動団体との協働実態を把握している．
　なお，この調査における協働事業とは，「社会的課題を解決するために，そ

れぞれが自ら果たすべき役割及び責務を自覚して，自主性を相互に尊重しながら協力し合い，又は補って行う事業のことを言い，具体的には市民活動団体を相手方として行うすべての事業（委託，補助，指定管理等）（金額の有無は問わない）をいう（後援名義等の名義上での協働は除いている）」．また，相手方の団体は，NPO法人，ボランティア団体，社団法人，財団法人，地縁団体，企業のCSRとし，事業数は全部で241を挙げている[11]．

#### 協働事業で行う理由・きっかけ

静岡市で実施する協働事業について，各事業を協働で行う理由・きっかけについて，**表4-5**の項目に関して（2つまで選択），「⑤ 事業を行う地域に密着した団体だから」の選択が149件と最も多く，次が「③ 特に優れたノウハウや実績を有していそうだから」の83件となり，「② 民間企業に比べ安価で効果的に委託できそうだから」が14件と最も少ない．

#### 協働事業に関して団体等に期待すること

静岡市で実施する協働事業について，相手方に期待することについて，**表4-6**の項目では（3つまで選択），「② 事業実施能力の向上」が137件と最も多く，次いで，「⑧ 積極的な自主的企画提案」が93件，「⑤ 宣伝，集客力の向上」が84件となっている．

### (3) 静岡市の調査で行った協働の相手方に対する調査

#### 調査の概要

協働事業について，行政側の意識と市民活動団体の意識を比較するため，静岡市が行った「協働事業調査報告書」に記載された団体のうち，NPO法人，ボランティア団体を対象サンプルとして抽出し，それらに対して調査を行った．なお，静岡市の調査では，NPO法人，社団法人，財団法人，社会福祉法人，法人格のないNPO（ボランティア団体（実行委員会を含む）），地縁団体，企業のCSR部門が入り，総数241事業が上がっているが，本調査では，NPO法人，ボランティア団体（実行委員会を除く）に限定して調査を行った[12]．さらに，1つの団体が複数の該当事業を行っている場合もあるので，事業単位のサンプルを加え事業を主体として分析した．事業数，契約形態別の回収率は下記の通りである．

#### 回答結果

以下では，調査結果を紹介する．

表4-5　協働事業で行う理由・きっかけ

| 項目 | 件数 |
|---|---|
| ① 当該団体から自主的に企画提案があり趣旨・目的に賛同したから | 52 |
| ② 民間企業に比べ安価で効果的に委託できそうだから | 14 |
| ③ 特に優れたノウハウや実績を有していそうだから | 83 |
| ④ 多くの市民への波及効果が見込めそうだから | 59 |
| ⑤ 事業を行なう地域に密着した団体だから | 149 |
| ⑥ その他（自由記載：　　　　　） | 18 |

(出典)　静岡市 [2014].

表4-6　協働事業に関して団体等に期待すること

| 項目 | 件数 |
|---|---|
| ① 調査・企画力の向上 | 52 |
| ② 事業実施能力の向上 | 137 |
| ③ 会計処理能力の向上 | 7 |
| ④ 資金調達力の向上 | 32 |
| ⑤ 宣伝・集客力の向上 | 84 |
| ⑥ コストダウン | 21 |
| ⑦ 委託側の指示の遵守 | 15 |
| ⑧ 積極的な自主的企画提案 | 93 |
| ⑨ 専従スタッフの確保 | 37 |
| ⑩ ボランティアスタッフの確保 | 53 |
| ⑪ その他（自由記載：　　　　　） | 9 |

(出典)　静岡市 [2014].

　委託，指定管理の受領額（契約額）について聞いたところ，「やや不足した」(47.8%)とする割合が最も高く，「やや十分だった」(26.1%)，「十分だった」(13.0%)の順であった．

　市との協働事業を決める上で，要求が受け入れられたかについては，「こちら側の提案が一定程度認められた」(50.0%)，「受け入れられた」(28.6%)の順であり，約8割が協働事業を決める上で，何らかの形で団体の要求が認められたと考えている．

　協働事業の成果については，「事業の継続につながった」(75.0%)，「団体の信頼度の向上」(60.7%)，「団体の知名度の向上」(50.0%)，「事業実施能力の向

表4-7　契約形態別回収率

| 回収状況 | 委託 | 補助 | 指定管理 | 計 |
|---|---|---|---|---|
| 調査票送付数 | 32 | 17 | 6 | 55 |
| 有効回答数 | 19 | 5 | 4 | 28 |
| 回収率 | 59.4% | 29.4% | 66.7% | 50.9% |

表4-8　協働事業における成果　　　　　　（複数回答, n=28）

| No. | 項目 | 回答数 | 比率 |
|---|---|---|---|
| 1 | 事業の継続につながった | 21 | 75.0% |
| 2 | 寄付金の増加 | 1 | 3.6% |
| 3 | 会員の増加 | 7 | 25.0% |
| 4 | 調査・企画力の向上 | 9 | 32.1% |
| 5 | 事業実施能力の向上 | 10 | 35.7% |
| 6 | 会計処理能力の向上 | 4 | 14.3% |
| 7 | 活動資金の充実 | 5 | 17.9% |
| 8 | 宣伝・集客力の向上 | 5 | 17.9% |
| 9 | 行政に対する対応能力の向上 | 6 | 21.4% |
| 10 | 専従スタッフの能力向上 | 7 | 25.0% |
| 11 | ボランティアスタッフの確保や教育 | 2 | 7.1% |
| 12 | 団体の信頼度の向上 | 17 | 60.7% |
| 13 | 団体の知名度の向上 | 14 | 50.0% |
| 14 | その他 | 2 | 7.1% |
|  | 無回答 | 2 | 7.1% |

上」（35.7%），「調査・企画力の向上」（32.1%）の順で割合が高かった（表4-8）.

協働事業に対する不満は，「事業費が安い」（50.0%），「契約後，市への報告書類が多い」（25.0%），「契約までの提出書類が多い」「事業費の持ち出しがある」（21.4%）の順で割合が高かった（表4-9）.

また，他事業も含め静岡市と協働事業を行っていく予定については，「現在並みに進めていく」（35.7%），「条件面で合えば進める」（28.6%），「現在以上に積極的に進めていく」（25.0%）の順であった.

さらに，協働事業を通じて感じたこと，感想について自由回答で聞いたところ下記のような回答が得られた.

表4-9 協働事業における不満　　　　　　（複数回答, n=28）

| No. | 項目 | 回答数 | 比率 |
|---|---|---|---|
| 1 | 契約までの提出書類が多い | 6 | 21.4% |
| 2 | 契約後，市への報告書類が多い | 7 | 25.0% |
| 3 | 支払いが事業終了後である | 3 | 10.7% |
| 4 | 事業費が安い | 14 | 50.0% |
| 5 | 事業費の持ち出しがある | 6 | 21.4% |
| 6 | 自分たちのミッションが契約に反映されていなかった | 1 | 3.6% |
| 7 | 協働と言いつつ内容は下請け関係であった | 5 | 17.9% |
| 8 | 事業遂行上の自由度が低い | 1 | 3.6% |
| 9 | その他 | 3 | 10.7% |
|  | 無回答 | 5 | 17.9% |

○プラス意見

・それぞれの強みを活かし協力し合うことで，よりよい事業を展開していくことができる．
・当法人にとってメリットが多々あったため，協働事業ができた．

○マイナス意見

・協働事業の原則は対等だが，市との場合，自分たちは受託している「業者」であり，上下の関係で成り立っていると感じている．それも，市の担当者により，「当たり」「はずれ」がある．
・委託事業の人件費額が少なすぎる．
・自分たち市民団体だからこそできる事を，もう少し活かせる事業であってほしい．
・市は，「財政削減が最大の目的として制度を考えている」と思われる．
・補助金が減額され，事業は増え団体の負担が大きい．事業内容を理解せず，入場者数や出演者数だけで結果を出すのはやめてほしい．

**両調査から推測できる点**

静岡市の調査が大量の地縁団体を含んでいることから，「地域密着型」の事業を期待するといった割合が高く出ているが，行政側と，協働の相手方では意識の違いも見られる．行政側が団体の事業遂行能力自体の高さや，その向上に

期待しているものの，団体側は，協働により資金が得られ，団体としての活動が継続できた点を評価している傾向が強い．また，大きな規模の契約等に関して，団体側に契約額の低さを指摘する声が大きい．さらに，全体的に，団体側は契約額の低さを指摘しながらも，団体の維持のため，やむなく契約を続けているといった傾向も見受けられる．

## おわりに

協働という概念が日本で普及して約20年になる．その間に概念のとらえ方が変化してきたことは本文の中で見たとおりである．本章では，これらの変化について，行政施策，特に協働のモデル事業の実態及，静岡市における協働事業について考察した．そこでは，行政側と協働の相手側に考え方の微妙な違いが見られることが分かった．近年は，アングロサクソン諸国を中心に，単純なコストカットとは言えないものの，インパクト評価やそれを活用したソーシャルインパクトボンド［金川 2015］など，プロセスよりも結果重視の姿勢が顕在化している．協働協定書の在り方やソーシャルインパクトも含めたサードセクターと政府の関係性について，再考する時期に来ていると思われる．この点に関しては，第Ⅱ部第13章で改めて論じることとしたい．

注
1）サードセクターの範囲をどう捉えるかに関しては，種々の議論がある．特に，公益法人制度改革以降の一般社団法人等は，サードセクターから外す理由がなくなっている（第1章参照）．地縁組織に関しては，日本特有の組織であること，互助的色彩の強い組織であること，行政の末端組織としての色彩も有することから，議論があるところだが，農山村部では，NPO法人がほとんど存在しないところもあり，これを外すと協働の相手方としての市民社会組織がほとんどなくなってしまうことにもなりかねない．サードセクターと積極的に言えなくても，本章で取り扱う協働施策上は，射程に入れて考える．また，近年，都市部においても地縁組織を協働の相手方としてポジティブに捉える傾向があり，後述するような，協働に対する概念の違いによっても影響を受けるものと思われる．
2）小田切は，京都市の事業において，狭義のNPO（NPO法人，ボランティア団体）が参加している事業を中心に協働型事業を設定し，政策実施過程における一般事業とのパフォーマンスの差を計量的に測定している［小田切 2014：48-59］．政策実施過程においけるこのような分析の意義は大きいが，説明変数としてどのような代理変数を用いる

かは，協働の定義が抽象的なだけに，分析の前提条件に注意を要する．
3）それでも，力量のあるNPOは，競争によって委託対象となるから，NPO自体がそのような存在になっていけば良いのではないかという議論［後 2009］．逆に，顧客から対価をとるか，寄付などを集めることによって行政から自立していけばよいという議論も見られる［田中 2006］．
4）この地域協働は，人口減少，過疎化が進行する中で，2014年の「まち・ひと・しごと創生長期ビジョン」と，これを実現するための施策を示した「まち・ひと・しごと創生総合戦略以降に検討され始めた集落支援型のNPO法人等である「地域運営組織」は，地域協働が新たな時代に入ったことを示すものとも捉えられる．これは，平成の大合併後，空洞化した旧町村，高齢化，加入率の低下で活動量の減少する自治会を補完するような組織を求め始めた時期と言えるかもしれない．
5）2015年に大改正がなされた介護保険法がボランティア団体やNPO法人を生活支援サービスの中で位置づけたのは，増加し続ける介護ニーズをサードセクターに担ってもらうことを制度的に位置づけたという点で，特に都市部における地域協働において，今後大きな影響を与える動きと捉えることができよう．
6）日本NPOセンターホームページ（2015年8月31日現在の状況 http://www.jnpoc.ne.jp/?page_id=4609，2018年3月30日閲覧）．
7）金沢市における市民参加及び協働の推進に関する条例第6条第5項など［碓井 2011：261］．
8）そのほか，さいたま市における「協働を促進するためのガイドブック」（2010年）においても，事業委託の留意点において，「事業によっては，対等性などを保障するために，協定書を結びます．協定書の記載事項は事業目的，役割分担，費用分担，責任分担，実施報告，協定の有効期間などです．」と記載されている（p.9）．横浜市は，全国に先駆けて，1999年に「横浜市における市民活動との協働に関する基本方針」（いわゆる「横浜コード」）を策定している先進自治体である．その後，その理念を継承しながら，2012年に横浜市協働条例を制定している．その中の協働事業には，協働協定書が規定されている．ただ，協働事業の認定に際しては，相手方が営利企業の場合，共益的活動を行う活動の場合などを含めた，グレーゾーンをどう扱うかに関して，条例化までは行ったが，「協働事業」そのものに対する定義の困難性を抱えているように思われる．
9）事業内容は，予算総額，1事業当たりの事業額の枠の設定と変更など，毎年見直しを行って現在に至っている．予算総額は従来100万円だったものが2016年度から200万円に増額している．これは，第三次市民活動促進基本計画で協働事業の促進が強調されたためでもある．
10）最新の調査（2016年度）では，行政から資金面での支援の項目が削除されているため，2015年度のものを掲載した［内閣府 2015］．
11）静岡市ウェブページ（http://www.city.shizuoka.jp/000_006713.html，2018年3月30日閲覧）．
12）社団法人，財団法人には市の外郭団体が多く入っていること，地縁団体には，自治会などの団体が多く入っており，企業のCSRは組織の一部門の活動であるため，今回の調

査ではそれらの事業内容を見た上で，対象から除外した．近年は，地方創生の地域運営組織，自治基本条例との関係で，地域のコミュニティごとに地域自治組織を作ったりする例が多く出てきている．それらの地縁組織や都市内におけるまちづくり団体との協働に関する静岡県内の調査としては，牧田・原口・上山［2016］を参照．

**参考文献**

「新しい公共」推進会議，政府と市民セクター等との公契約等のあり方等に関する専門調査会［2011］『政府と市民セクターとの関係のあり方等に関する報告』．

今井照［2006］「参加，協働と自治――「新しい公共空間」論の批判的検討――」『都市問題研究』58(11)．

今瀬政司［2011］『地域主権時代の新しい公共――希望を拓くNPOと自治・協働改革――』学芸出版社．

後房雄［2009］『NPOは公共サービスを担えるか――次の10年への課題と戦略――』法律文化社．

碓井光明［2007］「協働と契約」『自治体学研究』95．

碓井光明［2011］『行政契約精義』信山社．

大久保規子［2002］「NPOと行政の法関係」，山本啓・新川達郎・雨宮孝子編『NPOと法・行政』ミネルヴァ書房．

大久保規子［2010］「環境ガバナンスとローカル・ルールの形成」『都市計画』59(1)．

小田切康彦［2014］『行政―市民間協働の効用――実証的接近――』法律文化社．

金川幸司［2008］『協働型ガバナンスとNPO』晃洋書房．

金川幸司［2013］「イギリスのパートナーシップ型地域再生政策の評価――第三の道とビッグソサイエティ――」，日本地方自治学会編『地方自治叢書25』敬文堂．

金川幸司［2015］「市民社会組織と行政システムに与えるソーシャルインパクト投資の意義」『計画行政』38(3)．

さいたま市［2010］『協働を促進するためのガイドブック』．

坂本治也［2016］「政府への財政的依存が市民社会のアドボカシーに与える影響――政府の自律性と逆U字型関係に着目した新しい理論枠組み――」RIETI Discussion Paper Series．

静岡市［2014］「平成26年度　市民活動団体との協働事業調査報告書」．

白井絵里子［2010］「地域福祉の推進に向けて市民・NPOと自治体との「協働」において自治体に求められるもの――中央省庁の行政文書において「協働」が用いられる変遷を踏まえての考察――」『21世紀社会デザイン研究学会』2．

総務省［2005］『地方公共団体における行政改革の推進のための新たな指針（新地方行革指針）』．

田中弥生［2006］『NPOが自立する日――行政の下請け化に未来はない――』日本評論社．

内閣府［2015］『平成26年度特定非営利活動法人及び市民の社会貢献に関する実態調査報告書』．

仁平典宏［2017］「政治変容」，坂本治也編『市民社会論』法律文化社．

分権型社会に対応した地方行政組織運営の刷新に関する研究会［2005］「分権型社会における自治体経営の刷新戦略――新しい公共空間の形成を目指して――」．
牧田博之・原口佐知子・上山肇［2016］「静岡県における協働のあり方に関する研究――静岡県35市町を事例として――」『地域イノベーション研究』9．
山口道昭［2006］「自治体における協働」，山口道昭編『協働と市民活動の実務』ぎょうせい．
Gidron, B., Kramer, R. M. and Salamon, L. M [1992] *Government and the Third Sector: Emerging Relationships in Welfare States*, San Francisco: Jossey.
Lewis, J. [1999] "Reveiwing the relationship between the voluntary sector and the state in British in the 1990's," *Voluntus*, 10(3).
Sullivan, H. and Skelcher, C. [2002] *Working Across Boundaries*, Palgrave.

# 第5章

# 国際的に見た日本の社会的企業の実態とその政策

## はじめに

　社会的企業に関する議論は，2000年代に入って世界的なブームになり，日本においてもその議論は様々に形を変えて現在でも活発化している．社会的企業に関しては，そのハイブリッドな性格の故に定義づけが困難であり，国際的にも議論が混乱している面がある．本章では，その基本概念を主としてアメリカ型，ヨーロッパ型に分けて紹介し，日本における定義を敷衍する．さらに，近年，生活保護受給者の増加，社会的困窮者自立支援法の制定等により，労働統合型の社会的企業への注目が集まっている．このため，これらを含めた流れと実態を概観し，最後に，現在取られている日本における社会的企業に対する政策について見ていくこととする[1]．

## 1　社会的企業の背景と概念の分類

### (1)　背景

　社会的企業（ソーシャルビジネス）は現在の日本において一種のブームのような感じを呈している．これは，1990年代においてNPO（民間非営利組織）に大きな期待が集まった状況とも似ている．社会的企業への注目は多くの論者が指摘するように，長期の経済停滞により社会的活動を行うNPO等の組織の運営に際して，政府資金に期待ができなくなり，資金面での政府からのより高い自律性が求められた点に起因する［ジョンソン 2014］．あるいは，コスト削減の中で政府資金の入札に関して，非営利組織と営利企業との競争が激化している点が影響を与えているといった説明が成り立つ［Defourny 2001：邦訳 22］．しかしながら，社会的企業についての国際的な確定した定義は存在しない．社会的企業

の振興を国家戦略としていち早く進めたイギリスでは，社会的企業とは，「主として社会的目標を有する事業体であり，その余剰は，株主や所有者の利益の極大化のために使用されるのではなく，原則的にその事業かコミュニティに再投資される」［DTI 2002：7］としており，ここでは暫定的にこの定義を使用することとする．

### (2) 概念分類

社会的企業の概念は，いくつかあり，主として下記に示す3つの考え方が存在する．第1は，稼得所得学派（The "earned income" school of thought）と呼ばれるもので，社会的企業の基盤とする収入源に着目する考え方であり，主としてアメリカの経営学を中心に発展してきた［Dees 1998］．第2は，社会的イノベーション学派（The "social innovation" school of thought）であり，社会的企業のもつ独創性とそれによる社会問題の解決に力点を置く考え方である．この考え方は，第1の考え方と組み合わさって，アメリカ型の社会的企業の特徴を形成している．ただし，社会的イノベーション学派はその概念自体に収益の確保が入っているわけではない．第3の考え方は，社会的経済学派（The "social economy" school of thought）である［Defourny and Nyssens 2012］．この考え方は，主として，ヨーロッパ大陸で取られている考え方であり，社会的企業のガバナンス，特に民主的意思決定や地域住民の参加，利益分配の制約等に力点を置いた考え方である．

いずれの考え方にも共通なものは，そのハイブリッド性にあり，複数の組織原理や組織形態を橋渡しする混合的な有償労働を有する経済組織と捉えられている［米澤 2017：107］．

## 2 概 念 整 理

### (1) ヨーロッパ大陸における社会的企業の概念

社会的企業が純粋営利企業と純粋フィランソロピーの間にある連続的概念であるとしても，国際的に見ると，その概念は，大きく分けて，ヨーロッパ大陸型とアメリカ型に分けることができるだろう．代表的に用いられるヨーロッパの概念は，研究者グループであるEMES（The Emergence of Social Enterprise in Europe）の提唱する**表5-1**に示す概念である．

表 5-1 EMESによる社会的企業の基本要件

| | 指標・基準 | 概要 |
|---|---|---|
| 社会的指標 | ① コミュニティへの貢献 | コミュニティ・地域レベルでの社会的責任を積極的に果たす. |
| | ② 市民による設立 | コミュニティ・市民の共同の活力に依拠する. |
| | ③ 資本所有に依存しない意思決定 | 資本所有者の重要性は否定しない. しかし,「一株一票」制ではなく,「一人一票」制によって意思決定を行う. |
| | ④ 影響を受ける人々の参加 | 顧客代表・ステークホルダーの参加を促進する. 経済活動を通じて, 地域レベルの民主主義を促進する. |
| | ⑤ 利益分配の制限 | 部分的な, あるいは全面的な利潤への分配制約を置き, 利潤極大化行動を抑制する. |
| 経済的基準 | ❶ 財・サービスの継続性 | 財の生産・サービスの継続的な供給こそ, 社会的企業の第一の存在理由である. |
| | ❷ 高度の自律性 | 行政からの補助金を活用することもある. しかし, 市民による自律的創設に依拠して, 他の組織から管理されることはない. |
| | ❸ 経済的リスク | リスクを負うことを想定する. 生存可能性は, メンバーや労働者たちの努力次第だと考える. |
| | ❹ 有償労働 | 貨幣的資源と非貨幣的資源の混合に依拠するとともに, 有償労働の一定量を活動継続のために位置付ける. |

(出典) Defourny [2001：邦訳 26-29] 他をもとに筆者作成.

　ヨーロッパにおいては, 社会的経済の概念が発達し, 利益分配の制約, 市民による所有などかなり厳格な定義がなされており [OECD 2010：邦訳15], アメリカ型のアントレプレナーシップを強調した概念とは異なっている. また, アメリカモデルでは政府の関与を避ける傾向があり, 主として民間での動きが大きい. また, 民間財団が発達しており, それらが一定の支援をする傾向が強い[2].
　ヨーロッパにおいては, 社会的企業が福祉国家の再編成の役割を担うことが期待されていること, 定義的に組織のガバナンスを重視するため, 法人格の付与など, 政府が制度化を進める傾向がある. なおかつ, それらの概念が韓国などの, アジア各国にも波及している. ただし, ヨーロッパ大陸においては, 協同組合が発達し, 社会的経済の概念が強い. 例えば, イタリアの社会的協同組合のB型のような弱者を雇用するタイプの形態がよく知られている. その点, アングロサクソン系のイギリスにおいては, 上記のヨーロッパ大陸の概念にアメリカ型の概念が加わっている部分もあり, 2005年に導入されたCIC (コミュニティ利益会社) 制度は, 営利企業から出発し, 非営利組織 (チャリティ) とのハイブリッド的要素のある組織形態である [石村 2015a：112；金川・岸・尹ほか 2017].

表5-2　ヨーロッパにおける社会的企業の法的構造の比較表

| モデル | 協同組合モデル | 会社モデル | 「自由選択形態」モデル |
|---|---|---|---|
| 具体例 | イタリア，ポルトガル，フランス，ポーランド | ベルギー，イギリス | フィンランド，イタリア |

(注) イタリアは，1991年成立の社会的協同組合法と2006年成立の社会的企業法の両方が存在する．
(出典) OECD [2010：98-99]．

　ヨーロッパにおける，社会的企業の概念は上述の通りであるが，OECDでは，社会的企業の組織タイプをいくつかに分類している（表5-2）．それは，協同組合モデル（イタリア，ポルトガル，フランス，ポーランド），会社モデル（イギリス，ベルギー），自由選択形態モデル（フィンランド，イタリア）である．いずれの形態も，何らかの形で資産の封じ込め（アセットロック，利益分配の制限）を行っていることが共通点である．[3] ①協同組合モデルとは，社会的企業が，社会的目的によって特徴付けられる特定の協同事業体として，法的に規制されているものを指す．②会社モデルとは，社会的成果と便益分配に対する厳しい制約に特徴づけられて，営利企業形態から抜き出されているものを指す．③自由選択形態モデルとは，特定の法的形態は選ばれていないが，社会的な成果に関わって法的に定義されているものを指す［OECD 2010：邦訳98-99］．

## (2) アメリカ型の特徴

　稼得所得の立場に立つDees [1998] は，社会的企業が純粋なフィランソロピーと純粋な営利企業の中間領域に位置づけられるとする．また，アメリカ型の最大の特徴は，社会的企業の経営を担うリーダー（社会的企業家）の個人の能力が社会的企業の成否を左右するものだと捉えている点である［Kerlin 2006］．事業の立ち上げ，経営する社会的企業家の役割が強調される．社会的企業家とは，以下に挙げるアントレプレナーシップを有する者と捉えられる［Dees 1998］．

　(1) 社会的価値を創造し，それが持続するミッションを掲げる．
　(2) ミッションの達成につながる新しい機会に対して貪欲に臨む．
　(3) イノベーションと学習を持続的にもたらす．
　(4) 保有する資源に制限されることなく大胆に行動する．
　(5) 支援者や成果に対するアカウンタビリティの意識を強く有する．

さらに，政府の役割は否定的に捉えられる傾向があり，市場からの収入（事業収入）が強調される［金川 2008：23］．また，レーガン政権における非営利セクターへの政府援助の抑制により，NPOの営利化が発生し，企業との境界の曖昧化が起こったことが指摘できる．[4]

　ただ，近年では，オバマ政権においてソーシャルイノベーションファンドの設置が行われたり［The Corporation for National and Community Service 2012］，利益の最大化ではなく，社会的便益を考慮した法人形態であるL3C（Low-profit Limited Liability Company）の制度が2008年にバーモント州から始まり，いくつかの州で採用されている．さらに，2010年にメリーランド州がB会社（B-Corporation），2012年にカリフォルニア州で特別目的会社SPC（special purpose corporation）が導入されている［石村 2015b：63］．アメリカの場合は，会社制度は州によって決められているが，社会的企業を立ち上げるための制度機運が高く，営利と非営利のハイブリッド型の法人制度が次々と誕生し，アントレプレナーシップを後押しする動きが加速している．これらは，従来の非営利組織が迅速性に欠け，エクイティキャピタルを呼び込むことができなかったため考案されている．[5]

## 3　日本の社会的企業の定義と規模

### (1)　定義

　冒頭で述べたように，日本では，組織形態を示す社会的企業という用語は一般的ではなく，事業形態であるソーシャルビジネスという用語が使われている．そして，その定義に関しては，2008年に経済産業省が「ソーシャルビジネス研究会」を設置し，その中で，ソーシャルビジネス（SB）を，①社会性，②事業性，③革新性，という概念で規定している．そして，2010年の同省の報告書では，SBの定義を2008年報告書［経済産業省 2008］と基本的に同じと考えつつも，事業規模の推計に当たっては，SBを「社会的課題をビジネスの手法を用いて解決する事業体」と定義した［経済産業省 2010］．[6]

### (2)　2008年推計

　2008年の「ソーシャルビジネス研究会」では，市場規模2400億円，雇用規模3.2万人，事業者数8000人ときわめて少ない推計結果が示された．これは，社

会性，革新性，事業性というSBの定義をした上で，一般消費者にアンケートを行い，全消費に占めるSBからの購入割合を推計して，事業規模を算出するという方法をとったためである．また，事業所数は，各都道府県や中間支援機関等の協力を得て抽出した約1300の調査対象を用いて，各都道府県別の事業者アンケートの送付対象としたSB事業者数の都道府県別の民間総事業者数に対する比率を算出して，全国のSB事業者数を試算して，8000事業者と推計している．

### (3) 2010年推計

一方，8000社という数値が小さすぎたと考えたのか，2010年の事業規模の推計では通常企業を含めて自己申告をする形で推計し，市場規模34-81兆円，雇用規模31-160万人，事業者数5-87万人，としている．さらに，自主事業の割合を50，70，90％に分けて，事業規模を推計しているが，自主事業には，公共調達（つまり，公的主体からの委託等）が含まれている．このため，病院，介護保険事業者などが多くの割合を占めてしまうため，介護保険事業，学校法人（保育園を含む）による公教育，医療法人やその他医療機関による医療・診察行為を含む／含まない，の両者を推計している［経済産業省 2010］．

この結果，上述のような幅のある事業規模となっている．ここで問題となるのは，事業者の自己申告を使って分野全体の事業所に占めるSBの推計を行っていることであろう．「社会的課題をビジネスの手法を用いて解決する事業体」と自己を判断すればSB，そうでないと判断すればSBではないということであるから，かなり主観的な判断に左右された推計と言わざるを得ない．イギリスなどの統計でも事業者自身の判断を統計サンプルの抽出要素の中に入れているが，それは，定義の一部を構成しているに過ぎない．また，自主事業という文言は，政府セクターからの委託料が入っていないようなイメージを持つ表現で

表5-3 特定非営利活動法人（認定NPO法人以外）の収入内訳の整理

|  | 稼いだ収入 | もらった収入 | その他 | 合計 |
|---|---|---|---|---|
| 民間 | 20.5 | 21.2 |  | 41.7 |
| 政府行政セクター | 36.4 | 1.4 |  | 37.8 |
| その他 |  |  | 20.5 | 20.5 |
| 合計 | 56.9 | 22.6 | 20.5 | 100.0 |

(出典)　後［2015：21］．

あるが，統計の中身を見ると委託契約を中心とする公共調達が入っている．後がイギリスの全国ボランタリー団体協議会（NCVO）の分類［後 2009：169］を元にNPO法人の収入内訳を再整理しているが，NPO法人に限定してみてもやはり公的セクターからの「稼いだ収入（earned income）」の割合が高いことが分かる．[7][8]

### (4) 2016年推計

このような現状に対して，日本では，イギリスで行っている定義等を参照しながら，2016年に社会的企業の規模の再推計を行っている．

この調査の定量分析における社会的企業の定義は，2014年に実施した「我が国における共助社会づくりの担い手の活動規模調査」に準拠している．すなわち，社会的企業を「社会的課題を，ビジネスを通して解決・改善しようとする活動を行う事業者」と定義するが，具体的には以下の基準に基づいて判定する．

**表5-4　内閣府統計における社会的企業の条件**

| | 類型 | 条件 | 基準・昨年度アンケート設問 |
|---|---|---|---|
| ① | 社会的事業の実施 | 「ビジネスを通じた社会的課題の解決・改善」に取り組んでいる | 「1．取り組んでいる」と回答した事業者 |
| ② | 事業の主目的 | 事業の主目的は，利益の追求ではなく，社会的課題の解決である | 「1．とてもよく当てはまる」および「2．当てはまる」と回答した事業者 |
| ③ | | 利益は，出資や株主への配当ではなく，主として事業に再投資する（営利法人のみの条件） | 「1．とてもよく当てはまる」および「2．当てはまる」と回答した事業者 |
| ④ | | 利潤のうち出資者・株主に配当される割合が一定以下である（営利法人のみの条件） | 50%未満とした事業者 |
| ⑤ | 主な収入 | 事業収益の合計は収益全体の一定割合以上である | 「事業収益／収益合計」が50%以上の事業者 |
| ⑥ | | 事業収益のうち，公的保険（医療・介護等）からの収益は一定割合以下である | 「公的保険サービス（医療・介護等）からの収益／事業収益」が50%以下の事業者 |
| ⑦ | | 事業収益（補助金・会費・寄付以外の収益）のうち，行政からの委託事業収益は一定割合以下である | 「うち行政からの委託事業収益／事業収益」が50%以下の事業者 |

（出典）内閣府［2016］．

第5章　国際的に見た日本の社会的企業の実態とその政策　　83

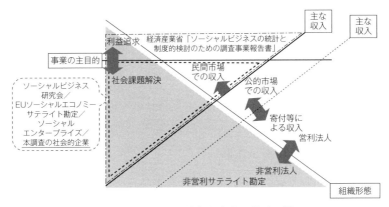

**図5-1　内閣府の社会的企業の推計の範囲**

(出典) 内閣府［2016：15］.

　すなわち，社会的企業を定義するにあたって，①組織形態，②主な収入（財やサービスの提供（ビジネス）によって社会的課題を解決しようとしているかどうか），③事業の主目的（組織の主目的が社会課題の解決なのかどうか）から，既存の類似推計の範囲を含めて整理したものが表5-4である．この推計対象は，組織形態は，営利か非営利かを問わず民間市場から主な収入を得ていて，事業の主目的が社会的課題の解決である事業者である[9]．その結果，総事業者数20.5万社，有給職員数577.6万人，人件費22.2兆円となっている．イギリスの社会的企業推計基準を主に準拠して，⑥の医療，介護の指標が加わっている．また，⑦の行政からの委託事業が一定割合以下であるという項目が追加されている[10]．公的資金に依存することは組織の運営を不安定にする要因にはなっても，公共調達は政府にそのサービスを販売している（公共財を中心に，市民に替わり政府が財を購入する＝purchase of service contract）のであるから，事業であることには変わりない．医療機関，介護保険事業のみを行っている団体を社会的企業の定義から外すことは仕方ないにしても，営利企業とも競争して契約を行った公共調達資金の比率を「事業」として，定義に入れることは国際的に見て一般的である．そうでないと，政府への物品，サービス販売，公共事業（道路，橋，建物等）を手がけている多くの営利企業は「事業」を行っていないことになってしまう．ともあれ，こういった詳細な分析が始まったことは，あまりにも大ざっぱであった社会的企業の概念を整理し，施策に結びつけていく上で有用と考える．

今回の推計をわかりやすく図で示したものが図5-1であり，太点線で囲んだ吹き出し部分がそれに該当する．詳しくは，内閣府同調査を参照いただきたい．総じて，2008年の経済産業省の定義は踏襲しているものの，革新性（イノベーション）といった概念が消え［内閣府 2016：2］，公共調達を一定限度認め，非営利の概念（完全非分配ではないが）を導入している．ヨーロッパ型に一歩近づいた推計を行っていると言えよう．

## 4　日本の社会的企業の現状

　日本の社会的企業の現状は，上記の内閣府の調査でも述べられているが，日本政策金融公庫研究所が年間収入1000万円以上の中小企業，企業組合，一般社団法人，特定非営利活動法人，計１万件を抽出し，「社会的問題を解決するために本法人を設立した」，「本法人の目的ではないが，社会的問題を解決するための事業を営んでいる」，「社会的問題を解決する法人や団体を支援する事業を営んでいる」と回答した団体を社会的企業とし，一定のバイアスを除去した上でアンケートを行っているため［竹内 2015：33-34］，その結果を示す（図5-2）．
　なお，回答企業の業種は，全法人格の平均で見ると福祉が最も多くなってい

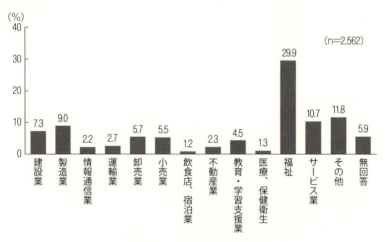

図5-2　回答企業の業種

（注）最も収入が多い事業の業種である．
（出典）竹内［2015］．

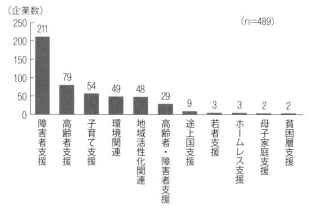

**図 5-3 事業，取り組みの内容**

(注) 事業・取り組み内容について，具体的な記入があった626社のうち，事業内容が明確な489社について集計したもの．
(出典) 竹内 [2015].

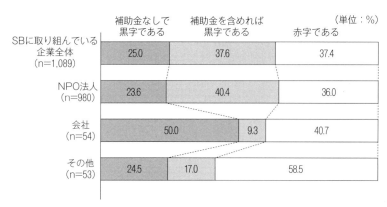

**図 5-4 ソーシャルビジネスの赤字に対する内部補助**
(出典) 竹内 [2015].

るが，NPO法人だけで見ると，58％が福祉である．

　事業別に見ると，障害者支援，高齢者支援，子育て支援，環境関連，地域活性化関連，などの割合が高くなっている（**図 5-3**）．これらは，介護保険料収入，公的資金などのバウチャー制度の存在が後押ししているものと思われる．また，環境関連は環境教育など受益者から参加料等を取れる可能性があり，地

域活性化は，過疎地域へのコミュニティビジネスなどへの助成金が比較的多いこと，過疎地域で活動しているだけで地域活性化と捉えることが出来ることなどが理由と考えられる．

社会的事業に取り組む事業体は行政からの補助金を得られることも多いので，補助金も含めた採算を見ている（図5-4）．会社とNPO法人の差が大きく出ていることが分かる．ただ，補助金がなければ赤字だということだけで事業性がないというのは誤りだとしている［竹内 2015：76］．

## 5 日本の社会的企業の特徴

### (1) 概要

社会的企業の議論が2000年代に入って活発化すると，「社会的課題をビジネスの手法で解決する」という経済産業省の定義により，政府資金がなくても組織のイノベーションにより，地域課題が解決される例に光が当たってきたと言っても良いだろう．これは，様々な議論が成り立ちうるが，基本的には，小さな政府，新自由主義との親和性，行政改革の中での文脈，アメリカ型の起業家に焦点を当てるという社会全体の動きと政府の政策の方向性によるものと思われる．このため，経済産業省，自治体の産業部局を中心に，社会的事業家個人や経営組織としての成功事例の紹介，マネジメント教育などを中心に施策が展開されてきたし，中には中小企業振興策との違いが分かりにくいものも見られる．青木は，日本のソーシャルビジネスが抱える課題について，次のように示している［青木 2015：6］．

①営利法人，非営利法人，協同組合など様々な形態で活動するため，所轄庁の所管による縦割りがセクター内にも影響し，統合的なセクターになっていない．
②ソーシャル＝社会性と，ビジネス＝経済性の狭間で，自己の立ち位置が定まっていない状況にあり，確固たる成長モデルが示し切れていない．
③言葉として一定の認知度はあるものの，具体的内容については一般のイメージが明確になっておらず，充分な社会的信頼を勝ち得ているとは言い難い．

## (2) 労働統合型社会的企業

一方で，協同組合，社会政策，連帯経済の研究者を主体として，労働統合型の社会的企業（WISE）が紹介されてきた．これらの論者は，イギリス，イタリア，韓国などの事例を参考に議論を展開してきた．政府の財政難やグローバリゼーションの影響は認めつつも，少なくとも，アメリカ型の社会的企業家に過度に焦点を当てるアプローチを取る論者は見当たらない．先述したEMESの議論を参照したりする中で，社会的包摂政策の中で活動する労働統合型のタイプに焦点を当て，議論がなされてきた．

また，2010年代に入って，若者や障害者など個別分野の就労支援の事業体を社会的企業として調査する研究も見られ始め［米澤 2017：162］，さらに，中間就労概念全体を推進する事業体に対する調査も見られるようになり，就労支援を行う事業体が「社会的企業」として認知されるようになってきた［米澤 2017：159］．

2000年代には，「社会的企業」に雇用が結びつけて考えられるようにはなっていたが，政策としては就労支援ではなく，あくまでも雇用創出に重きが置かれた．例えば，2000年代後半の「緊急人材育成就職支援基金事業」「地域社会雇用創造事業」では「雇用創出」機能が重視されていた．

## (3) 生活困窮者自立支援法の成立と社会的企業

こういった中で，日本社会はますます少子高齢化が進み，さらに，非正規雇用の拡大による格差が拡大する中で，生活保護費も拡大していく．政府は生活保護法を改正し，その財政負担を軽減する方向に舵を切るが，同時に，生活保護は最後のセーフティーネットにし，そこに至るまでの対策として，中間就労をはじめとする生活困窮者自立支援法が2013年に成立した．この法律では，法律自体に「社会的企業」と言う用語は用いられていないが，その「ガイドライン」の中では日本で始めて「社会的企業」という用語が明記された．この法律は2007年に成立した韓国の社会的企業育成法の影響を受けていると言われるが，これを契機として，日本型の労働統合型の社会的企業の在り方や支援方策が具体的な問題として議論されるようになる．既に多くの指摘があるように，生活困窮者自立支援法は，パーソナルサポートステーション事業，地域若者サポートステーション事業，ホームレス支援事業など，多様な民間の実践をもとに作られており，その概念自体が，福祉だけにとどまらず，雇用，住宅，家計支援，

学習支援といった多様な内容を含んでいることから，実施主体の自治体にとっては難解な事業となる．また，この事業は自治体にとって生活保護のような国の法定受託事務ではなく自治事務であるため，自治体独自の仕組み作りが求められる［五石 2014：189］．

　この法律の体系的支援の一部が，就労支援であり，就労準備支援事業と就労訓練事業（いわゆる中間就労）に分けられる．前者は，「基礎能力の形成」を目的とする就労支援初期を念頭に置いた事業であり，後者は，一般就労といわゆる福祉的就労（障害者総合支援法に基づく就労継続支援B型事業等）の間に位置する就労形態として位置づけられる．これは，一般就労に向けた支援付き訓練の場であり，より高度な職業的技能の形成を目的としたものである．この中間的就労では，先述したように，そのガイドラインの中で労働統合型社会的企業に類する事業体が位置づけられたのである［厚生労働省 2015］．

　また，就労訓練事業所は，一般事業所型と社会的企業型に分かれる．前者は通常の企業などを想定しており，後者は，生活困窮者の就労機会の提供，地域社会の貢献等の要素が事業所の設立目的に含まれ，生活困窮者が一定割合以上含まれる事業を経営する類型を指す．ただし，本法に基づく就労訓練事業所のみが労働統合型社会的企業でないことはもちろん，本法で規定する事業所は，ヨーロッパ的な文脈の制度設計と同じではない．米澤が指摘しているように，2012年に，共同連会等民間6団体の連合体によってとりまとめられた「社会的事業所促進法案」が提案している欧州型の社会的企業のようなステークホルダーの参加，利潤分配の制約等の規定がないことである．このことから，日本において，ヨーロッパ型の労働統合タイプの社会的企業が法的に位置づけられたとまでは言えない．

　全体的に，日本における社会的企業は，アメリカ型の稼得所得学派，ソーシャルイノベーション学派の色彩が強く，労働統合型の社会的企業にも近年光が当たってきていると言えるが，社会的経済の要素は弱く，大きなプレゼンスを示しているとは言い難い．

### (4) 中間支援組織

　木村［2016］は，NPOの中間支援組織を参考に，日本の社会的企業の中間支援組織に求められる機能には，①仲介機能，②MSO機能，③アドバイス機能，④評価機能，が挙げられるとしている．日本には，2000年代から多くの

NPO支援センターが設立されたが，設立相談，税務・会計相談，場所の提供機能，講座の開催などが中心である（第3章参照）．総じて，これらは市民活動部局が設置したものが多く，中小企業の支援組織である産業振興センターなどとは，あまり連携がなされているとは言えない．産業セクターや自治体の産業部門が設置したこれらの産業振興センターは，社会的企業への理解が十分とは言えず，企業としての収益確保に関する指導が中心である．ソーシャルビジネスの定義が十分でなく，法人格の整備もなされていない中で，大都市はともかく，地方都市にソーシャルビジネス向けの支援センターを設置してもどれだけの需要があるかも疑問である[14]．

　また，全国組織も，ETIC.（2000年NPO法人化）のような社会的起業の支援を専門に行っている団体や，近年ではソーシャルファイナンス支援センター（SFSC）のようなファイナンスから支援する組織（2011年設立），融資，助成を中心として金融支援する公益財団法人信頼資本財団（2009年設立），などが設立されている．さらに，2010年には日本初のソーシャルビジネスのネットワークが形成されている．ただ，日本の場合は，主務官庁制の公益法人制度が長期間続き（第1章参照），省庁別，分野別に全国的な支援組織ができている．その上で，分野横断的なNPO法人や社会的企業に対する支援組織を作るとなると，民間からの動きに期待せざるを得ず，政府から十分な資金が得にくい．例えばイギリスにおいては，社会的企業については，ソーシャルエンタープライズUK（SEUK），NPOについては，NCVOやNAVCA，韓国においては社会的企業中央協議会（2008年発足）のような支援組織があり，これらの組織は，政府からの支援を得て人材と調査機能を持ち，政府に対して提言活動を活発に行っている．また，本章で主として取り上げた就労分野，労働者協同組合分野では，共同連，ワーカーズ・コレクティブ・ネットワークジャパン（WNJ），日本労働者協同組合ワーカーズコープ連合会などの全国支援組織が1980年代あたりから発足しはじめている．これらの団体は，法制度の整備など，積極的なアドボカシー活動を行っている．また，福祉分野で大きな中間支援的役割を担っている組織として全国社会福祉協議会を抜きには語れないだろう．社会福祉協議会は基本的に自治体レベルで設置され，介護保険の改正等によってまちづくりの機能を増しており，福祉だけに特化するのではなく，サードセクター支援センターと統合することによって，政府資金を一定程度得ながら，分野横断的なサードセクター支援をすべきではないかと考える．

# 6 国の支援策[15]

## (1) 省庁別の施策

　経済産業省では，ブロック別にCB・SB推進協議会を設置し，事例集の作成，フォーラムの開催，県への後方支援を行っている（事務局は，局内の県にあるNPO支援センターが担っているケースも見られる）．また，近年では厚生労働省，経済産業省をはじめとして，後述するソーシャルインパクトボンドの導入を始めている[16]．その他，環境省，農水省，国交省，厚労省が省庁別に社会的企業の支援メニューを持っており，内閣府は調査，研究を中心に社会的企業全体の横断的な政策を扱っている．

## (2) 融資

　日本政策金融公庫では，ソーシャルビジネス向けの支援を行っている．これは，NPO法人または，NPO法人以外であっても(1)保育サービス事業，介護サービス事業等を営む事業者，(2)社会的課題の解決を目的とする事業者を対象としている．運用実績は毎年増加しているが，融資であるから，確実に返済できることが必要であり，寄付，補助，助成金，委託事業を中心に展開している事業者を対象にすることはできず，中間層を相手に受益者から十分な対価を徴している事業体か，介護保険事業等を手がけている事業者などへの融資が大半を占めている[17]．

　さらに，信用保証協会が2015年度より，NPO法人に対する融資を保証の対象とした．これも，返済を要するものであるため，介護保険事業収入等定期的な収入が見込める事業形態に対してしか対応できないが，社会的企業という視点から見ると，一歩前進した施策と捉えられる．また，政策金融公庫としても，全体的に見て，融資側からするとリスク分散につながるものと評価している[18]．

## (3) 支援ネットワーク

　日本政策金融公庫の各支店が中心となって，ソーシャルビジネス・サポートネットワークが形成されている[19]．これは，県レベルで作られることが多いが例えば，静岡県では，2015年に「ふじのくにソーシャルビジネス支援ネットワーク」が静岡県信用保証協会，（公財）ふじのくに未来財団，日本政策金融公庫

（県内3支店），静清信用金庫，静岡県5者が連携し，主として立ち上げ期のソーシャルビジネスの支援をしている[20]．また，基礎自治体では，富士市，島田市，浜松市でネットワークが形成されている．これらは，ネットワークであり，このための常設の事務所を持つものではなく，現段階では，ソーシャルビジネスの中間支援組織とまでは言えず，シンポジウムによる機運の醸成，個別の事業・融資相談などを定期的に行っている段階である．全国的に見ると，地域によってメンバーにはバリエーションがあるが，行政，産業界，市民活動の3つのセクターが入っているケースがほとんどである．

## 7 自治体の支援策

### (1) 概要

日本の場合は，国がソーシャルビジネスという用語を使用しているため，社会的企業という政策用語を使用している例はほとんどないが，コミュニティビジネスという用語は用いられている．

都道府県と，政令市をウェブページで見たところ，支援内容としては，①人材育成，②フォーラムの開催，③事例集の発行，④相談窓口の設置，などが多い．その他，⑤登録制度，⑥表彰制度，⑦専門家派遣，⑧補助制度，⑨融資制度，⑩優先公共調達を取っているところもある．ソーシャルビジネスの中間支援組織を専門に設置しているところは，都道府県レベルではいくつか見受けられるが，政令市では京都市などわずかしかない．さらに，市民活動支援部局が中心となって施策を展開しているところと，産業振興部局が施策を展開しているところに分かれる．また，中山間地域の活性化のみに焦点を当ててコミュニティビジネス支援を行っている自治体もいくつか見られる（浜松市，静岡市，広島県，熊本県など）．

### (2) 優先公共調達

公共調達は，基本的に会計法，地方自治法にしたがってなされるが，地方自治法施行令第167条の2第1項第3号では，障害者支援施設等への随意契約による優先発注が規定されている．また，2013年に施行された障害者優先調達推進法では，障害者等を雇用している事業所に対しては，国，自治体，独立行政法人は，障害者就労施設から優先的に物品調達をすることに務めることとされ，

その実績を公表することとなっている.

また,それ以前から総合評価入札において障害者施設からの調達に加点をするなどによる,優先発注を行っている自治体等も見られた［三菱UFJリサーチ＆コンサルタント 2013］. さらに,ベンチャー企業等に対して随意契約等の方法で優先発注を行うトライアル発注を社会貢献型企業に一部適用する自治体も富山県など,数は少ないが見られるようになっている. さらに,横浜市のように,地域貢献認定制度（2005年より開始）により,認定された企業に入札での優遇制度を行っている事例も見られる［青木 2015：13］.

### (3) 狭義のバウチャー制度

社会サービス提供型のソーシャルビジネスとしてよく事例として取り上げられる病児保育を行う東京の（認定NPO法人）フローレンスの場合,基本的なサービス単価は,入会金に加えて,時間あたり約2000円であり,東京のような中間所得層以上が稠密に分布する地域でしか成り立ちにくいビジネスモデルである. したがって,事業内容は社会的であっても,支払い能力のある利用者しか利用できない. これに対して,東京都下のいくつかの区及び市では,利用券（バウチャー）や利用者への補助を行っている. 例えば,渋谷区の派遣型病児・後保育利用料金助成（1時間あたり1000円助成）によると,2013年度には,フローレンスに133件の利用が行われている（渋谷区資料による）. また,フローレンス側も,これらの利用を積極的に活用するようPRし,助成を行う自治体は年々増加している[21]. このような形のサービス利用者への支援は,事業者の財務上は必ずしも表に出てこないが,法人格を問わない社会的企業への公的支援になる. ただし,バウチャー方式は,サービス提供団体が複数存在しなければ利用者の選択による競争という制度的趣旨が活かされない. フローレンスの場合は,同種のモデルが大阪で展開されているが,東京,大阪といった大都市でないと成り立ちにくい形態と考えられる. 他の地方都市では,病児保育は,福祉系の団体への行政からの委託方式が多い.

## 8 ソーシャルインパクトボンド

財政問題の厳しさの中で,社会的価値の可視化手法を活用し,民間資金の利用を図るため,近年ではイギリスで2010年に始まったソーシャルインパクトボ

ンド［金川・福地 2012］に注目が集まっている．社会的インパクトを計測し，設定した以上に事業のインパクトによって公的支出が軽減されればその一部を投資家に還元しようというもので，結果による支払い（payment by result）の一例である．この試みは，イギリスに始まり，主としてアメリカ，オーストラリア，カナダなどのアングロサクソン諸国で広がっている．日本でも，実証実験が始まり，本格的な投資スキームの導入事例も出てきている．現時点では，明らかな成功事例が出ておらず，社会的価値の計測の複雑さ［津富 2016］，それによるコスト，行政の恣意性（レントシーキング問題）［長峯 2015］を含めて，解決しなければならない課題は多くある［馬場 2016：260-78］．さらに，今村［2016］は，ソーシャルインパクトボンドに関して，このようなスキームを日本に導入するにあったって最も障害になることの１つは，欧米のような転職社会でスキルアップした「ジョブ型」人材の不足ではないかと指摘している．

しかし，サードセクターが絶えず時代に合わせて変化していく必要のある存在であるとするならば，時代の要請に併せて，様々な試みがなされること自体は必要なことと考えたい．

## 9 民間の支援

民間の支援としては，統計的視点を交えて，西武信用金庫の例が挙げられる．同金庫は，2003年から地域貢献向けの専用ローンを行っている（西武コミュニティローン）．また，日本財団と共同で基金を構築し，ETIC.がハンズオン支援をしている（西武ソーシャルビジネス応援ローン）．

また，投資としての日本ベンチャー・フィランソロピー基金の取り組みが上げられる．日本ベンチャー・フィランソロピー（JVPF）[22)]は，2013年に設立され，日本財団と一般社団法人ソーシャル・インベストメント・パートナーズが共同運営する基金である．転換社債を利用した投資を行ったりしている［地域を支えるサービス事業主体のあり方に関する研究会 2016］．

お わ り に

日本の社会的企業について，統計的視点を交えて概観してきた．近年は，ソーシャルインパクト，ソーシャルインパクトボンド，ソーシャルファイナン

ス，クラウドファンディングといった手法に焦点が当たりつつある．これらはインパクトを何らかの形で数値化し，民間投資の導入，政府資金の軽減につなげる点に特徴があるように見える．例えば，イギリスでは，社会的価値を可視化する社会的価値法が施行され，法人格によらず事業ごとに優先発注を行う制度が発足している［岸・金川・尹ほか 2017］．これらは，主としてアングロサクソン諸国で推進される傾向が強いが，欧州，アジアも含めた国際的ムーブメントの1つでもある．一方で，本章で取り上げた生活困窮者自立支援法による労働統合型の社会的企業にも光が当たり始めており，特に，これらの組織がその機能を十分に発揮するには，ヨーロッパ大陸で見られるような地域住民やステークホルダーの参加が欠かせない要素となるだろう．いずれにしても，社会的企業はハイブリッド性を持ったバリエーションのある組織であり，サードセクター全体の位置づけと社会的企業に関しては，第Ⅱ部第13章で再度検討することとしたい．

**注**
1) 日本では，社会的企業（social enterprise）よりもソーシャルビジネスという事業形態を示す用語が一般的に使われている．しかし，本章では，国際的な基準にしたがって，コミュニティビジネスやソーシャルビジネスを含めて，社会的企業の用語を用いることとする．
2) 例えば，社会的起業家をアショカフェローとして認定し，支援するアショカ財団など．
3) イタリアの社会的協同組合，2016年に成立したサードセクター改革法に関しては，後［2017：14］等を参照．本表には入れていないが，イギリスで，2014年に成立した協同組合及びコミュニティ益増進組合法によるコミュニティ益増進組合（community benefit society）は，協同組合型の組織を社会的企業として活用するスキームとして理解することが可能である（第6章参照）．
4) 欧州においても，オイルショック後，経済成長の停滞が起こるが，社会的企業は積極的労働市場政策や社会サービス供給における準市場の導入などの福祉国家の再編関係の中で注目されるようになったという違いがある［米澤 2017：20-21］．
5) 石村は，アメリカで，こうした多彩なメニューの会社法制の整備を積極的にすすめているのは，社会起業家や社会投資家，州弁護士会，学者などであり，日本のような，行政府（中央政府）が主導し政府提出法案をつくり成立を見た法人法制の枠のなかで社会起業家などが事業体選択の問題を語り合うという静態的現状を課題としている［石村 2015b：81］．
6) 2010年度から2カ年行われた「社会的雇用創造事業」では，ソーシャルビジネスではなく，社会的企業という用語が使われたが，「非営利事業を行うNPO等」としている．

ただし，ここでの社会的企業の定義はこの事業のためだけに行われた定義である．
7）営利企業を除いた非営利組織全体の集計も行っているが，医療法人や学校法人が入っているため，ここでは，NPO法人についての集計を紹介した．
8）政府からの補助金（もらった収入）の割合が異常に低い値となっている．これは，①認定NPO法人を除いた統計であること，②数はともかく，金額的には，日本のNPO法人の収入内訳における介護保険等の準市場からの割合が極めて高くなっていることなどからこのような数値が出てきたものと推測される．特に2000年以降，介護保険，障害者サービス等に準市場が次々に導入されており，これが政府行政セクターからの稼いだ収入を押し上げていると見ることができる．ただし，準市場（バウチャー）をどのように解釈するかは，議論の余地のあるところで，バウチャー自身は利用者の選択した組織への公的資金の補助，正確には，「限定された財やサービスのなかから選択して購入する一定の購買力を個人に与える補助金」［後 2009：82］であり，競争的ではあるものの，組織にとってはもらった収入と解釈できなくはない．後述するように，内閣府の最新の推計では，収入に占める介護保険事業の割合が一定以上の事業体は社会的企業から除外している．また，イギリスにおいて，2011年から始まったワークプログラムの中で，大手の元請け民間企業がほとんど入札してしまい，社会的企業やチャリティ団体は，管理費を差し引かれた上で安い単価で下請けに甘んじているとの報告もあり［藤井 2014：149-150］，そのような構造になれば，社会的企業の民間からの稼いた収入比率が高まるという皮肉な結果になる．
9）対象は営利企業（株式会社，有限会社），社団法人，財団法人，特定非営利活動法人とし，医療法人は，大部分が公的保険からの収入，社会福祉法人は，大半が政府からの補助金であるため除外している［内閣府 2015：10］．
10）この調査の中では，完全にイギリスの基準に合わせた推計も行っている．この場合，医療，介護のすべてが入ってくるため，企業数の割合は同程度だが，有給職員数の割合は日本の方が高くなっている［内閣府 2015：3］．
11）例えば，2009年に『ソーシャルビジネス55選』が経済産業省から発行されている．分野的には，地域活性化，子育て支援などのソーシャルサービスが多い．
12）このような事業体は，貧困ビジネスと結びつきやすく，被訓練者が搾取の対象となりやすいので，都道府県知事等の認定を受けるなどの規制が必要となる．
13）日本において労働統合型の社会的企業は旧来から数多く存在した．例えば，従来の障害者自立支援法に基づく就労継続支援A型の制度を利用しながらも，障害者以外の生活困窮者（障害者手帳を持たないもの，シングルマザー，生活保護受給者など）を受け入れている社会的な事業所などが存在する［米澤 2017：238］．
14）例えば，兵庫県では，2000年からコミュニティビジネスを支援する県内のブロックごとに支援センター（生きがいしごとサポートセンター）を設けており，現在では県内の人口集積地域に6つのセンターが活動している．起業支援も行っているが，就労の斡旋も併せて行っている．また，既に存在するNPOの中間支援組織が同事業を担っているケースがほとんどである（詳しくは，［金川 2011］参照）．
15）過去に国，自治体の施策を調査したが，国の施策は時限付きのものがほとんどであり，

国，自治体共に，ソーシャルビジネスの定義がはっきりしていない中で，NPOに対する支援，中小企業に対する支援が混在している状況であった［金川 2010：65-78］.
16) 経済産業省では，八王子市，神戸市でヘルスケア分野で事業を開始している.
17) 日本政策金融公庫静岡支店でのヒアリング等による（2017年8月3日）.
18) Ibid.
19) https://www.jfc.go.jp/n/finance/social/shien.html（2018年3月31日閲覧）.
20) http://www.shizuokafund.org/consultation/fsbsn.html（2018年3月31日閲覧）.
21) 同団体ウェブページ，http://byojihoiku.florence.or.jp/fee/#fee_4/（2018年3月31日閲覧）.
22) ベンチャー・フィランソロピーとは，ベンチャーキャピタルやプライベートエクイティ投資の手法を社会的投資に活用し，経済性以外の社会的リターンを最大化することを目的とするものである.
23) これらについては，イギリスを中心に筆者もいくつかの論証を試みた［金川 2012；2015；2017］.

**参考文献**

青木孝弘［2015］「ソーシャルビジネスの基盤整備強化に向けて——中間支援組織による2つのアプローチの考察——」『会津大学短期大学部研究紀要』72.
石村耕治［2015a］「チャリティと非営利団体制度の改革法制」，公益法人協会編『英国チャリティ——その変容と日本への示唆——』弘文堂.
石村耕治［2015b］「アメリカにおける営利/非営利ハイブリッド事業体をめぐる会社法と税法上の論点——社会貢献活動にかかる事業体選択の法的課題——」『白鷗法学』22 (1).
伊藤健［2015］「ソーシャルビジネスの価値評価と新しい投資手法」，日本政策金融公庫総合研究所編『日本のソーシャルビジネス』同友館.
今村肇［2016］「SIB推進におけるNPO・社会的企業の役割と課題」，塚本一郎・金子郁容編『ソーシャルインパクトボンドとは何か』ミネルヴァ書房.
後房雄［2009］『NPOは公共サービスを担えるか』法律文化社.
後房雄［2015］『公共サービス改革の進展とサードセクター組織——社団法人，財団法人の新たな展開——』経済産業研究所.
後房雄［2017］『イタリアにおけるサードセクターの包括的改革とその背景——日本との比較のなかで——』経済産業研究所.
金川幸司［2008］『協働型ガバナンスとNPO』晃洋書房.
金川幸司［2010］「ソーシャルビジネスとその制度設計に関する研究」『非営利法人研究学会誌』12.
金川幸司［2015］「海外におけるソーシャルビジネスへの公的支援——ソーシャルビジネスの効果的創出に向けて——」，日本政策金融公庫総合研究所編『日本のソーシャルビジネス』同友館.
金川幸司・今井良広［2011］「コミュニティ・エンパワメントと制度——阪神大震災後の

NPO活動から――」『社会・経済システム』32.
金川幸司・岸昭雄・尹大栄・浦野充洋［2017］「社会的企業の定義とその制度設計に関する――考察－イギリスのCIC制度を中心として――」『経営と情報』29(2).
金川幸司・福地康平［2012］「ソーシャルインパクトと資金支援に関する研究――イギリスのサードセクター政策を中心として――」『経営と情報』24(2).
経済産業省［2008］『ソーシャルビジネス研究会報告書』.
経済産業省［2010］『ソーシャルビジネスの統計と制度的検討のための調査事業報告書』.
五石敬路［2014］「モデル事業実施自治体における就労支援のあり方」『社会的事業体が取り組む就労準備事業から持続性のある中間的就労創出に向けた制度・支援に関する調査研究」報告書』協同総合研究所.
厚生労働省［2015］『生活困窮者自立支援法に基づく認定就労訓練事業の実施に関するガイドライン』.
岸昭雄・金川幸司・尹大栄・浦野充洋［2017］「英国におけるsocial value actと公共調達」『経営と情報』29(2).
木村富美［2016］「社会的企業の支援における中間支援組織の役割」『通信教育部論集』19.
ジョンソン，ノーマン［2014］「イギリスの社会的企業」，山本経編『社会的企業論――もう一つの経済――』法律文化社.
竹内英二［2015］「ソーシャルビジネスの経営実態」，日本政策金融公庫総合研究所編『日本のソーシャルビジネス』同友館.
地域を支えるサービス事業主体のあり方に関する研究会［2016］「地域を支えるサービス事業主体のあり方について」.
津富宏［2016］「SROI（社会的収益投資）に関する批判的考察」『日本評価研究』17(1).
内閣府［2015］『我が国における社会的企業の活動規模に関する調査報告書』.
内閣府［2016］『社会的企業の実態に関する調査研究最終報告書』.
長峯純一［2015］「ソーシャルインパクトの評価可能性とガバナンス――SIBへの期待と懸念を含めて――」『公共政策研究』15.
馬場英朗［2016］「ソーシャルインパクト・ボンドにおけるインパクト評価」，塚本一郎・金子郁容編『ソーシャルインパクト・ボンドとは何か――ファイナンスによる社会イノベーションの可能性――』ミネルヴァ書房.
藤井敦［2014］「英国 社会的企業と就労支援」『社会的事業体が取り組む就労準備事業から持続性のある中間的就労創出に向けた制度・支援に関する調査研究報告書』一般社団法人協同総合研究所.
三菱UFJリサーチ＆コンサルタント［2013］『優先発注に関する調査研究報告書』.
米澤旦［2017］『社会的企業への新しい見方――社会政策のなかのサードセクター――』ミネルヴァ書房.
Dees, J. G. [1998], "Enterprising Nonprofits," *Harvard Business Review*, 76(1)
Defourny, J. [2001] "From Third Sector to Social Enterprise," in Borzaga, C. and Defourny, J. eds., *The Emergence of Social Enterprise*, London : Routledge （内山哲

朗・石塚秀雄・柳沢敏勝訳「サードセクターから社会的起業へ」, ボルザガ・ドゥフルニ編『社会的企業』日本経済評論社, 2004年).
Defourny, J. and Nyssen, M. [2012] "The EMES approach of social enterprise in a comparative perspective," EMES Working Paper.
DTI (Department of Trade and Industry) [2002] *Social Enterprise: A Strategy for Success*, Department of Trade and Industry.
Kerlin, J. A. [2006] "Social Enterprise in the United States and Europe: Understanding and Learning from the Differences," *Voluntas*, 17(3).
OECD [2009] *The Changing Boundaries of Social Enterprises*, Paris：OECD（連合総合生活開発研究所訳『社会的企業の主流化――「新しい公共」の担い手として――』明石書店, 2010年).
The Corporation for National and Community Service [2012] GETTING RESULTS, TRANSFORMING LIVES, The Social Innovation Fund , 2010-2012 Investment Report (https: //www.nationalservice.gov/sites/default/files/documents/sif_investment_report2013_0.pdf, 2018年3月31日閲覧).

# 第 6 章

# 英国におけるコミュニティによる資産所有・管理

## はじめに

　近年,英国ではコミュニティによる資産(建物・土地)の所有・管理が,エンパワメント等の側面から注目されている.それに伴い,制度・施策面での支援も拡大し,自治体等からコミュニティ組織への公有資産の移転,アセット・トランスファー(Community Asset Transfer:以後「資産移転」と呼称)が進展しつつある.

　本章では,この英国における資産移転の概念,意義・目的,実施状況を示したのち,資産移転の促進からコミュニティ入札権(Community Right to Bid)の導入に至る,コミュニティによる資産所有・管理をめぐる政策展開の状況について概観する.そのうえで,英国における資産移転,入札権による資産取得の事例を紹介し,その実態を明らかにする.

　続く考察の項では,コミュニティによる資産所有・管理に象徴されるコミュニティ政策のパラダイム・シフトについて論じるとともに,英国の取り組みの日本へのインプリケーションについて考える.

## 1　英国における資産移転の状況

### (1)　資産移転の概念

　一般に,コミュニティへの資産移転とは,「自治体等の公的団体が所有する不動産資産(土地・建物)の所有・管理権をコミュニティ組織等に,自由保有権(Freehold)の譲渡や長期リースホールド(Long Leasehold)等の手法により,市場価格を下回る割引価格で移転(譲渡)する」[My Community HP[1]等]ことを意味する.

移転の対象となる公有資産は，基本的に公共サービスの提供等に利用されない余剰資産と認定されたもの（Declared Surplus to Requirements）に限られる．移転の受け皿となるコミュニティ組織は，コミュニティを基盤として活動する非営利組織であり，その代表的形態としては，CIC（Community Interest Company：コミュニティ利益会社）[2]，地域開発トラスト（Development Trust）[3]，チャリティなどが挙げられる．

移転手法については，万一の状況変化に際して自治体のコントロールが効く長期リースホールドを採用するケース[4]が最も一般的である［Audit Commission 2009：41；Gilbert 2016：20］．長期とは，概ね期間20〜25年以上のものをいう．

市価を下回る割引価格は，個々の資産移転がもたらす社会，経済，環境面での便益を考慮して設定されるため，案件ごとに大きく異なる．譲渡価格，リース価格を名目だけの額（1ポンドなど）とし，実質的に無償とするケースも多い．

### (2) 資産移転の政策的意義

英国では，1990年代以降，公的セクターの空洞化や公共サービスの断片化が進行するなか，コミュニティの民主的再生やサービス改善に向け，自治体等の公的団体とコミュニティ組織の協働が進展・拡大してきた．そしてそれに伴い，コミュニティはガバナンス，サービス供給の単位として重視されるようになった．

資産移転の意義は，一義的にはこのコミュニティ及びコミュニティ組織へのエンパワメントの促進にある［DCLG 2007：3］．コミュニティの意思決定への住民の主体的な関与を促し，ガバナンスの民主化，多元化を促進するとともに，自治体等に代わるサービス提供主体としてのコミュニティ組織の基盤強化を図ることが，資産移転の主目的に掲げられている．

一般に資産移転スキームでは，地域の中核的なコミュニティ組織（Community Anchor）が，譲渡・リースされた資産の所有・管理主体を引き受ける．コミュニティ組織は，資産を活動基盤として利用するだけでなく，資産からの収益により自らの財務基盤を強化し，その持続性・自立性の向上やサービスの維持・改善に努めることを求められる．また，コミュニティ組織は資産管理・運用を通して得た余剰益を地域のサード・セクター（非営利セクター）に再投資し，広くコミュニティに還元していくことを要請される．

資産移転の意義は，コミュニティの活性化や福利の増進，持続可能性の向上

という側面からも強調されている．英国では，近年，自治体の再編や人口の流出等を背景として，コミュニティの核，シンボルとなってきた公共施設の閉鎖・縮小が相次いでいる［DCLG 2011：16；LGA 2012a：5］．コミュニティ所有・管理によってそうした施設の維持・再生を図ることは，コミュニティの一体感醸成（ソーシャル・キャピタルの形成），空間再生（コミュニティ拠点の創出）といった面でも有効であると考えられている．さらに，サービスの質の改善や経済的価値の創造（新たな雇用，所得，事業機会の創出）といった観点からも，資産移転の意義が謳われている．

### (3) 資産移転[5]の実施状況

2016年に実施されたイングランドの自治体への調査によると，自治体の62%が資産移転戦略を策定しており，策定自治体の割合が増加傾向（2011年調査：40%）にあることがうかがえる．［Gilbert 2016：16；SQW 2011：B-11］．また，73%の自治体が過去5年間の間に，資産移転を実施していると回答している［Gilbert 2016：18］．

コミュニティに移転される資産（施設）の内訳をみると，コミュニティ・センター（地域活動拠点施設）が全体の53%を占め，最も多く，公園・競技場（42%）がそれに次ぐ［Ibid.：21-23］．このほか，スポーツ・余暇施設，図書館，住宅，教育施設等も資産移転の対象となっている．

資産所有・管理主体としては，CIC（22%）と地域開発トラスト（21%）が拮抗し，次いで，保証有限会社（14%），全国チャリティ組織地域支部（13%），協同組合（8%）の順になっている［Ibid.：23-25］．またなかには，法人格を有しない任意団体が所有・管理の受け皿になるケースもある．

資産移転の件数に関しては，2011年の調査においてイングランド全域で年間1000件ほどが進行中であると推計されている［SQW 2011：26］．しかしその後，2011〜2012年の間に40%程度増加するなど拡大傾向［LGA 2012b：5］が続き，近年は概ね年間1500件近くにのぼると報告されている［Rolph 2014］．自治体の余剰資産の状況からみて，資産移転の潜在的市場規模は，20億ポンド以上にのぼると推計されている［Bruni, Marks, Newman et al. 2017：6-12］．

## 2 コミュニティによる資産所有・管理をめぐる政策展開
——資産移転政策・コミュニティ入札権——

　公有資産のコミュニティへの移転は，2003年に地方自治法の一般処分同意 (General Disposal Consent) 事項が発令されたことで現実に動き始めた．この同意によって，自治体等の公的団体は，所管大臣の同意なしにコミュニティ組織等に公有資産を市価よりも低い割引（譲許）価格で処分することが可能になった．

　以降，2006年公表の「地方自治白書」(Local Government White Paper) など，様々な政府報告，政策文書のなかでコミュニティへの資産移転の推進が謳われることになった [DCLG 2006a]．なかでも影響力が大きかったのが，2007年に答申された政府諮問委員会報告，「クワーク・レビュー」(Quirk Review) であった．

　同レビューは，コミュニティ所有・管理のリスクを検証し，「その便益がリスクだけでなく機会費用をも上回る可能性がある」と指摘するとともに，「リスクは最小化でき，管理可能である」との見解を示した [DCLG 2007：7]．また，資産移転をめぐる現行制度の有効性を評価し，自治体が資産移転を行うに必要な権限を十分に有し，資産移転が既成の枠組みのなかで「実現可能な，合法的で潜在的に有益な選択肢」[DCLG 2008a：19] であることを認めた．こうした見解は，それまで資産移転への関心が希薄であった自治体に少なからぬインパクトを与え，以後，各自治体で資産移転戦略の策定が相次ぐこととなった [Audit Commission 2009：42]．

　加えて，クワーク・レビューは資産移転の推進に係る一連の政策提言を行い，政府は，その提言に沿って各種施策を導入した．コミュニティ・地方自治省 (DCLG) は資産移転に係るガイダンスを発行し，自治体等の意識啓発に努めただけでなく，デモンストレーション・プログラム（AACP：Advancing Asset for Communities Programme）[6] を開始し，実際に，資産移転を推進しようとする地域に対し，事業遂行能力向上などの観点から専門的知識や技術的助言の提供を行った．また，内閣府管轄下のサード・セクター庁 (OTS)[7] は「コミュニティ資産プログラム」(CAP：Community Assets Programme)[8] と呼ばれる補助スキームを創設し，資産移転に係る資金助成を実施した．

　さらに，政府は2008年公表の「エンパワメント白書」(Communities in Control: Empowerment White Paper) において，資産移転に係る情報，助言，研究の拠点

として資産移転ユニット（ATU：Asset Transfer Unit）設置の方針をうち出した［DCLG 2008b：119］．

そして翌2009年には，DCLGの財政支援のもと，地域開発トラスト協議会（DTA：Development Trust Association）の手によってATUの設立が図られた．ATUは様々な政府プログラムに関与し，特に，前述のAACP，CAPの実施に際しては，イングランドの自治体の約4分の1に相当する104自治体の173事業に対し直接的な支援を提供した［SQW 2011：18］．

2010年になると，ニューレーバーに代わって，連立政権が政権の座に就いたが，資産移転への政策的関心は基本的に継承された［Thorlby 2011：12］．資産移転は，連立政権が唱える「大きな社会」（Big Society）の理念を具現化するものと捉えられた［Rocket Science UK Ltd 2011：1］．

連立政権のもとでのコミュニティによる資産所有・管理に係る最も重要な取り組みは，2012年9月に発効した地域主義法（Localism Act 2011）の導入であった．同法は，コミュニティへのエンパワメントを促進するため，コミュニティに様々な権利[9]を付与し，資産の入札権（Community Right to Bid）もその1つとして認めた．

これにより，コミュニティ・グループ等[10]は，コミュニティにとって価値のある資産（Assets of Community Value）[11]を自治体に推薦することが可能となった（推薦にあたっては，資産移転の対象であった自治体が所有する資産だけでなく，民間所有の資産も対象となった）．

一方，資産の推薦を受けた自治体は，当該資産に価値が認められる場合，自治体ごとに作成する「コミュニティ・バリューを有する資産リスト」にそれを掲載し，その事実を推薦者や所有者に通知する義務が生じた［Clair London 2014］．他方，リスト掲載資産の所有者は，当該資産の売却を決定した際には，自治体にその旨通知することを求められた．

そして，リストに掲載された資産が売却される際には，入札への参加意向を示したコミュニティ・グループ等に対し，6カ月間の'完全猶予期間'（full moratorium period）が与えられた．この間に，コミュニティ・グループ等は，必要な資金の調達を行うなど，入札に向けた準備が可能となった．

連立政権はニューレーバーにならって，コミュニティ資産所有・運営助成プログラム（COMA：Community Ownership and Management of Assets Grant Programme）と呼ばれる，資産の所有・管理をめざす地域，コミュニティへの支援策

表6-1 資産移転と入札権の比較

|  | 資産移転（Asset Transfer） | 入札権（Right to Bid） |
| --- | --- | --- |
| 基本的位置づけ | 政策的推進 | 法定手続 |
| 対象資産 | 自治体所有資産 | コミュニティ・バリューを有する資産リストに掲載された資産 |
| 所有権 | 公的所有 | 公的・私的所有の双方 |
| プロセス | 交渉による | 地域主義法の規定に従う |
| 価値（譲渡価格） | 市場価値を下回る価格 | 市場価値（市場価格） |
| 条件 | 交渉による | 売却あるいは25年以上のリースホールド |

（出典） Rolph［2014］を筆者修正.

を導入した．このプログラムでは，コミュニティ・グループ等が実施する実現可能性調査への補助とともに，資産移転（及び入札権）による資産取得への補助も行った．プログラムは3カ年度（2012年7月～2015年3月）に及び，その間，延べ534の団体に総額176万ポンドにのぼる支援が行われた（実現可能性調査への支援プログラムは，2015年度にも実施）［Social Investment Business HP］．こうした支援策の効果もあり，コミュニティ・バリューを有する資産の件数は，イングランド全土で4000件以上に達している［Sandford 2017：7］[12]．

# 3 コミュニティ資産所有・管理の事例

### (1) 資産移転による資産所有事例
――タウンフィールド・コミュニティ・センター・プロジェクト[13]――

前述のサード・セクター庁（OTS）のコミュニティ資産プログラム（CAP）では，36のプロジェクトに対し，移転される建物の改修に要する資金が提供されるとともに，資産移転に係る専門的，技術的な支援が実施された．

このCAPの対象プロジェクトのなかで，比較的早期に資産移転が完了し，施設の供用を開始したものの1つが，ロンドン特別区の1つ，ヒリングドン・カウンシル（Hillingdon Council）にある「タウンフィールド・コミュニティ・センター」（Townfield Community Centre）である．

同センターは，従来，カウンシルの外郭団体，ヒリングドン・ホームズ（Hillingdon Homes）が所有していたが，築50年近い建物はバリアフリー対策が施されておらず，健康・安全上の問題も生じていたため，2005年に閉鎖された．

第6章　英国におけるコミュニティによる資産所有・管理

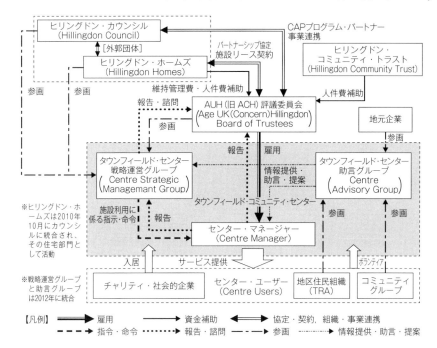

**図6-1　タウンフィールド・コミュニティ・センターの運営状況（資産移転当時）**
（出典）今井［2013：91］，原典はAge Concern Hillingdon［2010:17］．

　しかし，困窮地域である同地区には，他にコミュニティ・グループの活動スペースとなる場所がなく，閉鎖以降，住民たちはセンターの再開を要求し続けてきた．地区の住民組織（TRA：Tenants and Residents Association），移民団体等はグループを結成し，住民の意向調査などを行いながら，建物改修計画の検討・協議にあたった．建物を所有するヒリングドン・ホームズやカウンシルに加え，地区内で廉価なオフィス・スペースを求めるチャリティ等も協議に加わった．
　この協議のなかで，地区内に高齢者福祉サービスを提供するチャリティ団体，エージ・UK・ヒリングドン（AUH：Age UK Hillingdon）[14]が，その活動実績から改修後の建物所有・管理主体に選ばれた．資産移転の受け皿となったAUHは，コミュニティ資産プログラム（CAP）の申請にあたり，カウンシルのパートナーに位置づけられた（図6-1参照）．

CAPからは，このプロジェクトに対し約50万ポンドの助成が行われた．このほか，地区の地域開発トラスト（Hillingdon Community Trust）や関係団体等からも様々な補助を得たことで，プロジェクト事業費として総額約80万ポンドを確保できた．

　センターの建物改修は，2009年4月に始まり，2010年1月に完了した．床面積は30％ほど拡がり，貸オフィス・スペース，会議室，喫茶施設，IT機器・施設などが整備された．現在，貸オフィス・スペースにはAUHのほか，4つのチャリティ・社会的企業が入居し，会議室等の施設は地区住民組織等の活動の場として利用されている．AUHは，ここを拠点に高齢者等を対象に福祉サービスの提供を行う一方，地区の憩いの場としてコミュニティ・カフェを施設内で運営している．このほか，センターではAUHやカウンシルを含む様々な団体の主催・共催により，学習，芸術・文化等の各種講座が開講されているほか，就業へとつながる各種訓練やボランティアの機会が提供されている．

　なお，地域中核拠点としての機能向上等の観点から，センターの再拡張が近い将来予定されている．様々なファンドから資金調達して新たに多目的ホールやスポーツ・運動施設を整備し，青少年活動等の拠点とすることで，センターをコミュニティのあらゆる世代の利用に供する計画が立てられている．

　資産移転にあたり，ヒリングドン・ホームズとAUHの間においてパートナーシップ協定と期間25年のリースホールド（賃貸契約）が締結された．それにより，AUHは'名ばかりの賃料'（Peppercorn Rent）を支払うことで，実質的に施設の無償貸与を受けることになった．また，ヒリングドン・ホームズが施設の維持管理費として契約期間中，年間1万ポンドを提供することが約された．

　AUHが所有・管理主体となったことで，建物の保全に係る最終責任はAUHの「評議委員会」が担うことになった．しかし実際のところ，センターは様々なステークホルダーとのパートナーシップのもと運営されている．意思決定機関としては，AUH，カウンシル，ヒリングドン・ホームズの3者によって「戦略的運営グループ」が構成され，その場で施設利用や長期リース等に係る方針決定がなされている．また，地区住民組織，コミュニティ・グループ，地元企業らによって結成された「助言グループ」が諮問機関として，センターに情報提供，助言，提案等を行っている（2012年に両グループは統合された）．

　センターには，運営責任者としてマネージャーのポストが設置されている．マネージャーは，センターでの事業実施の責任を担い，AUH及び戦略的運営

グループに報告義務を負う．センターでは，マネージャーの他に3名のスタッフが雇用されているが，センターの日常管理業務の多くは，約30名にものぼるボランティアの手に委ねられている．

### (2) 入札権による資産所有事例
────アイビー・ハウス[15]────

近年，コミュニティの社交・交流の場であり，街のランドマークであるパブ（Pub：Public House）の閉店が英国各地で相次いでいる．こうしたなか，コミュニティ自身が組合等を設立してパブを所有・運営するケースが増えてきている．2017年11月現在，イングランド全域で52の組合パブ（Co-operative Pub）が営業している［Plunkett Foundation HP[1]］．

ロンドン南部のナンヘッド（Nunhead）地区のアイビー・ハウス（The Ivy House）も，そうした組合パブの1つである．アイビー・ハウスはロンドン初の組合パブであり，その建物はロンドンで「コミュニティ・バリューを有する資産リスト[16]」に第1号として登録された資産である．それはまた，入札権を行使してコミュニティが所有したイングランドで最初のパブでもある．

アイビー・ハウスのコミュニティ所有への動きは，当時の所有企業が2012年4月の閉鎖を公表した時に始まる．開業した1930年代当時のクラシックな内装をそのまま残し，結婚式場や地元バンドのライブ演奏会場として利用されてきたアイビー・ハウスの閉鎖は，コミュニティに大きな衝撃を与え，発表後すぐに地域の中心的な弁護士，都市計画家らが結成したコミュニティ・グループによってその存続運動が始まった．

運動グループは，フェースブック等を通じて救済を呼びかけ，賛同者を得るとともに，地元選出の下院議員や地元メディアをも動かした．そして，内装・建築面だけでなく，パブ・ミュージックのステージとして音楽史の側面からも価値の高いアイビー・ハウスの建物全体を文化遺産として登録申請した．登録は閉鎖の直前にイングリッシュ・ヘリテッジ（English Heritage）によって認定され，以後，許可なしに建物の内装・外装の改修は認められなくなった．

閉鎖後，運動グループは建物の購入に向け，事業計画の作成と資金の捻出にあたったが，2012年9月に所有企業は不動産事業者への売却を決めた．事業者はパブの内装を取り去り，建物全体を集合住宅に改修する計画を立てた．

運動グループは，ちょうどそのタイミングで地域主義法が発効し，コミュニ

ティ入札権を行使できることを知った．そこで，ATUを運営していた全国的支援組織であるローカリティ（Locality：DTAの後継団体）や地元団体の支援のもと，ロンドン特別区の1つ，サザーク・カウンシル（Southwark Council）にアイビー・ハウスを，「コミュニティ・バリューを有する資産リスト」に掲載するよう申請した．そして，カウンシルが2012年10月にこの申請を認めたことで，アイビー・ハウスは競売を免れ，運動グループは法律にもとづき6カ月間の猶予期間を与えられた．

この間，運動グループは本格的な資金調達に乗り出し，イングリッシュ・ヘリテッジから建物の購入資金（及び開業時の運転資金）として55万ポンドの貸付金を得るとともに，前述のコミュニティ資産所有・運営助成プログラム（COMA）から，資産取得に活用できる45万ポンドの補助金を獲得した．このようにして，総額100万ポンドにものぼる資金を集めることに成功した運動グループは，2013年2月に所有の受け皿となる法人（Ivy House Community Pub Limited）をコミュニティ益増進組合（Community Benefit Society）[17]として設立し，同年3月，不動産事業者から81万ポンドで建物を購入した．

同法人は，購入手続き完了後すぐ，コミュニティ・シェアーズ（Community Shares）[18]のスキームを活用してアイビー・ハウスの株を発行し，地元住民等から広く出資（1人当たり200～2万ポンド）を募った．締め切りの2013年3月末までに，371人から目標の10万ポンドを大きく上回る14万2600ポンドもの出資を集めることに成功した．そしてこの資金を利用して，建物の修繕・改修や設備の更新を進めるとともに，新たに正規スタッフを雇用し，2013年8月，パブの再オープンを果たした．

再開後のアイビー・ハウスの経営は順調に推移している．パブ部分の売上が堅調なうえに，ボールルーム等の利用も盛況である．結婚式やライブ演奏に加え，ダンス・ヨガ，編み物，料理の教室や，高齢者を招待しての無料昼食会，成人男性を対象としたメンタル・ヘルス講座など，コミュニティの集会施設として多様なイベントを受け入れるようになっている．そのハブ機能が認められ，2014年には南東ロンドン地区の年間最優秀パブにも選出された．今後，アイビー・ハウスは，現在使用されていない建物の西半分に新たなスペースを設け，イベント・プログラムをさらに充実させようとしている．

アイビー・ハウスの日常業務の管理・運営については，専任のマネージャーとアシスタント2名の手に委ねられている．．店舗・施設では，マネージャーの

指揮・監督のもと，約20名のスタッフが業務にあたっている．

　意思決定機関としては，「経営委員会」が設置されている．委員会は中長期に及ぶ経営方針の決定や財務・経営状況の監督などの責務を担っている．現在，委員ポストには当初の運動グループのメンバーを中心に地元住民8名が無給で就いている．委員の選任は，通常のコミュニティ益増進組合と同じように，年次総会の場で構成員（出資者）が（出資額にかかわらず）1人1票を投じる形で行われている．

## おわりに

### (1) コミュニティ政策のパラダイム・シフト

　2010年5月に政権の座に就いた連立政権は，「大きな社会」の名のもと，近隣住区やコミュニティがより多くの権力と責任を保持し，それを活用することで，よりよい公共サービスとアウトカムを創造する社会の構築を訴えた［HM Government 2010：12］．すなわち，コミュニティに権限を移譲し，その主体性を喚起することで，コミュニティの個人，団体の自助を促進する方向性をうち出した．そして，地域主義法のもと，パリッシュ（Parish）等の地域自治の仕組みだけでなく，地域運営主体となり得るCIC，地域開発トラスト等のコミュニティ組織にも，資産所有・管理，サービス供給，計画策定などの面で大幅な権限が付与された．

　こうした'自助モデル'［Bailey and Pill 2015］への転換の背景には，資源立脚アプローチ（Asset-based Approach）と呼ばれるコミュニティ開発の実践的方法論が存在する［Kretzmann and McKnight 1993］．それはコミュニティが有する有形・無形の資産を発掘，活用することで，コミュニティ自身による主体的な問題解決をめざすものであり，地域の弱み，欠点を探るよりもむしろ地域の強み，機会に目を向けていくところに，その本質がある．

　コミュニティによる資産所有・管理は，まさにこのコミュニティの主体性に依拠した資源立脚アプローチの実践手段であり，大きな社会，地域主義の中心的要素［Aiken, Cairns, Taylor et al. 2011：81］に位置づけられるものである．その拡大は，'フロー中心からストック（アセット）重視へ'，すなわち一般予算の補助・委託事業などでの活動支援から，既存資産の活用による基盤強化，プラットフォーム構築へと，コミュニティ政策の軸足が移りつつあることに他ならな

い［Moor and Mckee 2014：5］．

　サード・セクターの中間支援団体の全国組織であるNAVCA（National Association for Voluntary and Community Action）の2016年の調査によると，メンバーの約5割が資産移転，約3割がコミュニティ入札権に関与した（もしくは現在関与している）と回答している．このことから，コミュニティ開発の現場でも，コミュニティによる資産所有・管理が既に定着・浸透している実態がうかがえる［NAVCA 2017：7］．

　しかしながら，このコミュニティによる資産所有・管理は，必ずしも，大きな社会の実現やエンパワメントの推進という政策理念のためだけに導入されてきたわけではない．厳しい財政制約に対応しなければならない政府，自治体の切迫した事情もその導入の背景にはある．

　連立政権は，発足当初より財政赤字の削減に向け超緊縮財政を敷くことを謳い，2010年度から向こう4カ年のコミュニティ・地方自治省（DCLG）の地方自治体予算を27％，コミュニティ予算を51％削減することを決定した［Lowndes and Pratchett 2012：23；HM Treasury 2010］．これにより，各自治体の財政は逼迫し，その状況は保守党単独政権（2015年5月発足）下の今も続いている［HM Treasury 2015］．

　このため，自治体では保有資産の市場売却による資金捻出や，資産移転に伴う維持・管理費，更新費の削減が重要な懸案事項となっている．実際，自治体への調査でも，資産移転の理由として，'参画の拡大・パートナーシップ形成'と，'コスト削減・資金の節約'を挙げる回答がほぼ拮抗している［SQW 2011：B-11；Gilbert 2016：17］．すなわち，コミュニティによる資産所有・管理は，エンパワメント（協働）の理念と財政（効率）の論理の両面から推進されてきたといえる．

　また，こうした政府，自治体の財政逼迫に伴い起きつつあるのが，'公的支出から社会的投資への転換'である．連立政権は，コミュニティ支援プログラムの簡素化を図り，公的支出を削減する一方で，多様なコミュニティ投資ファンドの組成を促した［Wyler and Blond 2010：33］．その結果，社会的投資は2015年までの5年間で概ね年率20％の成長を遂げるに至っている［Robinson 2016：11］．特に，コミュニティ組織のニーズに合致したリスク・キャピタル（株式等）の供給拡大には著しいものがある．2015年末段階で社会的投資の総額は全英で15億2500万ポンドにのぼり，3000以上のチャリティや社会的企業がその恩

恵を被っている［Ibid.：9］．

　こうした社会的投資の拡大が，コミュニティ組織の資金需要を支え，コミュニティによる資産所有・管理を促進するうえで大きな役割を果たしている．公的支援の拡大が見込めないなか，コミュニティ組織にとって資金源としての社会的投資のウェイトは将来さらに高まると予想されている［Swersky and Plunkett 2015：12］．一方，所得・収益を生み出す資産所有・管理プロジェクトは，コミュニティ・サービスなどコミュニティ全般への社会的投資の触媒になる可能性を指摘されている［Aiken, Cairns, Taylor et al. 2011：51］．今後，投資の受入れ，呼込みを図ろうとするコミュニティ組織にとって，企業家的アプローチの導入は不可避なものとなろう［Thorlby 2011：43］．

　以上みてきたように，連立政権は資産移転など前政権のコミュニティ政策の一部を継承しつつも，'過去との分断'［Lowndes and Pratchett 2012：22］と呼ばれるほどの大きな政策転換を図った．すなわち，連立政権は地域主義法を通じ，コミュニティに大胆な権限移譲を図るとともに，公有資産の活用や社会的投資の拡大など，コミュニティの自立促進に向けた条件整備を進めた．しかしその一方では，緊縮財政のもとコミュニティ支援プログラムの大幅な削減を行った．
　連立政権以降，大きな社会を具現化するものとして政策の柱となってきたコミュニティによる資産所有・管理の取り組みも，この公的支援縮小の影響を免れていない．コミュニティ・バリューを有する資産のリスト化，可視化が図られ，また，財政難の自治体が処分する所有資産の数が増加し，コミュニティにとって資産所有・管理のチャンスは拡大している一方で，資産所有・管理の受け皿となるコミュニティ組織のビジネスモデル構築への公的支援は大幅に削減されている（コミュニティ資産所有・運営助成プログラム（COMA）も2015年度末で終了）．このため，資産移転などは拡大しているものの，資産の供給ほどには活用が進んでおらず，公的支援の強化が改めて要請されている［Alakeson 2016］．

## (2)　日本へのインプリケーション

　日本の自治体でも，人口減少・少子高齢化や市町村合併，財政制約の深刻化等を背景に，所有資産の見直し（公共施設の集約化，整理・再編）が進みつつある．各自治体は，英国の自治体同様に資産管理方針を策定し，余剰資産の売却等の処分により，所有資産の総量抑制・縮小に努めるとともに，貸付・転用等によ

り資産の有効活用を図ろうとしている．その結果，自治体から地縁団体等への集会施設等の無償譲渡やコミュニティ主導による廃校施設の再利用などが進みつつある．

　他方，日本の地域コミュニティに目を転じると，資産所有・管理の受け皿となり得るコミュニティ組織の台頭が著しい．新たに設立されたコミュニティビジネス，社会的企業，まちづくりNPO等が指定管理者となり施設運営に携わるとともに，各種サービスの提供や店舗経営等にあたり，公共サービスの隙間を埋めつつある．

　社会的投資の分野においても，東日本大震災の復興過程で被災地応援ファンドが組成されるなど，クラウド・ファンディングの拡大が目立つ．また，中山間地域等では，閉鎖の際にある地元店舗の存続のために，英国のコミュニティ・ショップ (Community Shop)[19]のように，住民出資で会社を設立し，事業を承継するケースも見受けられるようになっている．

　こうした公有資産，コミュニティ組織，社会的投資の状況を鑑みると，日本でも，コミュニティによる資産所有・管理の本格的な導入を検討すべき段階にきていると思われる．そして，その導入に向けては，公有資産の運用を行革の論理である資産管理政策，すなわち効率性アジェンダだけでなく，コミュニティ政策やボランタリー政策，地域経済政策とのポリシー・ミックスのもと議論していく必要がある．すなわち，'エンパワメントの発想に立ったアセット・マネジメント'の実現を図る必要があろう．そしてそのためには，公有資産を地域活性化，福利増進，事業創出など，様々な課題を解決する手段と捉え，そのコミュニティ・バリュー，社会的価値を再評価する仕組みの構築が必要となる．

　資産移転スキームの具体的検討にあたっては，英国の事例の分析をもとに，現行の指定管理者制度に対するコミュニティによる資産所有・管理のアドバンテージ（長期展望のもとでの施設運営，施設の改変と使途の変更，施設を担保とした資金調達等）の的確な評価が求められよう．また，空き家・空き店舗，遊休施設が目立つようになった日本の地方都市等の現状を鑑みれば，地域主義法で担保されているコミュニティの民間資産への入札権についても，まちづくり，地域再生，経済活性化等の観点から，その導入を視野に入れるべきであろう．

　他方，コミュニティによる資産所有・管理の本格展開を図るには，関連制度の見直しも検討されねばならない．地域運営組織の法人形態をめぐっては，既

に議論が始まっているが,英国のCICやコミュニティ益増進組合なども参考にしながら,資産管理・運営主体としてのコミュニティ組織に相応しい新たな法人格の検討が求められる.

さらに,社会的投資をめぐっても,インセンティブの付与が期待される.国が地方創生の一環として,株式会社化する地域運営組織への住民出資に対し,所得税の控除制度を時限的に設けたが,こうした税制面での優遇措置が今後拡大し,恒久化していくことが望まれる.加えて,社会的投資とともに,地域金融機関等による地域内再投資(コミュニティ開発金融)の拡大に向けた制度整備なども重要となる.

このようにコミュニティによる資産所有・管理は,単にその施策化だけで実現するものではなく,財政,法制度,税制,金融など,様々な側面からの条件整備が必要であり,その普及・拡大に向けては,依然乗り越えるべき多くのハードルが存在する.しかし,コミュニティによる資産所有・管理が,地域資源の活用による主体的,自立的な地域づくりという,地方創生の本旨に叶ったものである以上,それはまさに今取り組むべき,今日的な課題といえ,その導入に向けた本格的な議論が望まれる.

**注**

1) コミュニティによる資産所有・管理は,英国各国(イングランド,スコットランド,ウェールズ,北アイルランド)で実施されているが,本章においては,イングランドの取り組みについて具体的な記述(1(3)以降)を行っている.
2) CICは,社会的企業を対象として2005年に創設された新たな法人制度である(第Ⅰ部第5章参照).CICの数は,2016年3月末時点で約1万2000社にのぼる.
3) 地域開発トラストは,特定の地域,コミュニティの再生を目的として,コミュニティが多様な主体と連携して設立した非営利の独立組織の呼称である.その数は,英国全土で600以上にのぼる.地域開発トラストの多くは資産を保有し,その運用収益を原資として様々な自主事業や助成活動を行い,資産移転の受け皿組織のモデルとなってきた.法的な規定は存在しないが,チャリティの資格や保証有限会社の法人格などを有するものが多い.
4) 自由保有権の譲渡や長期リースホールドとともに,短期リースホールド,テナント契約(Tenancy Agreement),占有権(License to Occupy)による資産移転も行われている.なお,長期リースホールドは,担保も設定でき,日本でいうところの「所有権」の概念に近い.借り主は,自由保有権保有者と同等の責任(修繕・保険費用の負担等)を負う.
5) 2006年のコミュニティ・地方自治省(DCLG)の報告[DCLG 2006b:1]によると,

イングランド，ウェールズには，約1万8000のコミュニティ所有の建物が存在する．
6) コミュニティ・地方自治省（DCLG）が年間100万ポンドを提供し，実施したプログラム．イングランドの89自治体の93地区で実施された．2007年9月に公表され，2011年まで計4期にわたり実施された．
7) ニューレーバー下のサード・セクター庁（OTS：Office of the Third Sector）は，2010年，連立政権によって市民社会庁（OCS：Office for Civil Society）に改名された．
8) サード・セクター庁（OTS）が創設した，コミュニティ組織への移転が予定されている自治体所有建物の改修費用を助成する制度．総額3000万ポンドの予算のもと，イングランドの困窮地域における36の資産移転プロジェクトに対し，資本費用（平均80万ポンド弱）の補助を実施した．プログラムは2007年9月に発表され，2008年3月に対象プロジェクトが公表された（事業対象期間：2009〜2011年度）．実際のプログラム運営には，宝くじ財団（Big Lottery Fund）があたり，資産移転ユニット（ATU）が，各プロジェクトに対し専門的，技術的な支援を提供した．
9) 地域主義法では，入札権のほか，住宅，店舗，施設の建設などの小規模開発を実施する権利（Community Right to Build：建設権）や，既存の公共サービスに代わる新たなサービスを提供する権利（Community Right to Challenge：挑戦権）をコミュニティに認めた．
10) チャリティ，CIC，協同組合などのコミュニティ組織だけでなく，任意団体も21人以上のメンバーを有していれば推薦できる（但し，任意団体は資産の入札には参加できない）．また，パリッシュ，近隣フォーラム（Neighbourhood Forum）といった地域自治の仕組みからの推薦も可能とされている．
11) 地域主義法は，コミュニティにとって価値のある資産を「現在，その本格的，実際的な利用により，地域コミュニティの社会的福利，利益の増進に寄与しており，かつ今後もそうあり続け得ると現実的に考えられる建物あるいは土地」（2011年地域主義法第88条第1項）と規定している．
12) コミュニティ・地方自治省（DCLG）が英国議会に提出した資料によると，2012年から2014年の間に，同省の支援で少なくとも150件のコミュニティ所有が実現し，さらに100件が2015年3月末までに進行中であると報告されている［DCLG 2014］．
13) 本事例の記載内容は，主にタウンフィールド・コミュニティ・センターのマネージャーであるジュリー・クリフォード（Julie Clifford）氏へのヒアリング（2012年9月12日）に基づくものである．
14) 申請当時の名称は，Age Concern Hillingdon．2010年4月に，Age Concernの全国組織，Age Concern UKがHelp the Agedと統合し，Age UKの新名称になったことに伴い，現名称に変更．なお，Age UKは連盟組織であり，Age Concern Hillingdonなどの地域支部はそれぞれ組織運営上の自治と独立性を保っている．
15) 本事例については，Ivy House Community Pub LimitedやMy Community（地域主義法で認められたコミュニティの権利やその活用にあたっての補助メニューを紹介するポータル・サイト）等のホームページや各種資料にもとづき記述を行った［Ivy House HP, My Community HP$^2$, London Assembly 2013等］．

16) イングランドでは，コミュニティ・バリューを有する資産リストに掲載された資産のうち1250件がパブの物件で占められている［Plunkett Foundation HP[1]］．
17) コミュニティ益増進組合は，(自らのメンバーシップを越えた) 広範なコミュニティの利益に貢献することを目的に，協同組合・コミュニティ益増進組合法 (The Co-operative and Community Benefit Societies Act 2014) に基づき登録される法人形態の1つ．コミュニティ益増進組合では，利益から株式資本に対し一定の利子の支払いが認められているが，メンバーに対する配当金の支払いは認められていない．また，法定のアセット・ロック（資産譲渡制限条項）を設定することができる．
18) コミュニティ・シェアーズのスキームは，コミュニティビジネスへの持続的な資金供給メカニズムとして生み出されたものである．現在，地域，コミュニティにおける店舗・パブの救済，再生エネルギーへの投資，コミュニティ施設の改修，地元農産品の生産拡大，サッカー・クラブの運営支援，歴史的建造物の修復などを目的として，英国各地でその導入が進んでいる．このスキームのもと，2009年以来，全英で約12万人が約1億ポンドを約400のコミュニティビジネスに対し投資している［CSU 2016：1］．

なお，コミュニティ・シェアーズは，「アセット・ロック（資産譲渡制限条項）を規約に位置付けた組合（協同組合，コミュニティ益増進組合）が発行する譲渡（売却）不可能，引き出し可能な株式（withdrawable share）」［Ibid．：21］であり，一般の株式とは性格を異にする．
19) コミュニティ・ショップは，英国の農村コミュニティにおいて必要不可欠な小売・販売網を守るため，コミュニティ自身で設立・運営される店舗である．2017年1月現在，英国全土で349のコミュニティ・ショップが運営されている［Plunkett Foundation HP[2]］
20) 「地域を支えるサービス事業主体のあり方に関する研究会」（経済産業省：2015年11月～2016年4月）や「地域の課題解決のための地域運営組織に関する有識者会議」（内閣府：2016年3月～12月）などの場で，地域運営組織に適した法人格の検討が行われている．

**参考文献**

今井良広［2013］「英国におけるアセット・トランスファーの政策的展開」『非営利法人研究学会誌』15．
Clair London（(一財) 自治体国際化協会ロンドン事務所）［2014］「マンスリートピック（2014年12月）：地域の価値ある資産を住民が守る制度『地域コミュニティの入札の権利』～ スケートボード場やパブなど既に多数の利用例」．
Age UK Hillingdon [2010] *Townfield Community Centre' A Vibrant Living a Breathing Community Hub' Business Plan*, London: Age UK Hillindon.
Aiken, M., Cairns, B., Taylor, M. and Moran, R. [2011] *Community Organisations Controlling Assets: a Better Understanding*, York: Joseph Rowntree Foundation.
Alakeson, V. [2016] "Community Asset Transfers Must Not Turn into Liabilities," Public Finance, 3 Mar 16 (http://www.publicfinance.co.uk/opinion/2016/03/community-asset-transfers-must-not-turn-liabilities, 2018年1月30日閲覧）．

Audit Commission [2009] *Room for Improvement, Strategic Asset Management in Local Government, National Report June 2009*, London: Audit Commission.

Bailey, N. and Pill, M. [2015] "Can the State Empower Communities through Localism? An Evaluation of Recent Approaches to Neighbourhood Governance in England," *Environment and Planning C, Government and Policy*, 33.

Bruni, F., Marks, R., Newman, S. and Ruseva, V. [2017] *The Economics of Community Asset Transfers: An Economic Framework to Define and Measure Social Value in Community Asset Transfers: A Pro Bono Economics Report for Power to Change*, London : The Power to Change Trust.

CSU (Community Shares Unit) [2016] *Investing in Community Shares*, London : CSU.

DCLG (Department for Communities and Local Government) [2006a] *Strong and Prosperous Communities: The Local Government White Paper*, Vol.1, Cm 6939-I, London: DCLG.

DCLG (Department for Communities and Local Government) [2006b] *Community Assets: The Benefits and Costs of Community Management and Ownership*, London: DCLG.

DCLG (Department for Communities and Local Government) [2007] *Making Assets Work, The Quirk Review of Community Management and Ownership of Public Assets*, London: DCLG.

DCLG (Department for Communities and Local Government) [2008a] *Building on Strong Foundations: A Framework for Local Authority Asset Management*, London: DCLG.

DCLG (Department for Communities and Local Government) [2008b] *Communities in Control: Real People, Real Power*, Cm 7427, London: DCLG.

DCLG (Department for Communities and Local Government) [2011] *Localism Bill: Community Right to Buy Impact Assessment*, London: DCLG.

DCLG (Department for Communities and Local Government) [2014] *Further written evidence submitted by the Department for Communities and Local Government*, [CRS 46] : http://data.parliament.uk/writtenevidence/committeeevidence.svc/evidencedocument/communities-and-local-government-committee/community-rights/written/16834.html (2018年1月30日閲覧).

Gilbert, A. [2016] *A Common Interest: The Role of Asset Transfer in Developing the Community Business Market*, London : The Power to Change Trust.

HM Government [2010] *Building a Stronger Civil Society: A Strategy for Voluntary and Community Groups, Charities and Social Enterprises*, London: HM Government.

HM Treasury [2010] *Spending Review 2010*, Cm 7942, London : The Stationery Office.

HM Treasury [2015] *Spending Review and Autumn Statement 2015*, Cm 9162, London : HMSO.

Ivy House Community Pub Limited HP (http://www.ivyhousenunhead.com/, 2018年1月30日閲覧).

Kretzmann, P. J. and McKnight, J. L. [1993] *Building Communities from the Inside Out: A*

Path Toward Finding and Mobilizing a Community's Assets, Skokie, IL: ACTA Publications.

Lamb, D. [2016] Community Rights- An Overview (http://brick-work.org/wp-content/uploads/2016/01/160107_SW17_Locality.pdf, 2018年1月30日閲覧).

LGA (Local Government Association) [2012a] *Empowering Communities: Making the Most of Local Assets, A Councillors' Guide*, London: LGA.

LGA (Local Government Association) [2012b] *Empowering Communities: Making the Most of Local Assets, An Officer Companion Guide*, London: LGA.

London Assembly [2013] *Planning Committee, Thursday 10 October 2013 2.00 pm, Minutes - Appendix 2 - Protecting Assets of Community Value Transcript*.

Lowndes, V. and Pratchett, L. [2012] "Local Governance under the Coalition Government: Austerity, Localism and the 'Big Society'," *Local Government Studies*, 38(1).

Moor, T. and Mckee, K. [2014] "The Ownership of Assets by Place-Based Community Organisations: Political Rationales, Geographies of Social Impact and Future Research Agendas," *Social Policy and Society*, 13(4).

My Community HP[1] (http://mycommunity.org.uk/take-action/land-and-building-assets/community-asset-transfer/, 2018年1月30日閲覧).

My Community HP[2] (https://mycommunity.org.uk/case_study/the-ivy-house-pub-the-first-community-owned-pub/, 2018年1月30日閲覧).

NAVCA (National Association for Voluntary and Community Action) [2017] *State of Local Infrastructure Findings from the 2016 NAVCA Chief Officer Survey*, Sheffield：NAVCA.

Plunkett Foundation HP[1] (https://www.plunkett.co.uk/co-operative-pubs, 2018年1月30日閲覧).

Plunkett Foundation HP[2] (https://www.plunkett.co.uk/community-shops, 2018年1月30日閲覧).

Robinson, M. [2016] *The Size and Composition of Social Investment in the UK: Social Investment Series*, London：Big Social Capital.

Rocket Science UK Ltd [2011] *Appendix C, Policy Review Update to 17th January 2011*, London: Big Lottery Fund.

Rolph, S. [2014] Asset Transfer Right to Bid, (http://locality.org.uk/wp-content/uploads/Community-Right-to-Bid-and-asset-transfer.pdf, 2018年1月30日閲覧).

Sandford, M. [2017] *Assets of Community Value*, London: House of Commons.

Social Investment Business HP (http://www.sibgroup.org.uk/fileadmin/tsib_users/docs/Copy_of_FINAL_CASG_Awards_with_Sectors_and_Regions.xls, 2016年11月30日閲覧).

SQW [2011] *Final Evaluation of the Asset Transfer Unit: Car Parks and Castles: Giving Communities the Keys, Final Report*, Cambridge: SQW Consulting.

Swersky, A. and Plunkett, J. [2015] *"What If We Ran It Ourselves?" : Getting the Measure of Britain's Emerging Community Business Sector*, London: Power to Change Trust.

Thorlby, T. [2011] *Finance and Business Models for Supporting Community Asset Ownership and Control*, York: Joseph Rowntree Foundation.

Wyler, S. and Blond, P. [2010] *To Buy, to Bid, to Build: Community Rights for an Asset Owning Democracy*, London: NESTA and ResPublica.

# 第 7 章

# 市町村合併と集落支援型NPO

## はじめに

　平成の合併によって全国の自治体の数は大きく減少した．合併前の各自治体は合併を巡って様々な意思決定を迫られた．特に，小規模な自治体で大規模自治体に吸収される形で合併が行われる場合には，議会と首長という意思決定の場所が物理的，心理的に離れたものとなり，自分たちの意思が行政に反映されにくくなること，様々な行政サービスが吸収する自治体の基準に合わせられること，さらには，合併後は被合併自治体が周縁的な存在として行政サービスが低下したり，優先順位が下がったりといった点が危惧された．このため，合併を選択した自治体において，旧町村の自治の範囲内において，自分たちのアイデンティティや地域の歴史を継承し，行政サービスの低下を招かないことなどを目的として，集落型のNPO法人もしくは住民自治組織が全国各地域で設立されることとなった．本章では，このような事例として主として静岡県内の旧由比町，旧佐久間町のNPO法人を取り上げることにより検証する．また，これらの住民自治組織は地域自治区などと密接に関連しているため，合併に伴う自治体内分権制度も併せて見ていくこととする．

　静岡県では，平成の合併は，2003年の旧静岡市と旧清水市の合併を皮切りに2010年の富士宮市の芝川町の編入，湖西市の新居町の編入で終焉している．その結果，2003年には74あった基礎自治体が2010年には35に減少している（**図7-1**）．

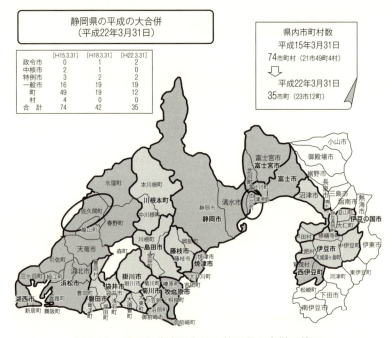

**図 7-1　2010年度末における静岡県の合併の状況**

（出典）静岡県ウェブページ（http://www.pref.shizuoka.jp/kikaku/ki-200/index2.html, 2018年4月1日閲覧）を筆者加工.

## 1　合併と自治体内分権制度

### (1)　平成の合併

　平成の合併の要因については，様々な論者が論考を発表している．直接のトリガーとなったのは，第27次地方制度調査会の西尾私案と地方交付税の段階補正の縮小であるが，1990年代になってなぜ，市町村合併が急に浮上してきたのかに関しては，様々な考え方が示されている．一般的には，行政改革の一環と，分権の受け皿論であるが，当時都市型にシフトしていた与党の国政政治家が中央の意思を地方に伝達しやすいようにするための思惑があったとの推察がなされている［西尾 2002：87；今井 2008：2-42；2017：90］．また，国の誘導策だけに関わらず，最終的には自治体がそれを積極的に受け入れていったことも要因と

してあげられている．これは，自治体にとって財政出動という社会経済問題であり，最後の公共事業のチャンスであったことを意味する［今井 2008：57］．さらに，その背後には国際的な統治機構の再編の潮流が存在しているといえよう［宮本 2018:5］．しかし，いずれにしても，吸収される側の自治体にとっては，決定権が遠方に移動することになり，自分たちの意思が行政に反映されなくなるという住民自治が低下したという点については，大方の異論のないところであろう［全国町村会 2008等］．

### (2) 自治体内分権制度

　国は，合併を促進するために，住民自治の低下といった住民の不安を緩和するために，合併特例法に基づく地域審議会，合併特例区協議会（合併特例区），地域協議会（地域自治区）を準備した．また，地方自治法の改正によって，自治法に基づく地域協議会（地域自治区制度）も導入された（第Ⅰ部第9章参照）．しかしながら，2017年現在，全国的に見てこれらの制度の導入はそれほど進んでいるとは言えない．自治法の地域自治区制度は，住民の選挙による議会を持つわけでもなく，時限的な合併特例区を除いて決定権を持たないので，基本的には，諮問機関的なものである[1]．

　それでも，上越市のようにこの制度を最大限活用して住民自治を推進している先進地域もある[2]．日本には自治会の存在があり，小学校区レベルの連合自治会が行政に対する事実上の諮問機能的な役割を果たしているため，屋上屋になったり，それらの組織との関係性が複雑になる．また，決定権を与えると既存自治体議会との関係が課題となる．また，一般法（自治法）の地域自治区は構成員の報酬が認められていないこともあり，なり手が確保できるかどうか，現在の自治会と同様の問題も発生する[3]．

　また，全国的に見て，現在は，むしろ，条例等に基づいて，自治体が独自に地域協議会のようなシステムを作り始めている．また，地域を代表するという点を担保するため，自治会連合会長を必ず構成員に入れ，かつ，婦人会などの各種地域団体の代表者を構成員とした組織構造になり，自治会連合会が名前を変えただけのような組織もあるが，自治会とは一線を画した住民組織になっているのが一般的である．また，地方創生の関係から地域運営組織の議論［総務省 2016］や小規模多機能ネットワーク推進会議による地域自治組織の議論[4]が活発化している．これらについては，現在進行形であり，別稿に譲りたいが，そ

の要因は，平成の合併により，被合併自治体を中心として地域の空洞化が進行していること，高齢化，人口減少等により，既存の自治会等の加入率が低下していることが要因としてあげられる．

　ここでは，吸収された自治体がどのようにして自治やアイデンティティ，発言力を確保しようとしたかという観点から，静岡県内の事例を考察する．

## 2　由比町の合併

### (1)　旧由比町

　旧由比町は，1889年の町村制施行に伴い，いくつかの村が合併して成立した．西に薩埵峠があり，歴史地理学的には関東政権（江戸・鎌倉・小田原）と東海政権（駿府）の境界となってきた．江戸時代には東海道由比宿の宿場町として賑わった．由比町は，合併前の2008年において，人口は9085人，明治の町村制施行前の藩政村単位とほぼ一致する11の地区から成り立っており，各区長からなる区長会が存在した．また，区長会の事務は由比町の職員がバックアップしていた．合併後は，区は自治会に名称を改めたが機能的にはほぼ同じである．ただし，後述するように，政令市の中の行政区（清水区）の1地区となったため，町が存在していたときと比較して自治会に対する行政の手厚いバックアップは受けることができなくなった．

### (2)　平成の合併

**都市圏から見た構造**

　1961年の「新市町村建設促進法」に基づき，庵原郡の興津町・袖師町・小島村・庵原村・両河内村の二町三村が清水市と合併したことにより，庵原郡は東端に位置する由比町・蒲原町・富士川町の三町となった．このため，旧清水市，旧富士市の間に，富士川町，蒲原町，由比町が存在し，庵原郡を形成していた．これらの町は，地勢的，経済的に旧来からの結びつきが強く，昭和40年代から3町の合併に関する協議が行われていた．

　都市圏（雇用都市圏）的に見ると，富士川町は常に，富士市の都市圏に入っており，由比町・蒲原町に関しては，由比町は常に静岡都市圏，蒲原町は，時期によってどちらかの都市圏に入っている．特に，富士川町は，富士市からの影響力が強く，3町単位での合併は困難であったと思われる［由比町　2008：84］．

第7章　市町村合併と集落支援型NPO

この結果，自主的な合併の協議の動きは結局立ち消えとなり，国の推進する合併特例法に基づく平成の合併の時期を迎えることになる．

**合併への道のり**

そこでは，旧清水市との合併により，2005年に政令指定都市となっていた静岡市が由比町，蒲原町を吸収合併する方向性が模索された．すなわち，2004年，由比町では蒲原町との一市一町合併協議会設置議案が議会で否決されたため，合併特例法が救済措置として設けている合併協議会の設置についての住民投票が実施され，賛成多数により，同年4月に静岡市・由比町合併協議会が設置された．そして，2005年には，静岡市・由比町合併協議会，静岡市・蒲原町合併協議会によって，由比町には合併特例法に基づく地域自治区が，蒲原町には合併特例法に基づく地域審議会を置くこと等を内容として協議会は終了し，静岡市との間で調印が行われた．しかし，蒲原町では，住民投票が行われ，静岡市との合併に対する反対票が上回った．このため，合併関連議案は議会で議決されたものの，町長の解職請求と辞任に発展し，混乱した．しかし，住民へのアンケート調査，新町長による合併白紙撤回活動の「休止」により，旧合併特例法に基づいて，2006年3月に合併の運びとなった．

**由比町の合併**

由比町では，合併関連議案が住民投票を含めて議会で2度にわたり否決され，大きな混乱が発生した．上述のように，蒲原町が，合併の選択を行い，2006年に静岡市に編入合併されたため，結果として，静岡市は由比町を挟んで飛び地状況が発生した．

その後，2006年3月22日，静岡県より「静岡県市町村合併推進構想」が公表され，静庵地区については，由比町の財政運営の見通しが厳しい状況にあることや，生活圏の一体性が強いことなどから，静岡市と由比町の1市1町の組合せが構想の対象として示された．

その後，由比町で行われた議会，町長選挙において，合併推進派が多数を占めるに至り（2007年4月22日），再び合併協議会が開催され，2007年5月29日，由比町民から由比町議会に対し，静岡市と由比町の合併実現に関する請願書が提出され，6月5日，由比町議会において，賛成多数で採択されるとともに，由比町長が請願に対する所信として静岡市との合併実現を目標とすることを表明した．そして，2007年7月9日に，静岡市・由比町合併協議会が設置され，5回の審議を経て同年12月1日に合併の合意がなされ，構成員の変わった由比

町議会はこれを，12月12日に可決した．最終的には2008年11月1日に由比町は静岡市に編入される形で合併した．ここに，1889年から続く由比町の120年にわたる歴史が閉じられることになった．

由比町の合併を巡る動きを見ると，庵原郡3町合併，蒲原町との2町合併，静岡市との合併の3つの動きがある．3町合併は，上述したように，富士川町が富士市との関係が深く合意を得られず頓挫，2町合併は蒲原町の合意が得られなかった．最後は，静岡市との合併となるが，住民は多数が賛成し，議会が最後まで反対，結局，選挙によって議会が合併多数派で占められることにより，静岡市との合併に至ることになる．

しかしながら，一度は可決された合併協議会の結論が議会で2度にわたって否決されたこと，また，決定の遅れにより，合併特例債などの恩典措置の大きい旧合併特例法の適用が受けられなくなり，財政的な負担が増大し，静岡市は態度を硬化させた．新静岡市清水区役所の支所が蒲原町に置かれ，蒲原町には地域審議会が置かれたのに対して，旧由比町には，2005年の合併協議会での合意で認められた地域自治区は認められない形の合併となった[5][6]．

ここでは，住民自治という観点から集落支援型NPOができる要因となる地域自治区，地域協議会，支所に関連した問題が合併の中でどのように議論されたかを見ていく．

# 3 由比町の合併過程における住民自治の確保の動き

合併協議会では，蒲原町では，地域審議会，由比町では地域自治区を発足させるということで議論が進んだ．ただし，静岡市は，政令市への移行が合併審議の時点では決まっていたので，政令市特有の問題が出てくる．少なくとも，地方自治法上は，政令市の区の権限を超える機能を持たせることはできない．その中で，委員の中からは屋上屋という言葉が何度も出てくる[7]．この合併協議会では，2004年11月30日に開かれた第8回協議会で，静岡市側から由比町に合併特例法上の地域自治区の設置を認めるとの提案がなされた[8]．この提案は，継続審議となり，第9回の協議会では，事務局から地域自治区の案が提出され，委員の中の由比町長は賛成，由比町議会議長は反対の意見表明で審議自体は打ち切られ，最終の第10回の協議会で賛成多数で議決されている．委員の意見分布を見ると，静岡市議会議員は地域自治区の設置自体に反対，由比町議会議員

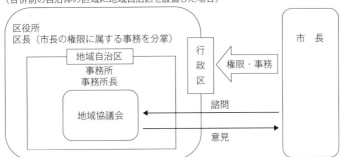

**図 7-2　政令市における地域自治区**

(注) これは，政令市の区に地方自治法上の地域協議会を設置していないケースであり，合併協議会で想定していたものである．[9]

(出典) 第7回静岡市・蒲原町合併協議会，第7回静岡市・由比町合併協議会合同会議資料による（2004年10月7日）．

は地域自治区の権限そのものに反対，両組長，その他は賛成となっている．結局，静岡市議会は議会の下に諮問的機関といいながらも協議的機能を持つ地域自治区を認めることに対して議会として懸念を表明し，由比町議会議員は，従来の町議会の持つ権限にできるだけ近い形での地域自治区を望んで原案に反対という構図になっている[10]．このあたりの詳細な議論は全国の事例の中で考える必要があり，ここでの言及は避けるが，由比町議会の見解，懸念が結局この合併協議会の結論が実を結ばず破談という結果をもたらすことになるし，結果的に旧由比町地区には地域審議会も地域自治区も認められない合併という結果に最終的にはなっていく．

すなわち，2007年8月に新たに開始された合併協議会では，由比町側は，地域審議会を望んだが，事務局原案では，はじめから地域審議会，地域自治区は認めないこととして議論が進み，その理由として，①区の区民懇話会，タウンミーティング，自治会などが存在するので，住民の意見は十分に反映できる，②合併特例債があってその使い道についての審議をするなら地域審議会が必要かもしれないが，今回の合併ではそのようなものがないので特段必要ない，③政令市に区があるため，区の下位地域に地域審議会を設けるのは屋上屋を重ねることになる．などの意見が，静岡市側の委員から出され，町がなくなることの住民不安を払拭するためにも地域審議会を認めて欲しいという由比町側

の意見はほぼ一蹴された形となっている［静岡市・由比町合併協議会事務局 2007年9月6日］．さらに，由比町は支所を要望したが，合併した年度のみ支所機能を残し，後は段階的に縮小して事務所的機能を残すという妥協案として落ち着いた［静岡市・由比町合併協議会事務局 2007年10月9日：11］[11]．この協議会で，祭り等のイベントの継続，地域審議会，支所の設置を主張した1人である由比町区長会会長は，以下に紹介するNPO法人ふれあい由比の理事長に就任している．

## 4　NPO法人ふれあい由比の誕生[12]

### (1)　沿革

　合併においては，「地域審議会及び地域自治区は設置しないが，由比地区との意見交換における要望について配慮する」という結論になった．また，支所の設置は基本的には認められないことになった．

　このような流れの中で，「合併で由比の歴史文化が失われる」との危機感を抱いた旧由比町の住民有志は，由比地区の地域福祉の維持，地域のアイデンティティの維持などを目的として2008年2月に発足した準備会で，NPOへの賛否も含めて議論を重ねた．また，同町まちづくり課が事務局を務め，設立準備をサポートした（『静岡新聞』2008年6月15日）．

　「NPO法人ふれあい由比の歩み」（団体提供資料）によると，2008年2月6日にまちづくり組織設立準備会を立ち上げ，2-5月に検討会，役員会を開催，5-6月に町内各区での住民説明会を行っている．そして，静岡市との合併を数カ月後に控えた2008年6月14日，由比町中央公民館において「ふれあい由比」が設立され，9月24日にNPO法人格を取得している．この間，団体側も町に対して資金提供を要望し，由比町議会でも，住民サービスの空白を埋めるためのNPOについて議論が行われ，町長はその設立を積極的に推進して[13]，9月議会において，活動資金をNPO法人ふれあい由比に助成することを議決している．

　ふれあい由比の理事長によると，この間，岐阜県山岡町にある集落型のまちづくり団体で2003年に設立されたNPO法人まちづくり山岡[14]を視察したりして情報収集を行った．なお，住民説明会の中では，NPOの設立に懐疑的な一部の意見もあったという[15]．

## (2) 組織の設立趣旨と運営体制
### 設立趣旨と運営体制

　設立趣旨を抜粋すると次のようになる．「静岡市への編入合併は，いままであたりまえのように行政が行ってきた事業を，これからは住民自らが知恵と汗を出していく必要があります．合併したことで住民が一丸となって取り組む事業がなくなってしまったら，連帯感は薄れ活力は低下します．地域がさびれたという言葉に繋がります．そのようなことから静岡市と合併した後においても，地域の結束が維持でき，大きな力を蓄穂できるよう事業の担い手となる，あらたなまちづくり組織として特定非営利活動法人「ふれあい由比」を設立するものです」[由比町 2008：98]．

　理事19人，監事2名の体制で出発し，理事長は，区長会会長をはじめ，11区の区長は全員理事に入っている．その他は，議員1名に加えて，町の社会福祉協議会会長，体育協会会長など既存地域団体の長が名前を連ねている．また，監事には，町の監査委員が入り，各委員会には，PTA，子供会，地区社協，体育協会，商工会，文化協会，女性の会など関連する既存地域団体がほぼすべて団体加入しており，町をあげての体制であることがわかる［由比町 2008a：99，及び団体提供資料］．

　さらに，町民総参加型を目指したNPO法人であり，静岡県内では後述する旧佐久間町の「がんばらまいか佐久間」以外には例がなかった．

　NPO法の規定は，個人加入であり，自由加入であることが条件である．このため，各区会を回って1人1人の意思確認をすべきだとの意見もあったが，事実上不可能であり，区会（現在は静岡市に合わせて自治会）に依頼して参加募集及び会費の徴収を募っている．会費は1世帯年間500円とし，自治会加入者からは，ほぼ100%の会費を集めている[16]．

### 活動内容

　事業は，7つの委員会がそれぞれ行っているが，中心的な活動は祭り，イベント，スポーツ大会関係である．当初は旧町の行っていた事業を引き継ぐというコンセプトで始め，各自治会，各種団体の自主事業との協同活動も行っている．しかし，次第に業務の範囲が拡大していったという．中心的な市の施設の指定管理（由比本陣）や委託事業（浜石野外センター業務，小池邸管理業務）も手がけるようになっている．

　また，自治会との機能分担であるが，市に対する陳情・要望などの住民の意

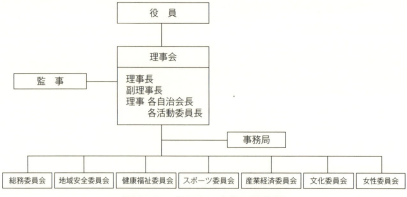

図7-3　ふれあい由比の組織図

（出典）ふれあい由比提供資料を基に筆者作成．

思の表出に関しては，連合自治会の役割とし，NPOは，事業に特化して活動しており，そのあたりの区別ははっきりさせているということであった．

**財務内容**

2014年度の活動計算書によると，総事業費が約2500万円，会費130万円（5%），由比本陣の指定管理や文化施設の運営委託費2100万円（83%），貯金からの取り崩し240万円（10%）となっており，市からの委託事業の割合が約8割となっている．

また，上述したように，旧由比町議会は，本NPO法人に対して，事務所の土地，建物の無償提供，資金の助成を議決した[17]．後述する[18]，がんばらまいか佐久間と比較すると，地域自治区が認められなかったこと，旧宿場町としてのアイデンティティを持っている人もいるものの，東海道本線沿線の利便性の高い地域であり，静岡市や富士市へのアクセスが良いことから中山間地域ほど地域住民の凝縮性が高いとは言えず，組織の中に自治会，各種既存地域組織を入れ，地域を代表する自治区としての機能と事業遂行機能の両方を意図したものと推測できる．また，静岡市は，地域自治区制度によらない地域の住民意見を取り入れる機関として，静岡市区民懇話会要綱によって政令市の行政区レベルに「区民懇話会」を設置した[19]．

**総括及び今後の課題**

理事長によると，発足から約9年が経過し，当初の熱い想いを理解している

第 7 章　市町村合併と集落支援型NPO　129

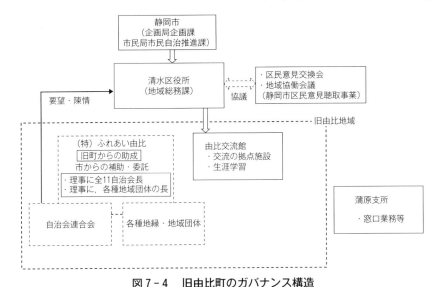

図 7-4　旧由比町のガバナンス構造

(出典)　(特) ふれあい由比提供資料，静岡市行政資料をもとに，筆者作成．

人が少なくなっているのではなないかと感じており，現在は，安定的に事業を行っているが，今後は観光客の増加を目指す活動に力を入れていきたいと考えているという．

　古い町並みが残る伝統的な宿場町であり，由比本陣の指定管理は元々外部の民間企業が行っていたが，現在は，地元の組織である本法人が指定を受けている．

　さらに，清水区は旧清水市の流れをくんで，主として中学校区ごとに交流館（生涯学習機能＋交流機能）を設置しており，住民は交流館に愛着を持ち，コミュニティの核として機能している[20]．ところが旧静岡市には，広域単位に生涯学習施設はあるが，清水区のような学区単位の交流拠点は一部の例外を除いて存在しない．これは，静岡市と清水市が対等合併であり，コミュニティ自治の方法について，1市2制度を残しているためである．

　その意味で，蒲原町も由比町も清水区内の1地区となったため，両地域共に交流館が設置されている．このことは，コミュニティ自治という観点からは，清水区に編入されたことは交流拠点の確保という点では有利に働いたといえるかもしれない．

## 5 佐久間町の合併[21]

### (1) 旧佐久間町

浜松市に2005年に編入合併された旧佐久間町は，昭和の合併時（1956年9月）に浦川町，佐久間村，山香村，城西村の4町村が合併してできた自治体であり，発足当初はダムの建設員なども含めて人口は2万人を超えていたが，浜松市との合併時点の2005年には，5336人まで減少していた．同町は，1956年に佐久間ダムが建設され，一時はその固定資産税によって地方交付税の不交付団体となった時期もあった．それ以前にも外部企業の進出（王子製紙中部工場：1896年），鉱山（古河鉱業による久根鉱山：1898年開発）など，外部資本に依存する傾向の強い地域であった．財政的には同規模の過疎地域と比較して大きな支出（投資的な支出）が可能であり，そのような体質が町としてはあったと言われる．ダムの固定資産税の低下と共に財政状況は悪化していくのだが，内発的な発展を遂げようという意識の希薄さが指摘されている［丸山 2015：160］．また，町は昭和の合併以前の4町村を地区とし，合計37の（自治）区を持っていた．

### (2) 平成の合併

旧佐久間町は，2001年という比較的早い段階で，旧水窪町との2町合併の方向を模索し，研究会を設置している．これは，やがては来る浜松都市圏域との合併を視野に入れて，第1段階として，より強固な基礎自治体づくりを行う必要という戦略的な狙いがあったこと，県が合併に関する区割り案の1つとして，両町の合併を提示したこと，などが原因となっている．しかし，最大の契機は，国の合併に対するアメの政策に対してムチとしての小規模自治体への交付税の段階補正の改正（1999年夏から2000年春頃にかけての動き）に敏感に反応した側面が強い．それほどに，両町の財政状況は静岡県全体の中でも悪化していたのである．このような，戦略的側面を持った研究会であったが，昭和の合併のしこり，水窪町との距離の離れた地区（浦川地区）では反対色がきわめて強かった．さらに，人口が減少していく中で，流出した町民の行き先は，浜松や豊橋都市圏であり，南部都市部との社会的つながりが既にできあがっていたことも大きい［丸山 2015：171-75］．

一方，浜松市は，財界が主導となり，環浜松市構想など，政令市を目指す合

併構想が進んでいた．浜松市は，工業都市であるが，1980年代からの工場の海外移転，下請け企業の本社周辺への集中など，グローカル化が進み，行政区域と経済圏域との一致を経済界は求めていた［Ibid.: 110］．具体的には，2002年2月の静岡県経済同友会浜松協議会の「浜名湖」構想，同年7月の浜松市による「環浜名湖政令指定都市構想」へと進んでいく．

浜松市の政令市への動きと佐久間町などの中山間地域との合併における関係は，いくつかの枠組みが示された．天竜市を中心とする現天竜区に当たる市町村間の合併は歴史的にも交流が深く，地域的な一体性もあり，有力な可能性のある枠組みである．しかしながら，合計人口は5万人にしかならず，財政力指数の弱い自治体同士の合併であり，財政面での明るい展望はなかった．このため，天竜市は，早い段階から浜松市の合併構想に参入する意向を示していた．

また，2002年10月に発足した任意合併協議会である，「環浜名湖政令指定都市構想研究会」では，合併される側に配慮した「クラスター型政令指定都市」が提唱され，政令市の区，旧村単位の出張所への大幅な権限委譲が謳われた．このことが功を奏して，短期間のうちに，法定合併協議会である「天竜川・浜名湖地域合併協議会」が12市町村で，設立された（2003年6月）．また，この動きは，2004年の地方自治法の改正により創設された地域自治区の旧市町村への設置へと結びついていく[22]．

一方，佐久間町において，決定的となったのは，平成の合併における交付税の段階補正の見直し案であり，この面から水窪町との2町合併は現実味のないものとなっていく．また，天竜市を中心とする合併に対しても中心となる天竜市自身の動きがない中で，佐久間町長は浜松市との合併構想に前向きな姿勢を示し，議会，町民もそれに賛同する姿勢を示した［丸山 2015: 178］．その意味では，由比町で見たような合併そのものにおける大きな混乱は見当たらない．問題は，大きな圏域に飲み込まれていき，周辺部となった場合にどれだけ住民サービスが維持できるのか，さらには，旧町の住民の意見がどれだけ反映されていくのか，という点に焦点が移っていくことになる．

### (3) 旧佐久間町の地域自治

旧町内の自治は，上述した地域住民組織である区（合併後は浜松市に合わせて自治会に統一）によって行われたが，浜松市の合併前の旧12市町村を比較すると，人口1人当たりの地域住民組織への公的支出は，最も多いものであった［丸山

2015：220］．これも，合併により旧浜松市の水準に合わせられ激減することになる．また，過疎化と高齢化が進んでいる同町においては，住民の福祉，医療を中心とする生活をいかに維持するかということが最大の問題となっていた．このため，1990年代以降「ヘルストピア構想」を掲げ，特別養護老人ホーム，町立病院の建て替えなどを行ってきた［町村 2006：187］．

合併に当たっては，浜松市は，広大な中山間地域の自治体を圏域に含むこの大合併に対して，地方自治法に基づく地域自治区を全旧町村に設置，編入自治体には総合事務所を置いて対応することとした．

しかし，地域協議会自体は，市長の諮問に対して応えたり，意見を述べる機関であり，事業を行う組織ではない．旧町で行われていたきめ細かな住民サービスを維持するためにどうすれば良いかに関して，静岡市井川地区や，先進地の岐阜県山岡町の取り組みを視察，庁内で講演会を開催したりして，地域自治区の地域協議会とは別の事業組織である住民組織を立ち上げ，それに対応しようとした．すなわち，2004年3月の定例議会で新たなまちづくり組織の必要制とその設置を提案，同年12月「NPOまちづくり山岡」の視察，町議会議員による設立準備会の立ち上げ，2005年2月，設立準備委員会，設立発起人会の開催，設立総会を開催している．町はそのために，1億円の基金と1500万円の運営費の助成をこの地域住民組織に対して行うことを議決した（がんばらまいか佐久間提供資料による）．

## 6　浜松市の中山間地活性化施策[23]

### (1) 合併後の自治体内分権制度の変容

2007年に政令市となった浜松市は，政令市の区に地域協議会を持つ選択を行った．これは，区単位の意見を行政にできるだけ反映するための地方自治法上の組織である．一方，合併前の旧自治体単位の地域自治区に関しては，上述したように，地方自治法による恒久的な地域自治区が合併時に作られた．しかしながら，区の地域協議会と，旧自治体単位の地域協議会との関係が重層化し，複雑になったため，旧自治体単位の地域自治区とその協議組織である地域協議会は2011年度末で廃止された．その代わりとして，旧村単位の支所（地域自治センター）を協働センターとした．また，協働センターは，①地域づくりの拠点としての役割，②生涯学習の拠点としての役割，③住民サービスの窓口と

しての役割を担うことになった．①の内容としては，コミュニティ担当職員の配置，市民協働スペースの確保が挙げられる．コミュニティ担当職員は，コミュニティ担当職員設置要綱（2010年）により，各区役所，協働センターに配置されているが，都市地域の職員の仕事が自治会の窓口的な，いわば待ちの業務姿勢にとどまるのに対して，天竜区などの過疎地域でのコミュニティ担当職員の役割は，下記で紹介する「地域おこし協力隊」と地域とのパイプ役とバックアップ，がんばらまいか佐久間などの住民自治組織との調整，自治会との連携，下記に示す市の補助事業の相談受付など，きわめて多岐にわたり，その個人的力量が問われる[24]．

### (2) 浜松市の中山間地域支援対策
**基本戦略**

2009年に天竜区役所内の区振興課内に中山間振興グループを設置，さらに，2012年には天竜区を中心対象地域とする「中山間振興計画」を策定，まちづくり事業交付金などが提案された．

**中山間地域まちづくり事業交付金**

2012年に，中山間地域の地域密着型のNPO法人で，地域活性化事業を行う団体に対して，「浜松市中山間地域まちづくり事業交付金交付要綱」により，支援を行う制度を設けた．これは，市からの交付金を原資に造成した基金を管理運営し，中・長期にわたって目的を定めた事業を実施するものである．がんばらまいか佐久間も2013年度に，「そばの里事業」で約600万円の支援を受けているが，水窪，竜山などにできた新しいNPO法人にも，多額の基金造成のための支援を行っている[25]．

**中山間地域コミュニティビジネス等起業資金貸与制度**

2015年度に条例を制定し，2016年度から，他地域から中山間地域に移住して3年未満の者が対象地域の活性化や課題解決のためのビジネスを起業する者に対して初期投資費用を100万円以内で貸し付け，事業を3年間継続すれば返還不要とする制度を構築した．これは，地域外から人を呼び込むこと，また，それらの人々が事業を起こして地域を活性化させるための施策である[26]．

**山里いきいき応援隊**

合併の有無にかかわらず，過疎と人口減少の問題は全国的な課題である．このため，国は，地域おこし協力隊や集落支援員の制度を発足させている．前者

は，都市部の若者を過疎地域等に派遣し，地域活動に従事して，その後定住化を目指す施策で，費用は特別交付金で補填される．浜松市は，2013年から隊員が配置されている（旧佐久間町には1人）．浜松市では，これらを「山里いきいき応援隊」と命名し，2017年現在で，累計17人の隊員が活動している．旧佐久間町では，2015年まで勤務した男性の応援隊が「NPO法人歴史と民話の郷さくまを守る会」の立ち上げ（2014年11月法人化）に関わっている．また，この団体は，2015年に市から中山間地域まちづくり事業交付金を受けている．

**地域力向上事業**

これは，全市で行っている事業である．地域の課題解決等の事業を行う3人以上のグループや法人が200万円を限度として半額補助（継続する場合は補助率が低下していくサンセット方式）する制度である．受付は各区役所が行っているが，例えば天竜区内では，「耕作放棄地を利用した地域活性化事業」を春野町で行ったりしている．

## 7 NPO法人がんばらまいか佐久間の設立

### (1) 設立経緯

がんばらまいか佐久間は，2005年2月に設立され，さらに，同年6月にNPO法人化されている．初代理事長は，旧町助役，副理事長以下の理事も，自治会長，商工会，女性団体代表など，既存地域組織の代表が名前を連ねている［丸山 2006：375］．集落支援型NPOとして，全戸加入の体裁を取っているのは，全国に見られる類似組織と同じである．設立そのものは，上述したように，旧佐久間町長の決断により行政主導で行われている．佐久間町にとっては，現状の住民サービスがいかに維持できるかどうかが最大の問題であったため，事業をしっかりと運営する主体が求められたのである．会員は，2015年3月31日現在，総世帯の約7割である1323世帯が加入している．

### (2) 組織と活動

組織は，図7-5のようになっており，各委員会によって，講演会の開催，敬老会の開催，文化振興フェスティバル，環境美化活動，女性部会による新茶の手摘み及び小麦の試験栽培，そば打ち体験，老人会事務局，広報誌の発行などが行われている．また，2006年の道路運送法の改正により，公共交通の空白

第7章 市町村合併と集落支援型NPO

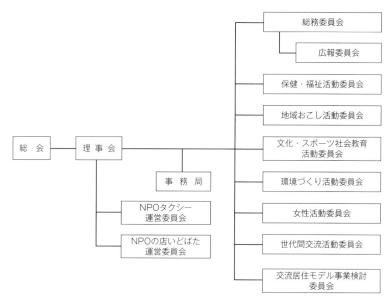

**図7-5 がんばらまいか佐久間の組織図**
(出典) がんばらまいか佐久間, ウェブページ (http://www.npo-sakuma.net/subpageC.html, 2018年4月1日閲覧).

地帯の多い当地域において，2007年から，NPOタクシー事業を開始，女性活動委員会が主体となって，2008年から食堂「いどばた」を開業，2010年からは，そばの増産と都市との交流を目的にそばのパートナー制度を開始している．また，いどばたとタクシー事業は，別会計としている．このNPOタクシーは，山間・高地，75才以上の高齢者で約3割が利用経験を持っており，交通手段を持たない高齢者の通院，買い物といった住民ニーズに応えているといえる［丸山 2015：249］。その他は，1億円を基金化し運用益を活用しているが，開設8年間で運営資金を使い切ったため，2013年度から基金からの繰り入れを開始している．

がんばらまいか佐久間は，新市が引き継がなかった祭り，イベント，成人式などの活動を行い，合併による行政サービスの低下を補填している．これらは，全国的にも注目されるところとなり，メディアにもしばしば取り上げられている．また，2016年にはこれらの11年間にわたる活動が評価され，過疎地域自立活性化優良事例表彰として，全国過疎地域自立促進連盟会長賞を受賞している．

事務局長は，自治会に余り負担をかけないようにしていると述べておられたが，地域自治区とその協議体である地域協議会が廃止され，要望陳情のたぐいは連合自治会，地域の事業はがんばらまいか佐久間という役割分担になっていると言える．

### (3) 財務状況

先述したように，旧佐久間町は合併に際し，当団体に対して，基金として1億円，運営費として1500万円の助成を行った．また，会員からの会費（1世帯年1200円），浜松市からの委託事業（歴史と民話の郷会館等の運営），その他寄付金から成り立っている．設立から約10年を経ているが，NPOタクシーなどの事業の赤字体質は避けにくく，旧町からの基金を少しずつ取り崩して運営しているのが現状である．2014年度決算では，総収入2870万円，うち，会費収入150万円（5%），補助金収入380万円（13%），事業収入1250万円（43%），基金からの繰入額600万円（20%）などとなっている．補助金はNPOタクシーの有償運送事業と敬老会開催事業の市からのもの，事業収入は，「いどばた」の630万円，NPOタクシーの収入2200万円の他，市からの，歴史と民話の郷会館等の管理委託費270万円が比較的大きな割合を占めている．また，事務所は移転前の協働センター（文化会館）内にあり，その管理を市から受託している．事務局長へのインタビューによると，「このぐらいの収支構造であれば何とか良くやっている方ではないか．」とのことであった．但し，新しい会員の加入が見られず，将来の目処が立たない点が課題という．

### (4) 旧佐久間町のガバナンス構造

旧佐久間町における，現在の地域ガバナンス構造は，拠点としての文化会館を中心にし，協働センターのコミュニティ担当職員，外部から入ってくる若者である地域おこし協力隊員，そして，住民組織であるNPO法人がんばらまいか佐久間，自治会連合会，各種地域組織といったアクターによって構成されている（**図7-6**参照）．

地域自治区と地域協議会がなくなった現在，自治会連合会からの声を吸い上げ，地域おこし協力隊を支援し，がんばらまいか佐久間のような地域住民組織を支援するコミュニティ担当職員の力量がきわめて問われるということになる．また，市は上述したように中山間地域の集落型住民組織に対して積極的な財政

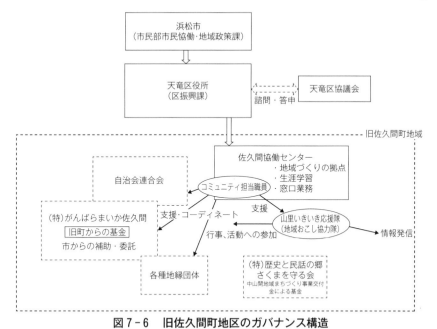

**図7-6　旧佐久間町地区のガバナンス構造**
（出典）浜松市『区出先機関再構築の基本方針，2011』等を基に筆者作成．

支援をしている．さらに，2017年度からは，コミュニティ担当職員の機能を強化するため，区役所レベルに担当職員を統括するエリアマネジャー制度が開始されている．

　国勢調査で見ると，人口減少率は，合併以降の2010年（4549人）から2015年（3805人）にかけての5年間で16%と急激な減少を示している．国勢調査の小地区統計では秘匿処理が行われた地区が多くなっており，集落消滅の危機に瀕している状況が見える[29]．旧基礎自治体には，支所的機能の協働センターが置かれているが，地域住民は専門的な問題に対応するには，遠方の天竜区役所まで行かねばならず，その区役所さえも最終的な決定権をすべて持つわけではない．丸山の述べるとおり，佐久間町が外部資本に依存して発展した特殊な自治体であったとしても，今では，町長と議会がそこには存在しない．このような状況の住民に与える心理的なマイナス効果は大きいものと思われる．合併を繰り返せば自治体そのものはなくならないが，人口減少により，集落及び地域コミュニティ自体は消滅していく．そして，その過程で，移動交通手段を持たない高

齢者などの弱者が最も影響を受けることになる[30]．

## おわりに

　平成の合併が始まってから早くも20年近くが経過する．静岡県では，2010年をもってその動きは終了している．2008年頃から平成の合併を総括する研究も全国的になされるようになってきた［今井 2008；2017；石平 2010等］．また，東日本大震災における防災力に関して，平成の合併が与えた負の影響を示した論考も見られる［室崎・幸田編 2013］．さらに，人口減少が進む中で，近隣自治体同士の「緩やかな連携」が進んでいくものと見られる一方で自治体内分権に着目した研究もその数を増やしている［石平 2010；山崎・宗野 2013等］．

　そこに見られるのは，国主導のアメとムチによる誘導，基礎自治体のフルセット主義，権限委譲の受け皿づくりとしての基礎自治体づくり，効率性の重視と住民自治の軽視，吸収する側の都市住民の無関心，といった問題が浮かび上がってくる．

　しかし，いずれにせよ，人口減少，過疎化の中でそういった決定がなされた以上，特に吸収される側の旧自治体の住民は地域自治区のような制度，あるいは，既存自治会連合会等に加えて，サービスを補完する集落支援型NPOを作って自分たちの不安を解消する道を選択したと言える．

　本章では，静岡県の静岡市と浜松市の合併を例に挙げ，2つの集落支援型NPOの動きを見た．両者の共通性は，吸収される小規模な自治体であり，周辺部に位置するという点である．また，自治体として決定権の重複といった分権化は避けたいとしても，そこに居住する住民に対する最低限のサービスを保障する責任はある．合併において混乱が見られた由比町が設立した（特）ふれあい由比は，指定管理者，委託事業などを市から受け活動を行っている．また，浜松市の旧佐久間町においても，特に，中山間地域の活性化という文脈で様々な支援事業が行われている[31]．

　近年は，自治基本条例の制定，条例によるまちづくり協議会，地域協議会などの自治体内分権への動きが加速している．また，これは，合併から約10年が経過し，広域化した自治体にそのニーズが高まっていること，従来の自治会などの地縁組織の力が落ちていることが理由として示されている［三浦 2016：79］．さらに，政府の「まち・ひと・しごと創生総合戦略」においても，地域運営組

織は，昭和の合併前の小学校区を念頭に置いている［総務省 2016］．しかし，一般法による地域自治区を作り，地域協議会のメンバーを公募，選任投票制にしている上越市等においても，地域協議会とは別に，集落型NPOを通して個別の事業を行っているのが現状である．いずれにしても，今後の自治体内分権を考えるとき，法律や条例で正統性を担保された一定範囲の業務に対して決定権を持った分権組織と，サービスを実行する組織の両輪化，あるいは，民主的正統性を持ちサービス供給も行いやすい組織［飯島 2016］の再構築が急務ではないかと考える．

**注**
1）地域自治組織の構成員を公選制にする案は，2001年から始まった第27次地方制度調査会で示されたが，結果的には，現在のような諮問機関的な案に落ち着いている．石平は，各委員の議論の流れを詳細に示し，審議会の限界と一部の国政政治家の発言に押し切られた経緯を紹介している［石平 2010：28-56］．その議論の中で，この程度の地域自治区なら，地方自治法に規定しなくても，自治体の条例で十分設置できるものであるとの発言が聞かれる．また，当時の総務大臣そのものがそれを認めている［今井 2008：125］．
2）上越市の地域自治区は，協議会メンバーを公募で選出する公募公選制を採用しており，全国的に注目されている．また，上越市の都市内分権を紹介した先行研究も多い［石平 2010；山崎・宗野 2013］．
3）公募公選制をとっている上越市においても，発足した2005年の第1期はともかくとして，その後は，定数を上回る応募者がおらず，ほとんど投票が行われていない［宗野 2013：30］，上越タウンジャーナル（https://www.joetsutj.com/articles/33284350, 2018年4月1日閲覧）．
4）小規模多機能自治推進ネットワーク会議（2017）「小規模多機能自治の状況と制度上の課題」（http://www.soumu.go.jp/main_content/000459163.pdf, 2018年4月1日閲覧）．
5）蒲原町においては，10年間の期限付きで地域審議会が設置され，合併建設事業を中心に72回の会合を行い，2016年3月末に解散した［静岡市蒲原地域審議会 2016］．
6）2007年8月1日に第1回の合併協議会が開かれ，わずか5回の会議で12月1日には合併の決議がなされている．
7）ほぼ同時期に進んだ浜松市の合併においては，地方自治法上の地域自治区が旧町村単位で発足している（2005年7月）．
8）政令市の合併に際して地域自治区が作られた先例がないことから，静岡市は総務省に職員を派遣して問い合わせを行っているが，当時は先例もなく手探りの状況であったこ

とが窺える（2004年11月30日，第8回静岡市・由比町合併協議会議事録による）．
9）後に行政区に設置した浜松市では，本庁→区の地域協議会→合併前旧市町村単位の地域自治区とその地域協議会という3層構造が発生した（但し，浜松市の旧市町村単位の地域自治区はその後2011年度末で廃止された）．
10）由比町議会の一部議員は，地域自治区に法律上行えない権限まで望んでいたようである（『静岡新聞』2005年1月8日）．
11）県の委員は，防災上の問題から支所の設置を提案している．由比地区は，山と海が迫り県全体の防災上のアキレス腱になっている地区であることからこのような発言がなされたと推測される（同資料：11）．
12）2016年7月6日のNPO法人ふれあい由比理事長からのヒアリング及び提供資料等による．
13）2008年9月3日の旧由比町の議会におけるK議員の質問に対する望月町長の答弁による．また，町長はこの件で静岡市長との話し合いを持ち合意を取り付けている趣旨の発言がなされている．また，それに先立つ6月4日の定例議会で，A議員の質問に対して，由比町固有の文化を守るため，このNPO法人が由比本陣の指定管理を受けることができないかどうか，さらに，町長は石川静岡県知事から，がんばらまいか佐久間の例を挙げられ，何らかの住民自治組織を作るようなアドバイスを受けたことを答弁の中で述べている［由比町 2008］．
14）山岡町は，恵那市と合併しているが（2004年），恵那市は2005年に地方自治法上の地域自治区を設置している．NPO法人山岡の設立は合併前であり，全国で最も早く設立された合併前の自治体エリアをカバーする集落型NPO法人と言われる．現在，地域自治区がある中で，祭りや福祉活動などの事業を行っている（団体ウェブページ，http://npo-ya.enat.jp/，2018年4月1日閲覧）．この団体は，次に紹介するがんばらまいか佐久間のモデルにもなった．
15）議会の中でもNPOの設立がトップダウンで進められていることに対する異論が出ている（2008年9月3日の定例議会の中でのK議員の発言等）．
16）2010年国勢調査の由比地区世帯数は2888，2014年度決算の会費納入口数は2593なので，約9割の世帯から会費が徴収されている計算になる．理事長によると自治会加入者からはほぼ，100％徴収となっているということである．
17）元清掃事務所で今後遊休資産となることが想定された．ただし，転貸はしないという覚え書きを旧町と交わしている．
18）2015年度の決算資料によると，流動資産（現金，預金）が約3300万円，固定資産（土地，建物）が約2400万円，計5700万円程度の資産が計上されている．
19）その後区民懇話会は，2016年度で廃止され，図7-4のような機関に変更されている．
20）2014年7月16日の清水区生涯学習交流館運営協議会へのヒアリングによると，清水区民は災害が起これば，指定避難所よりもむしろ，交流館に避難する可能性があるぐらい交流館に愛着を持っているとのことであった．
21）以下の記述は，2014年8月6日の浜松市市民協働・地域政策課，2015年11月13日NPO法人がんばらまいか佐久間提供資料，事務局長，浜松市佐久間協働センター地域振興グ

ループへのインタビュー，2014年9月8日の水窪協働センター地域振興グループの提供資料とインタビューによる．ただし，丸山［2015］が浜松市の合併と佐久間町の詳細な分析を行っているので，そこでの分析を適宜引用させていただいた．
22) クラスター型の内容は，ポーターの言うクラスターとは異なり，一極集中型ではなく都市内の旧市町村に個性と多様性を認める一市多制度，自治体内分権であった．このような合併される側への配慮によって合併協議が短期間のうちに進んだ［丸山 2015：123, 128］．しかし，合併後に発足した「浜松市行政改革推進審議会」において，行政の効率化に反する一市多制度についての反対の声が財界側から強まったとする．そして，2007年の市長選において，経済界は，一市一制度を主張する現鈴木市長を支持し，北脇市長が僅差で落選することになる［Ibid.：278］．その後10年経過した2018年には，区の統合議論が開始されている．
23) 2014年8月6日の，浜松市市民協働・地域政策課へのインタビューと，その後の市の関係資料による．
24) こうした役割は，地域住民と顔がつながっていないとできないため，中山間地域においては，旧町村職員を充てる傾向が強い．また，市役所のOB職員を追加で充てることができるようにした．
25) 2017年度から，中山間地域のNPO法人，自治会，又は中山間地域を活動区域とする団体と連携すれば，大学や市内のNPO法人でも応募できるように制度が変更された（https://www.city.hamamatsu.shizuoka.jp/shiminkyodo/civil/chusankan/documents/01boshuyoryo.pdf，2018年4月1日閲覧）．
26) コミュニティビジネスといってもそれほど厳格な定義はせず，目的外の事業に使用した場合などは，事後的に返還命令が出せるといった仕組みである．要は，中山間地域で事業を起こして雇用を創出し，定住を促進する施策と言ってよい．
27) 会員は，総会議決権を持つ「正会員」，活動を支援する「活動会員」及び高齢者や健康の優れない方で，サービスや恩恵に浴する「賛助会員」で構成され，全所帯が会員として加入することを目的としている．
28) 旧町（現在は浜松市）が運営する福祉バスそのものは，1998年から運行しているが，運行時間と路線が限られている［町村 2006：183］．
29) 旧佐久間町は，佐久間ダムの開発によりピーク時の1955年には2万6671人もの人口であったが，1980年には1万人を下回っている．その後5年で1割程度の人口減少が続く．また，これは，合併した自治体の周辺部が極端に落ち込むという幸田［2013：86］らの宮城県石巻市の分析と符合する．自然減に加えて，町役場の消滅による公務員とその家族の減少，自治体を相手とした事業者の撤退によるもの等によるものと推定される．
30) 2002年に丸山が佐久間町民に対して行ったアンケート調査では，自動車やバイクなどの交通手段を持っている層は，それらの手段を持たず，町内での買い物を余儀なくされている層に対して合併に対する賛成の割合が大きく上回っている［丸山 2015：204］．
31) 一般的に，地域自治組織にとって行政からの委託，指定管理は存続上必要な措置ではある．ただし，そのことが運用如何によっては，住民自治組織が行政の「下請け機関」になってしまうという指摘はある［三浦 2016：88］．また，NPO法人という法制度から

見て，住民自治組織として適切なのかという議論も別途ある（小規模多機能自治推進ネットワーク会議，2017年，http://www.soumu.go.jp/main_content/000459163.pdf，2018年4月1日閲覧）．

**参考文献**

飯島淳子［2016］「都市内分権の法定検討」『都市内分権の未来を創る』日本都市センター．
石平春彦［2010］『都市内分権の動態と展望——民主的正統性の視点から——』公人の友社．
今井照［2008］『「平成大合併」の政治学』公人社．
今井照［2017］『地方自治講義』筑摩書房．
幸田雅治［2013］「市町村合併による震災対応力への影響——石巻市にみる大震災と大合併——」，室崎益輝・幸田雅治編『市町村合併による防災力空洞化』ミネルヴァ書房．
静岡市蒲原地域審議会［2016］『静岡市蒲原地域審議会報告書』(http://www.city.shizuoka.jp/000715638.pdf，2018年4月1日閲覧)．
全国町村会［2008］『「平成の合併」をめぐる実態と評価』．
総務省［2016］「暮らしを支える地域運営組織に関する調査研究事業報告書」．
寺田篤生［2006］「ポスト佐久間ダム開発機における地域文化統合様式の歴史変容」，町村敬士編『開発の時間　開発の空間——佐久間ダムと地域社会の半世紀——』東京大学出版会．
西尾勝［2002］『これからの行政活動と財政』公人の友社．
仁平典宏［2017］「政治変容」，坂本治也編『市民社会論』法律文化社．
浜松市［2011］『区出先機関再構築の基本方針』．
町村敬志［2006］「ポストダム開発の半世紀」，町村敬士編『開発の時間　開発の空間——佐久間ダムと地域社会の半世紀——』東京大学出版会．
丸山真央［2006］「『平成の合併』と地域社会の論理」，町村敬士編『開発の時間　開発の空間——佐久間ダムと地域社会の半世紀——』東京大学出版会．
丸山真央［2015］『「平成の大合併」の政治社会学——国家のリスケーリングと地域社会——』御茶の水書房．
三浦正士［2016］「ポスト合併時代の都市内分権——アンケート調査結果からの考察——」，日本都市センター編『都市内分権の未来を創る』日本都市センター．
宮本憲一［2018］「市町村合併の歴史的検討」『計画行政』41(2)．
宗野隆峻［2013］「上越市における地域自治の動向」，山崎仁朗・宗野隆俊編『地域自治の最前線——新潟県上越市の挑戦——』ナカニシヤ出版．
室崎益輝・幸田雅治編［2013］『市町村合併による防災力空洞化』ミネルヴァ書房．
山崎仁朗［2013］「地域自治をどう考えるか」，山崎仁朗・宗野隆俊編『地域自治の最前線——新潟県上越市の挑戦——』ナカニシヤ出版．
由比町［2008］『由比町史　補訂版』．
由比町議会［2008］『議事録』．

**参考資料**

静岡市・蒲原町合併協議会事務局,静岡市・由比町合併協議会事務局『第8回静岡市・蒲原町合併協議会,第8回静岡市・由比町合併協議会合同会議議事録』2004年11月30日.
静岡市・蒲原町合併協議会事務局,静岡市・由比町合併協議会事務局『第10回静岡市・蒲原町合併協議会,第10回静岡市・由比町合併協議会合同会議議事録』2005年1月28日.
静岡市・由比町合併協議会事務局『第2回静岡市・由比町合併協議会会議録』2007年9月6日.
静岡市・由比町合併協議会事務局『第3回静岡市・由比町合併協議会会議録』2007年10月9日.

# 第 8 章

# 既存自治組織としての自治会町内会の役割とその変容

## 1 自治会町内会の定義と特質

### (1) 自治会町内会とは
**定義**

自治会町内会などの地縁団体（以下，自治会町内会とする）は，日本全国の津々浦々にある住民組織である．今現在でも約29万団体が存在する．その意味で，少なくとも１億程度の人々が自治会と何らかの関わりを持っているとっても過言ではない．サザエさんやプリキュアなどの子供向けアニメでもまた吉本新喜劇でも，自治会町内会長は割と頻出のアクターなのである．それだけ，自治会町内会は大人から子供までいわば国民的存在であることは明らかである．

しかしながら，自治会町内会とは一体どういった組織であり，またいかなる活動をしているのか，どのような歴史を持ち，課題があるかということについて，詳細に語れる人も少ないのも現実である．身近でありながらかつ，謎の存在であるというのが自治会町内会のリアルな姿なのである．

自治会町内会とは，一般的なありふれた実体を示す定義［鳥越 1994：10］として，行政学者の高木鉦作の定義を見ておこう．「その名称のいかんを問わず，実際に(1) 各市町村内の一定地区（町・丁目，大字・小字・区など）を単位とし，(2) その地区に所在する世帯（事業所等を含む）を構成員とし，(3) 公共行政の補完ないしは下請をはじめとして，その地区内の共同事業を包括的に行う自治組織」である［高木 1961：72］．

**会員奉仕型非営利組織**

自治会町内会は自治組織であるという点から，いうまでもなく営利組織ではないし，ましてや政府組織でもない．非営利組織なのである．その意味では，NPOやボランティア団体と肩を並べる存在と言えるが，またそれらとは一線

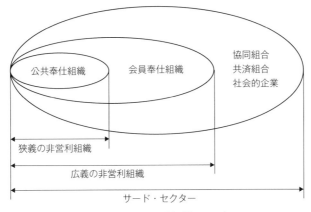

**図 8-1　非営利組織の区別**

（出典）田尾・吉田［2009：8］を筆者修正．

を画する存在でもある．

　非営利組織の概念整理を試みると，**図 8-1** のようになる［田尾・吉田 2009：8］．「公共奉仕組織」は，公共全般，コミュニティ全般の目的に関与する組織である．次に「会員奉仕組織」は，公共・社会全般ではなく，組織内の会員に財・サービスを供給する組織である．最広義の概念としては組合型組織，社会的企業が含まれる．結論から言えば，自治会町内会は会員奉仕組織である．例えばNPOは一般的に特定メンバーや特定地域のみを活動対象とするより，より公共の利益一般に資する面を持つ．一方，自治会町内会は，特定地域内に居住する成員を対象にした活動を実施することが大前提である．

### (2)　自治会町内会の特質

　自治会町内会がどのような組織か，上記の定義にある諸特質をもう少し詳細に見ていこう．ここでは全国の自治会町内会を詳細に実態解明を試みた，政治学者の辻中豊［辻中・ペッカネン・山本 2009］の調査を中心に既存の調査資料を参考にしてみよう．

**形状的な特質**

　まずは，自治会町内会の形状・外観を見ていこう．名称は，様々である．総務省の調査（2013年）［三輪 2014］では，自治会，町内会，区の3つが上位3位である．1996年の同調査と比べると，自治会が増え，区が減っている．ユニー

クなものとして，大阪市の地域振興会，北九州市の自治区会という例もある．設置単位はバリエーションがあるが，「〇〇自治会」の〇〇が設置単位を表す．実体としては，押し並べて住所地の「町・丁目」とか「小字」が相場である．中には，設置単位が小学校区というケースもあるが，類例はそれほど多くはない．

　自治会町内会は，それが単体で存在しているというより，上位団体として連合組織が結成されることが多い．だいたい，全市区町村連合組織-地区連合組織-単位会のピラミッド型となっている．市区町村によってはこうした連合組織が一切ないケース，地区レベルの連合組織のみ存在するケースもある．連合組織がある場合は，自治会町内会はこの連合体の一員として動いていくことが期待される．

　辻中調査によると，発足時期については，江戸時代とか明治以前という歴史の古い自治会町内会が割とあるが，1950年代に結成されたケースが多い．それ以降も1980年代まで結成数が一定にあった．高度経済成長を経て造成された住宅地の増加が1つの背景にあろう．次に，規模については，世帯数で見ると，平均が228.1世帯となるが，100世帯未満が約半数を占める．さらに50世帯未満だと3割に上る．団体の規模としては非常に小さいというべきだろう．中には10世帯前後で1つの自治会町内会を結成している例もある．自治会町内会の最大の特徴は，地区内の全世帯が加入することを前提とする点である．加入率の実態は，100％がほぼ半数である．翻って，それは他の半数は100％を維持できていないということでもある．

　財政面で見ると，辻中調査によれば，世帯数が増えるほど予算額は大きくなるが，予算額は50世帯未満で約70万円，500世帯以上で約650万円が平均である．そこには会費収入がメインであるという背景がある．自治会町内会は基本的に会費で成り立っているということがわかる．なお，補助金収入があるケースは1割弱しかなかった．中には，筆者の調査によれば，都市部の例で，加入世帯数が少ないが企業の会費・協賛金が巨額というケース，加えて会所有の土地を企業に貸したり，駐車場を経営したりする場合もある．

　組織運営はどうか．辻中調査によれば，規約はだいたい整備されてはいるが，法人格を取得する例は少ない[1]．ただ，法人格の有無にかかわらず，役員として会長，副会長，会計の三役がいて，より小さなブロックとして組とか班があり，それぞれの組長や班長が役員として連なる構造となっている．年季の総会，そ

して回数は様々だが役員会が催される．こうした役員の任期はとても短い．1から2年で新しい人に交替する傾向がある．会長は選挙，他の役員は持ち回りで選出される傾向が強い．役員の持ち回りや継承は概ねスムーズだという．

**事業・活動の特質**

前出の定義によれば，自治会町内会は地区内の共同事業を包括的に行う．包括的だからこそ，特定の事業・活動に限定されない．自治会町内会の事業・活動はとても幅広いのである．辻中調査によれば，全国的には6割以上の自治会町内会が実施しているものは多い順に，清掃・美化，生活道路管理，祭り，高齢者の支援，ゴミ処理，慶弔，集会所の管理，学校教育への協力，スポーツ・文化イベントである．その他，消防，防災，交通安全，防犯という安心安全面，そして用水路の管理・農林水産業の共同作業といった農村部型特有の活動もある．また，選挙での候補者支持を行うケースも2割に上っている．社会学者の菊池美代志と江上渉は，自治会（コミュニティ組織）活動を，交通安全・防犯・福祉等の問題対処機能，祭礼・運動会など親睦機能，地域施設の維持管理・清掃等の施設管理機能の3つに区分した［菊池・江上 1998：72］．問題処理どころか親睦まで担うという点に幅広さが示されている．

そしてさらに特徴的なのが，行政実務の実施という面である．辻中調査から，多くの市区町村行政が自治会町内会に実務の実施を委託ないし依頼していることがわかった．具体的には，広報誌など印刷物配布，回覧板回付，国勢調査など各種調査，共同募金，ゴミ収集所の管理，集会所など施設管理，地域一斉清掃，各種委員推薦をはじめとして数多の行政実務が委託・依頼されている［森 2014：Ch.3］．辻中らの調査からは，行政実務の実施率は把握できないが，仙台市の調査で，ゴミ処理収集協力，地域の清掃美化を8割から9割の自治会町内会が実施しているとし，自治会町内会の役割として議論された項目として「市からの事務連絡や行政協力」「社会福祉協議会や民生委員への協力」に6割程度の回答があった［東北都市社会学研究会 2006：127］．

一方で，自治会町内会は圧力団体としても活動をしており［倉沢 1998：62］，地域の危険箇所への対処や道路整備等の各種要望を担当課や行政幹部に陳情するのである．自治会町内会個別の陳情行動もあるが，市区町村行政が開催する年次の地区要望会を通じて陳情することも多い．

**日本独特の組織**

自治会町内会は日本独特の組織である．中田［2000］によれば，地域全体を

代表して問題解決を担う組織は世界各地にあるものの，自治会町内会とは似て非なるものである．表8-1を見てみよう．ドイツとイタリアの「代議型」は地域組織が自治体に対して政策提言等を行う議会のようなタイプである．フランス等の「地域共同団体」は国の法令を根拠としつつ，設立は住民が行うというタイプである．そしてアメリカとイギリスにおける「任意団体」については，英米にも近隣住民団体（ネイバーフッドアソシエーション）が存在するが，それらはあくまで自主的に住民が結成したボランティア団体そのものである．他方，アジア諸国では「公共団体」型に集中していて，法令を根拠に国がその設置に積極的に働きかけるタイプである．

また，自治体との関係を見てみよう．末端と補完という言葉がある．ここでは，末端とは行政の能力不足や未整備のためにその業務を住民が肩代わりすることであり，補完とは議会の住民意思反映の不足を補うことである．欧米が「補完」，アジア諸国が「末端」とくっきり分かれている．

さて，自治会町内会は，後述の通り戦前には国の法令に基づいて設置された時期もあったが，今では任意団体の位置付けである．だから，公共団体でもなく，地域共同団体でもない．とはいえ，地域の全世帯が参加するという前提があり，その点では英米のような有志の任意団体とは異なる．前出の通り，自治会町内会は行政業務の末端としても機能するし，同時に圧力団体的に住民意見反映で補完としても機能する．

したがって，自治会町内会は世界から見ると実に独特の存在であるということがいえよう．完全な人々の有志の団体ではなく，かといって政府部門が組織化を公的に認めているわけでもないからである．

### (3) 自治会町内会の特質をめぐる合理性

自治会町内会は会員奉仕組織として一定区域を対象に幅広い事柄を一手に引き受けること，そしてあくまで任意の住民団体なのに全世帯参加を原則とするという面が上記から明らかとなった．

なぜ，自治会町内会はそもそも全世帯参加なのだろうか．やる気がある人だけに限定して活動してはいけないのだろうか．そのことは，事業・活動内容に目を遣るとよくわかる．辻中らの調査からも，環境美化や道路管理，防犯，防火，あるいはゴミ処理といった面が目立っている．これらは公共財に該当するものであり，いわゆる「ただ乗り」の問題が発生しやすい．つまり，便益が個

表8-1　住民組織の特徴

| 主な組織特質＼組織類型 | 代議型 | 結社型 | | |
|---|---|---|---|---|
| | | 公共団体 | 地域共同団体 | 任意団体 |
| 審議機能のみ | 独・伊 | | | |
| 執行機能も持つ | | タイ・韓 | 仏・瑞　（日） | 米・英 |
| 司法機能も持つ | | 中・比 | | |
| 自治体との関係 | 補完 | 末端 | 補完　（補末） | 補完 |
| 法令の規定 | あり | | 一部あり | なし |

（注）なお，比はフィリピン，瑞はスウェーデン．
（出典）中田[2000]．

人に特定されにくく，一定地域全体に行き渡ってしまうからである．そうすると一定地域内の便益を受け得る総員でそのコストを負担し合う必要が出てくる．そこでメンバー間の「相互監視」によって抜け駆けや自分勝手を阻止し，公平負担の強制装置を事実上成り立たせている．これが，自治会町内会なのである[日高 2003：75-76]．もちろん，上記の共同的な便益は個人ごとに勘定することは難しく，世帯ごとにまとめて便益を捉えた方が合理的である．こうした理由から，自治会町内会は全世帯参加を前提とするわけである．

　自治会町内会が比較的小規模であるというのも，集団理論の観点からも説明するとその合理性がうかがえる．アメリカの社会学者マンサー・オルソンによれば，メンバーの規模が小さいほど集団が形成されやすく，かつ集団内のただ乗りを防ぐことができる[Olson 1965]．その意味で，比較的小規模の町丁目や字が基本単位となっていることも，とても合理的な面があるのだと言えよう．

## 2　自治会町内会のこれまで
——その役割——

### (1)　自治会町内会体制

　自治会町内会の外観あるいは事業・活動に鑑みると，ボランティア団体というより，政府組織に近いような印象を持つかもしれない．国もそうだが自治体も一定の境界（国境とか県境等）内には1つの政府しかない．ボランティアやNPO団体は特に制約はないのに，自治会町内会は町丁目・字に2つ以上同時に結成されることは原則的にはないのである[倉沢 1998：51]．しかも，すべての町丁目や字に同様の自治会町内会組織が結成されることが目指される．**図8**

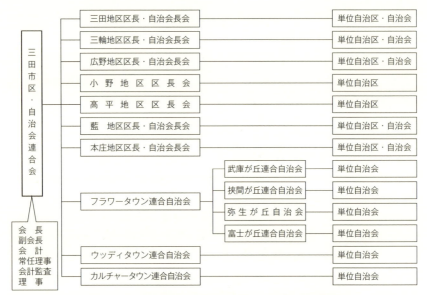

**図 8-2　兵庫県三田市の自治会・自治区の組織図**

(出典) 兵庫県三田市公式サイト (http://www.city.sanda.lg.jp/, 2018年5月24日閲覧).

-2は兵庫県三田市の自治会・自治区の組織図である．地区ごとに若干特徴が異なるのだが，仕組みとしては市と連合会−単位会の密接な関係，そして各地区横並びの体制が作られていることがわかる．かねてから，こうした仕組みは，"自治会町内会体制" と呼ばれてきた［西尾 1981：74-75；渡戸 1998：23］．自治会町内会がすべての地区にあり，市区町村行政とタイトにつながって，地域統治を行うスキームである．名称はともあれ「自治功労賞」等という，主として自治会町内会長を表彰する制度を有している市区町村も多い．それだけ特別な存在ということができよう．

**(2)　自治会町内会の特質形成の背景：歴史的経緯**

　自治会町内会の興味深い点は，任意の住民自治組織でありながら全世帯参加を前提とし，かつ行政補助組織としての面を持ち，市区町村行政との密着した関係を形成するという点である．先に触れたとおり，多くの自治会町内会が行政実務の実施に従事していることがその証左である．

　歴史を見ると自治会町内会のこの特性が形成された原因を紐解くことができ

る.冒頭に発足時期を示したが,江戸期以前から明治時代に結成されたという自治会町内会が一定数にのぼる.もともとは,集落や都市部の町組などが一種の統治団体として存在していた［倉沢 1998：58-60；鯵坂 2006：81］.明治時代に入り,何回かの地方制度の導入が試みられたが,1878年の郡区町村編制法で,東京・京都・大阪を除き,集落や町組等が「町村」として地方団体に位置付けられたのである.当時は戸籍法に基づく戸籍管理が地方団体の重要な任務であり,各町村には「戸長役場」が設置されたのであった.その後,1889年の市制町村制の制定のために明治の大合併が実施され,旧来の町村は「行政区」として生まれ変わることになる.各区に「区長」を設置することで,新市町村の行政補助に資するように制度化が進められたのである［大島 1977：Ch.2-4］.また,各大都市でも,独自の行政補助組織が作られるようになっていった.横浜市の衛生組合,京都市の公同組合はその一例である.

　1930年代にはいると,普通選挙制度の導入をめぐる選挙粛正運動とか,昭和恐慌の対策としての農山漁村経済更正運動とか,地域秩序の維持を目指して様々な背景から各地で地域組織化が試みられた.そうした動きを経て,1940年に「部落会町内会等整備要領（依命通牒）」（内務省訓令第17号）が出され,全国の地域組織を部落会町内会に統一する方向が取られた.部落会町内会は次第に戦時行政体制に組み込まれ,1943年には市制町村制改正で,正式な地方団体に位置付けられた.配給物資管理とか納税業務,衛生業務,徴兵に関わる業務等の幅広い行政実務の実施機関となったのである.

　第二次大戦後は,GHQの政策によって1947年に部落会町内会の解散が決定された.部落会長や町内会長が公職追放の対象となったのである.ただ,解散されたとはいえ,徐々に1940年代から1950年ごろにかけて自治組織が生まれていったり,防犯組合とか婦人会等,部落会町内会に変わる組織や役職を市区町村が独自で工夫したりした［高木 2005：946-50］.1952年のサンフランシスコ講和条約締結以降になると,地域組織結成が全面解禁となり,自治会という名称が主流となって全国的に雨後の筍のように結成が進められたのである.

　戦後は,地方制度を所管する自治庁（自治省の前身）は静観主義を取っていたので,各市区町村が個別に自治会町内会の組織化に対処する他なかった［高木 2005：543］.その意味で,戦後は自治会町内会を率先して結成しようとした市区町村と少数派だが結成に消極的だった市区町村等[2]が派生していった.ただし,率先結成派の中で共通していたのは,自治会町内会はあくまで「住民による民

間任意組織」であるが，同時に「行政末端連絡組織」というポジショニングである．戦前と戦後で断絶した部分と連続した部分がある．断絶したのは戦前の公的団体としての性格である．戦後は任意団体となった．一方，連続したのは公的な政府との関係である．行政補助機能は形を変えながらも多くの自治体で継承されていった．[3]

### (3) 自治会町内会の具体的な姿：総会資料と回覧板から見る自治会町内会

　ここで，具体的な現代の自治会町内会の姿にアプローチしてみよう．例として用いるのは，某市のA町内会である．30年ほど前にニュータウンとして開発された地区の町内会である．世帯数は約250世帯であり，町内会未加入世帯も一部だがある．この町内会の総会議案とか回覧板を振り返って自治会町内会がどのような事業・活動を実施し，またどのような情報をやり取りしているかをつぶさに観察してみよう．

　最初に役員体制を確認しておこう．会長，副会長，会計が三役，あとはブロックごとの組長が加わる．会長は当番ブロックの持ち回りで1年交替で選出される．副会長と会計の選出も会長と同じである．組長はブロック内世帯の1年交替輪番である．概ね役員の交代はスムーズであるが，率先して三役をやりたい人はそうはいないのが現状である．なお，A町内会は自前の公民館を所有しているが，館長を会長が兼任する．

　A町内会の総会議案書（2013年度）を見ると，決算額が明らかになる．先述の通り，一般的な自治会町内会と同じく会費収入がダントツに多い．対して支出は，多い順に公民館運営費，連合組織会費，防犯灯電気代，役員手当，夏祭り大会負担金，他は公園美化活動費，募金，消防団後援会費，歳末夜警費，公民館営繕充当金，弔慰金などがある．町内会のイベントは公民館を抱えているのでバスハイクや餅つき大会などを実施している．会長たち三役は忙しい．会長を中心に小学校運動会とか研修会等，外部のイベントに出席することが多い．大体1カ月に1回から2回程度，多い時には4，5回ほどは会長がイベントに出席している．事業・活動としては，古紙回収事業，町内一斉清掃，防犯灯管理，青色パトロールの実施，公園整備の要望，ゴミ防護ネットの取り換え，側溝整備，募金，敬老の日記念品贈呈，また公民館の清掃等を実施している．夏祭りは校区全体の大きな事業だが，役員全体が動員される事業で，盆踊りのやぐらの組み立てとか当日の警備は三役他組長も準備に当たることが慣例となっ

ている．また直接的な行政実務補助として広報誌の配布，回覧板の回付も行っている．

さて，回覧板を見ると，廃品回収のお知らせ，犯罪マップ，また特定健診のお知らせ，他の各種団体が実施するイベントの告知が大半で，定期的に役員会議事等が配布される．回覧板は，町内会内部の情報のやり取りというより，行政情報，外部のイベント告知の手段とされているようである．ただ，この年は，校区連合組織の調査だが近所のスーパーの買い物バスに対する意識調査，町内会独自のものとしては違法路上駐車への注意，そして糞害対策として野鳥への餌食禁止の回覧があった．件数は少ないが，身近な問題が起こった時に，それに関する情報共有を迅速に行うことが回覧板を通じて可能となっていると言えよう．

自治体との関係では，公園整備に際して市担当課に要望を伝えて実現したということがあったが，政策提言的なアドボカシーまではA町内会ではできていない．それは会があまりにも小規模であり，かつアドボカシーを組織として支えるための事務局機能が備わっていないことが背景かもしれない［Pekkanen 2006：邦訳 153］．

# 3 起こりつつある変容

### (1) 今起こっている変化：失われる正当性

図8-3は，自治会町内会加入率を公表している市の2008年から2014年の間のデータである[4]．市によって公表年が異なっているのだが，概ねの傾向として指摘せざるをえないのは，加入率の低下傾向である．ただ，急速な低下というより，漸減的な低下というべきではある．この間にも，自治基本条例や町内会加入促進条例をはじめとして，幾多の活性化策が講じられてきたのだが，その加入率は一向に改善していないのである．加入率の低下が即自治会活動自体の低下をそのまま意味するものではない[5]．ただ，この事態は，人々がすでに自然に自治会町内会に正当性を与えることができない状態を含意しているといえよう．

正当性が弱まっているという事態を証明するのが，自治会町内会をめぐる訴訟の続出である．表8-2では2000年代以降の自治会町内会関係の訴訟とその判決で主なものを取り上げた．訴えの内容は各々異なるが，自治会町内会費か

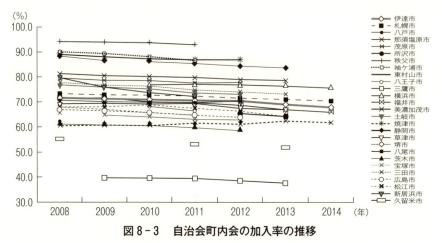

図8-3　自治会町内会の加入率の推移

(出典) 各市の資料をもとに筆者作成.

**表8-2　2000年代以降の自治会町内会をめぐる訴訟とその判決**

| |
|---|
| 2001年11月 8 日福岡地裁（自治会町内会への公金支出） |
| 2002年 4 月12日佐賀地裁（自治会町内会費と神社関係費） |
| 2002年 4 月22日大津地裁（自治会長報償金） |
| 2005年 4 月26日最高裁　（自治会町内会費の支払い義務） |
| 2008年 4 月 3 日最高裁　（自治会町内会費から募金上乗徴収） |
| 2013年 9 月19日福岡地裁（自治会町内会加入［地位不存在訴訟］） |

(出典)『裁判例情報』(http://www.courts.go.jp/app/hanrei_jp/search1),『TKCローライブラリー』(http://www.tkc.jp/law/lawlibrary/saishin/saishin03?page=13, 2018年7月4日閲覧) 等より筆者作成.

らの神社関係への支出とか共同募金費の会費天引きに対する問題認識に始まり，そもそも自治会町内会の脱退の可否に関わる訴えも起こってきている（2005年最高裁判決）．2013年の福岡の争訟では，自治会町内会の加入促進活動に際するトラブルが扱われた．こうした争訟は件数的にはまれということができるかもしれないが，これほど相次いで類例の訴訟が起こっていることに鑑みると，これまで存在意義が当然とされてきた自治会町内会に対して，多かれ少なかれ何らかの社会的な不満とか疑問がだんだんと蓄積していることを指摘せざるをえない．

加えて，近年自治会町内会の存在意義を問うテレビ番組やインターネットの

特集サイトが組まれるほどになっている．先に見た諸裁判例も含めて，そこでは，既存組織が不要ということよりもむしろ，その運営で当然視されてきたことが社会の変化に応じて大きく見直されなくてはならないということが強調されている．

### (2) 社会的基盤の変化

　自治会町内会の加入率の低下や訴訟でそのあり方が問われ始めているという背景には，根源的に自治会町内会がよって立つ社会的基盤が大きく変化したことがあると考えるべきだろう．コミュニティ＝人間関係が大きく変質しているのである．端的に言えば，「地縁」の必要度が低下しているのである．その代わりに，インターネット，特にSNSや興味関心のネットワークの方が多くの人々にとってリアルなものとなった．総務省による都市部を対象とした調査によれば，多くの人々は地縁が重要だとわかっていながらも，近所付き合いも挨拶程度，最寄りにどんな人が住んでいるか知っているかについては「ほとんど知っている」がどの都市でも少ない．また「東日本大震災前後の近所付き合いの考え方」について「あまり変わらない」がどの都市でも最多であった［総務省 2014：38］．2011年に「今年の漢字」として「絆」が選ばれたものの，地域内の絆は強まることはなかった．

　つまり，大きな傾向として，人々が生存のために必要な資源を入手する上で，地域社会は必ずしも絶対不可欠な基盤ではもはやなくなっていると言わざるをえないのである．言い換えれば，地域社会に依存しなくても生きていける人々の層がかなり多くなっているということでもある．日常生活を支える様々なサービス業が増えたし，インターネットも発達した．別に絆は地域に求めなくても良くなってしまったのである．

### (3) "自治会町内会体制"の変容

　したがって，今までの自治会の姿をそのままで再生・復旧しようとしても，それはかなり困難を伴う作業となる．これまでの姿形を当たり前のものだと捉えることでは，その正当性を得難いままである．とはいえ，先述の調査結果を見ても，地域のつながりを一切不要だという人は少ないだろう．居住形態ないし職業形態によって，その必要性の濃淡に大きな差が生じているということである．したがって，自治会町内会を地域・住民がどれくらい必要とするのか，

どのような活動・事業なら持続可能なのか，自分たちの事情に応じて主体的にカスタマイズするような組織に生まれ変わっていかざるをえなくなっている．未だに，そしてこれからも，必要な地域には必要な組織だからである．

そうなると，自治会町内会のあり方が大きく変わっていくことになる．つまり，全市区町村の連合組織-地区連合組織-単位自治会町内会といったピラミッド型，かつ組織構造と活動・事業がだいたい同じという"金太郎飴型"の特質はだんだんと失われていくことになる可能性は決して低くはない．すでに自治会町内会を基盤にしてNPO法人を立ち上げる事例等新しい動向が散見される〔森・新川 2013〕（第Ⅰ部第7章も参照）．いわゆるピラミッド・横並び型を基調とする「自治会町内会体制」がもはや盤石ではないという事態が私たちの眼前に広がっていると認識すべきなのだろう．

この自治会町内会体制に依存してきたのが，まさに行政補助面である．国，都道府県，市区町村ともに，行政実務の実施で自治会町内会に大いに依存してきた．例を挙げると，民生委員の選出は，自治会町内会の推薦に多くを依存している．民生委員法を国として実現するには，地元自治会町内会がきちんと機能することが前提となる．先に見た通り，自治会町内会が過去から政府行政機能の一部と深く関係してきたこと，さらには自治会町内会が津々浦々に存在し，金太郎飴型として同じように機能しうるということが，これまで行政補助を地域間格差なく公平に実践しえた背景である．自治会町内会本体にせよ，日本の行政の仕組みにせよ，根源的に多面的に見直さなければならない点が多く顕在化してきているというべきなのである．

大変難しい局面にある自治会町内会だが，それでも地域社会をどう維持管理していくかという課題はこれからも大きなままである．第Ⅰ部第9章に見る自治体内分権と地域自治組織は，弱体化する自治会町内会（その連合組織も）が担ってきた役割を継承するという面がある．地域自治組織を含めて，新たに各々の地域にふさわしい仕組みをどんどん考えていかなければならなくなっている．

## おわりに
――自治会町内会のこれから――

自治会町内会をめぐる最も深刻な問題は，自治会町内会の組織構造や運営の仕方が，すっかり経路依存化してしまっていることである〔森 2017：237〕．長い歴史の中で，自治会町内会の取り組みとしてはルーティン業務の処理が中心

となっている傾向も散見される.このような経路依存とかルーティン化は市区町村の行政担当者だけではなく,自治会町内会の役員層,また大半の人々にも当てはまることだろう.さらには,加入率の低下や正当性の弱化が進みつつも,それが凄まじい勢いではないから,これまでの仕組みがある程度まだ機能し得ている.だからこそ,余計に抜本的な見直しが進みにくいのである.

　自治会町内会はこれまで連合組織の一員として横並び型で構造化され,その中での運営が求められてきた.事によっては行政担当課の指示にしたがっていれば十分という事態もあったわけである.その意味では,従来の自治会町内会は,主体的に自分たちの組織の在り方とか方向性を見直すということ自体に取り組んでこなかったし,そのようなインセンティブも持たずに済んだ.

　したがって,まずは自治会町内会がどれくらい人々に負担と感じられているのか,逆にどのような場面で自治会町内会が必要なのか,こうした各地域における検討と熟慮が不可欠となっていると考えられる.少しずつだろうが,自治会町内会役員の構成,選任方法,仕事の仕方の改善の試みを進める一方,地域にふさわしい自治の仕組み全体を構想しつつ,市区町村行政における委託・依頼業務の内容等,日頃の自治会町内会運営の仕組みを大きく見直すことが求められている時代に突入しているというべきなのである［森 2015：15-16］.

注
1）総務省の2013年調査でも認可地縁法人である自治会町内会は全体の14.7%である.
2）代表的な例が,東京都武蔵野市である.
3）仕組みとしては,自治会町内会の組織を立ち上げるというパターンもあったが,特に地方都市や農村部を中心に,行政区長や行政協力委員といった「行政委嘱員」制度を用いるパターンもかなりあった［森 2014］.これは,地域から選出されたリーダーを区長や協力委員に市区町村長が非常勤公務員として委嘱（任命）する仕組みである.事実上結成されていた集落等の地域組織を前提とした仕組みではある.また,東北地方に散見されるが,行政実務の単位としての区と自治組織とのエリアが異なっているケースもある（宮城県釜石市等［築山 2011］）.
4）これらは筆者の管見の限りのデータであり,その他の市区町村でも自治会町内会の加入率を公開しているケースはあると思われる.
5）辻中らは,低加入率の自治会町内会もそうでない自治会町内会も活動水準はそれほど大きく変わらないことを明らかにしている［辻中・ペッカネン・山本 2009：補論］.筆者も調査の中で,加入率が低いが自治会町内会の活動は活発に行っている事例を見聞している.無理に100%を目指すより,今の睦まじい人間関係を前提として自治会を運営

している方がいいということであった．それにも一理あるだろう（2009年，M市自治会長より口頭で教示を得た）．
6）例えば，NHK総合『町内会が消える？～どうする地域のつながり』（2015年11月4日，クローズアップ現代）．また，東洋経済オンライン『善意が暴走するPTAと町内会は変われるか』（http://toyokeizai.net/articles/-/123762，2017月1月4日閲覧）を参照．
7）2012年と2013年を通じて，東京都港区，葛飾区，仙台市，神戸市を対象として，現地聞き取りやアンケート調査を行った調査である．
8）岐阜県可児市［2008］．自治会長に対して，自治会の地域諸課題への取り組み姿勢を訊ねたが，各々「あてはまる」の回答は，「発生した問題にはできるだけ対応」（65.7％），「今まで通りのことを行う傾向がある」（40.0％），「地域の親睦活動を重視」（39.0％），対して，「より住みやすいまちづくりのために積極的に取り組む」（23.8％）となった．

## 参考文献

鰺坂学［2006］「地域住民組織と地域ガバナンス」，岩崎信彦ほか編『地域社会の政策とガバナンス』東信堂．
大島美津子［1977］『明治のむら』教育社．
菊池美代志・江上渉［1998］『コミュニティの組織と施設』多賀出版．
岐阜県可児市［2008］『可児市における自治会活動と『可児市市民参画の協働のまちづくり条例』に関するアンケート調査の報告書』．
倉沢進［1998］『コミュニティ論』放送大学教育振興会．
渡戸一郎［1998］「90年代後期東京におけるコミュニティ施策の転換——『コミュニティ』と『市民活動』の交錯を超えて——」『都市問題』89(6)．
総務省［2014］『今後の都市部におけるコミュニティのあり方に関する研究会報告書』．
田尾雅夫・吉田忠彦［2009］『非営利組織論』有斐閣．
高木鉦作［1961］「再編されつつある町内会・部落会」，木村禧八郎・都丸泰助編『地方自治体と住民』三一書房．
高木鉦作［2005］『町内会廃止と「新生活協同体の結成」』東京大学出版会．
築山秀夫［2011］「岩手県釜石市における地域住民組織——釜石市町内会等実態調査報告書を資料として——」『長野県短期大学紀要』66．
辻中豊・ロバート・ペッカネン・山本英弘［2009］『現代日本の自治会・町内会——第1回全国調査にみる自治力・ネットワーク・ガバナンス——』木鐸社．
東北都市社会学研究会編［2006］『地方中枢都市における変貌する町内会の現状とその行方-2005年仙台市町内会・自治会調査結果報告書』．
鳥越皓之［1994］『地域自治会の研究——部落会・町内会・自治会の展開過程——』ミネルヴァ書房．
中田実編［2000］『世界の住民組織——アジアと欧米の国際比較——』自治体研究社．
西尾勝［1981］「福祉社会のボランタリズム」『季刊社会保障研究』17(1)．
日高昭夫［2003］「『第三層の地方政府』としての地域自治会——コミュニティ・ガバナン

ス論の構築に向けて──」『季刊行政管理研究』103.
三輪隆太［2014］「「地縁による団体の認可事務の状況等に関する調査結果」について」『住民行政の窓』402.
森裕亮［2014］『地方政府と自治会間のパートナーシップ形成における課題──「行政委嘱員制度」がもたらす影響──』渓水社.
森裕亮［2015］「地域における自治会の役割とその担い手──可能性と課題──」『都市問題』106(5).
森裕亮［2017］「ローカルガバナンス──地域コミュニティと行政──」，坂本治也編『市民社会論』法律文化社.
森裕亮・新川達郎［2013］「自治会を基盤としたNPO法人生成のメカニズムと効果──事例研究を通じて──」『ノンプロフィットレビュー』13(1).
Olson, M. ［1965］ *The Logic of Collective Action: Public Goods and the Theory of Groups*, Cambridge, Mass. : Harvard University Press.
Pekkanen, R. ［2006］ *Japan's Dual Civil Society: Members Without Advocates*, Stanford, Calif. : Stanford University Press（佐々田博教訳『日本における市民社会の二重構造──政策提言なきメンバー達──』木鐸社，2008年）.

# 第9章

# 自治体内分権と地域自治

## 1 自治体内分権

　自治体内分権とは何か．地方分権という言葉とどう違うのか．一般的に地方分権とは，国（中央政府）と地方自治体，あるいは地方自治体間（都道府県と市区町村）との関係で使われる言葉である．国から地方へ，また都道府県から市区町村への分権を意味する．自治体内分権とは，特に市区町村「自治体内」の一定の狭域単位への分権を意味する言葉である［森 2008：44-45］．両者は何がどう違うのだろうか．

　ここで一旦，分権とは何かについて考えてみよう．分権という言葉はもともといろんな意味を含む言葉だが，大概して2つの面があると言える．1つは，地方行政にサービス等の実施業務を分散させることである．もう1つは，下位レベルの政府とか行政に意思決定権を移譲・委任することである［Burns, Hambleton and Hogget 1994：6］．別の言い方をすると，前者はサービスの質量に関わる行政管理的分権，後者はサービスを決定する政治的分権［Lowndes 1996：105-106］である．両者は決して別々のものではなく，相互に関連しているものである．つまり，サービス実施を決定する権限と，実施を管理する権限の2つが分権の内容である．実は地方分権も自治体内分権も，「分権」の意味は共通点が多い．

　ところが，その分権先に大きな違いがある．先述の自治体内分権の定義にある「一定の単位」とは，自治体内下位区分のことである［名和田 1998］．下位区分とは何だろうか．広く言えば2種類あるその1つは，政府部門の一部である地域行政機関（区役所や支所など）である．この場合は，地域行政機関の決裁権限を拡大し，行政管理上の分権を行うことが主目的である．日本の市町村合併で導入された総合支所が典型的である．そしてもう1つは，住民参加型機関で

ある．住民が参加する何らかの機構に分権を行うのである．自治体内分権といったとき，実はこの後者のように分権先が政府部門に限定されない点が重要である．地域行政機関もこの議論の対象となるのだが，どちらかというと住民部門へ分権が行われる経路が自治体内分権の大きな特色なのである．自治体内分権の本質は，後者の住民参加機構の面にあると言ってよい．

その意味で，自治体内分権というのは，これまで政治学や行政学で繰り返し唱えられてきた，住民参加や市民参加と連なるものでもある．ただし，従来言われてきた住民参加・市民参加と大きく異なるのは，人々が公共サービスにかかる権限を直接的主体的に行使する点である．選挙などの投票型参加，市長への手紙とかパブリックコメントのような意見聴取型の参加，あるいはデモや圧力行使のような対決型の参加といったよく知られたタイプとはその性格を異にするものである．

## 2 地域自治組織

### (1) 地域自治組織のタイプ

そうした住民参加機構型の自治体内分権を支える仕組みとして，近年日本全国で用いられているのが，「地域自治組織」である．大きく分けて，法律に規定されるタイプ（法律型）と，法律に基づかず自治体で独自に設置するタイプ（独自型）がある（表 9-1）．

まず，法律型を見てみよう［大杉 2007］．全体で 3 種類が存在する．第 1 に，地域自治区は，厳密には 2 種類にわかれる．1 つは，地方自治法によるタイプ（一般型という），もう 1 つは合併特例法によるタイプである．一般型は，市町村内の一定区域を単位として設置する．一定区域はなんでも良いが，市町村内の全ての区域に設置することが求められ，設置の期限も決めなくて良い．対して合併特例型は，合併した旧市町村の単位に，合併後の一定の期間だけ設置されることと決められている．つまり，合併特例型は合併にともなう移行措置という面がある．いずれのタイプにしても，機関として住民による地域協議会と行政事務を担当する区の事務所が設けられる．住民参加の点で重要なのが「地域協議会」である．地域協議会は，地域自治区の区域住民から市町村長が委員を選任する．任期は 4 年以内で，だいたい 2 年程度が相場である．地域協議会は，必要な場合あるいは市町村長等から意見を求められた場合に意見具申する権限

表9-1 地域自治組織

| 組織類型 | | 根拠 | 単位 | 権能等特徴 |
|---|---|---|---|---|
| 法律型 | 地域協議会（一般，合併特例） | 地方自治法，合併特例法 | 旧市町村（一般は自由） | ・市町村長の権限に属する事務の分掌，地域住民の意見反映．<br>・市町村長等からの諮問事項，また必要事項の審議及び意見具申権．区域の重要事項に関する市町村長による協議会への聴取手続の義務化．<br>・合併特例の場合は協議で期間を定める． |
| | 合併特例区協議会 | 合併特例法 | 旧市町村 | ・地域住民の意見反映，一定の事務処理．<br>・合併後，旧市町村で処理していた事務の中で，旧市町村区域での処理が効果的なもの，住民の利便性に資するものを処理．<br>・協議会は，上記事務，地域振興等に関する施策等の審議・意見具申権．区域の重要事項に関する市町村長による協議会への聴取手続の義務化．特例区の事項に関する協議会の同意権．<br>・期間は5年以内． |
| | 地域審議会 | 合併特例法 | 旧市町村 | ・長の諮問に応じた審議，必要と認める事項について意見．<br>・協議で期間を定める． |
| 独自型（住民自治協議会，まちづくり委員会，区民会議等） | | 条例等 | 自由 | 地域づくり・公共サービスの実施，住民の意見集約等（市区の総合計画と連携等多種多様な特徴）． |

(出典) 筆者作成．法律型は，大杉 [2007]．独自型は，地域活性化センター [2011] 等を参照．

が与えられている．加えて，地区にとって重要な事柄については市町村長が地域協議会の意見を求めなければならないことになっている．

　第2に，「地域審議会」は，合併特例法に基づく組織であり，合併の移行措置を目的としたものである．合併関係市町村が旧市町村単位に設置するかどうかを決定するが，最長10年間が設置期間である．地域審議会は地域自治区のように事務所をもたず，審議会委員のみで構成される．審議会としては，市町村長から意見を求められた時に具申したり，また必要に応じて意見を述べたりすることができる．

　最後に「合併特例区」である．これも合併特例法に基づく組織である．旧市町村単位で設置されるものであり，合併後5年以内という期限が定められている．事務をつかさどる区長と合併特例区協議会が設置される．区長と特例区協

議会の委員は市町村長が選任する．合併特例区は，地域協議会などと異なり，単に意見具申を行うだけでなく，当該区域の事務を処理する権限が与えられていて，まるで「役所」として機能することが想定されている．したがって，合併特例区は独自の予算を作成することとされている．特例区の予算は特例区協議会の同意を得ることが求められている[2]．

それに対して，独自型は各々の市区町村でルール化し，設置するタイプである．その名称とか分権の態様にバリエーションがある．名称は，例えば住民自治協議会，まちづくり委員会，地域コミュニティ協議会，区民会議等多様である[3]．共通する点としては，特に条例等で公式に設置されるものである点，概ね小学校区あるいは中学校区を設置単位とする点，そして地域づくり・公共サービスの実施，住民の意見集約等，法律型よりも幅広い権能が付与される点があげられる［地域活性化センター 2011］．

### (2) 地域自治組織のプロフィールと導入状況

地域自治組織の具体的な容姿について，市と東京23区のみのデータであるが，日本都市センター［2016］の調査結果から確認しよう[4]．この調査では，回答があった444団体中，法律型を設置しているのは5.4％，独自型を設置しているのは283団体（63.9％）である．設置単位は，法律型が合併前旧市町村が多く（54.5％），独自型は小学校区が基本である（62.4％）．法律型も独自型も共通する点は，各種団体の協議会という形態をとるという点である．構成メンバーとしては，自治会町内会，民生委員児童委員協議会，社会福祉協議会，婦人会，PTA，消防団，青少年関係団体，ボランティア団体等といった顔ぶれである．言い換えれば地域内の歴史が長い団体役員が一堂に会するという状況である．法律型では商工会，農漁協，学識者そして公募委員が入るケースが多いが，独自型では，学識者や公募委員は少数派である．地元企業は法律，独自いずれでも少数派である．

付与された権限については，どうだろうか．自治体に意見や要望，提案を伝達するという面を見てみると，法律型では法定されている権限の外，総合計画他各種計画策定に関する事項，地域に関わる条例の制定改廃・施設整備に関する事項の権限が与えられているケースが多い．ただ，こうした事項以外の権限付与はあまり行われておらず，例えば自治体予算提案権限を付与する自治体は25.0％であった．対して，独自型では法律型のように権限移譲は行われていな

い（70.2%）傾向がある．権限移譲が行われていたとしても，政策提案権の付与が10%台，中でも予算提案権については2.3%にとどまった．他方，事業実施に少し領域を広げてみると，まちづくり，行事開催，防火防犯などの幅広い事業を実施している面はある．実施については後述の財政分権と関連して，事業実施が自己決定によるものとされるので，一種の権限の一面と捉えることもできる［堤・小泉・大方 2007］．この事業実施面の特徴は基本的には法律型と異なる点である．例えば，三重県伊賀市の住民自治協議会は総合計画と連動する「まちづくり計画」を策定し，その実施を行う権能を与えられている．こうした事業を実施するために自治体から「助成金・一括交付金等」を交付するケースも多い（83.6%）．独自型は事業とそのための元手資金が大きな要素となっている．一括交付金は地域自治組織で特に重要なので，後述する．

実は，法律型は全国的に期待薄という状況である．そもそも合併特例法に基づく機構は合併後の地域間バランスに対する措置という面があったので，合併後数年から10年内にその役を終えることが前提である．地域審議会は，2018年現在31市町村である．地域自治区は合併特例を含め，2018年時点で採用しているのが25市区町村だけである．中には途中で廃止するケースもある[5]．

他方，独自型は陸続とその数を増やしている．全国の悉皆データはないのだが，地域活性化センター［2010］の調査によると，調査回答1149市区町村のうち，独自型を導入していたのが108団体（9.4%）だった．その２年後に総務省が実施した調査（2014年）では，1501団体中451団体（30.0%）である[6]．日本全土に広がっているというわけではないが，広がり続けていることは確かだろう．

## 3　財政分権

自治体内分権の真髄は，意思決定権を地区単位に分散することにあるが，中でも重視されているのが「財政分権」である．本章でいう財政分権は，自治体における公的資金の使途決定の過程に関与する権限を地域自治組織に分割することを意味する．資源配分を住民自身が決めるということは，意思決定の根源でもある．伝統的には，公的資金の配分決定に関連する権限は，自治体予算過程に見られるとおり，首長と議会がもっぱら有していたものである［松田 2005］．特に自治体の予算編成過程は非常に遮蔽性が高い，つまり外部から関与しにくい特徴があった［森脇 1991］．確かに，これまでも予算原案作成時点

における利害関係者の要望陳情は，日常的非公式的に行われてきた．[7] いわば圧力団体型の参加はよく知られているところである．地方議員による口利きも散見されてきた．一方，財政分権はそもそも自治体予算過程の一部に公式に人々の関与を認容するスキームなのである．

現在，日本の地域自治組織で用いられている財政分権の仕組みは，「一括交付金制度」と「予算提案制度」の2つである［森 2012］．第1は，一括交付金制度である．ほぼ同じ意味だが「包括補助金」とも別称される．これは予算の一定額を地域自治組織に配分し，当該使途を地域自治組織で決める仕組みである．決定の裁量度はケースバイケースで，その資金源の性格による．例えば，予算を一括交付金として独自に計上するような場合は裁量度合いが極めて大きくなる（例えば，三重県名張市「ゆめづくり地域予算制度」など）．その一方，各種個別補助金を横割りにしてまとめて地域自治組織に交付するという場合では，補助目的事業の実施が義務づけられつつ，各事業への予算配分自体を地域自治組織で決定できる形となることが多い．個別補助金まとめ型の場合，補助目的事業への配分額の自由裁量が認められる自治体と，最低配分割合を決めている自治体とがある．概ね，補助事業への配分後の余剰額を独自事業の立案・実施に充てることが可能である．市区町村の事例としては個別補助金一括タイプが圧倒的に多い．

第2に，予算提案制度である．これは，市予算の一定額を枠付けし，その範囲内で各地区に必要な事業を地域自治組織が提案し市予算に反映させる仕組みである．一括交付金制度と最も違うのは，原則として自治体の予算"編成"過程に参加するという点，あくまで「自治体の事業」に対する提案であるという点である．厳密に言えば，予算は自治体議会の決定権限に属することになるので，予算提案制度は，あくまで行政の予算原案編成の一部に市民が関与するということではある．予算提案は，あくまで自治体事業の提案の形なのだが，当該事業を地域自治組織で担うことも可能とされるケースもある．前出の一括交付金の場合，各種補助金一括タイプだと，補助事業分の支出で独自事業分が十分まかなえない可能性がある［森 2012：143-45；森 2014］．他方，予算提案制度は，制約はありつつも様々なニーズを自治体の政策過程に持ち込むことが可能となる．

さて，日本都市センター調査の結果に鑑みても，どちらの財政分権制度が主流かと言えば，一括交付金であることが明らかである．予算提案制度は，法律

型でもそれほど多くないし，独自型でもきわめてごく少数の自治体で導入されているにとどまる．代表的であるのは，法律型では愛知県豊田市「地域会議」，独自型では大阪府池田市「地域コミュニティ推進協議会」と，また2015年から栃木県栃木市でこれまで導入してきた「地域会議」制度に予算提案権を導入したように新たなケースは見受けられる．

　第Ⅱ部第12章にもある通り，コミュニティ・ガバナンスの観点からは，コミュニティが自己統治を行う面はもちろんのことだが，コミュニティが自治体の政策過程をいかにコントロールできるかという面も極めて重要である［大山 2007；今川 2011］．確かに，一括交付金は地域の人々の自主的課題解決を促すことが目的であり，自己統治面できわめて大きな意味を持つ．ただ，本来それだけでは地域自治として不足である．地域からの自治体全体への意思表明を行う，一種の政治力［Ibid.］を発揮する面が肝要なのである．だからこそ，以下では予算提案制度に着眼して，「政治力」がどれくらい発揮されているか，その課題は何かを明らかにしたい．

## 4　財政分権の実態と限界

### (1)　予算提案制度の実態

**愛知県豊田市「地域会議」**

　では，予算提案制度は実際どのように制度設計されているのか．以下では，法律型の地域自治組織と独自型の地域自治組織について，それぞれ事例を見ることとする．

　1つ目は，愛知県豊田市の「地域会議」である．地域会議の導入は2005年に実施した合併がそのきっかけとなった．地域会議とは地域自治区に置かれる地域協議会のことである．豊田市地域自治区条例には，地域会議は「地域の住民の多様な意見の集約と調整を行い，共働のまちづくりを推進するもの」とされている．旧豊田市内に6つの地域自治区とそれぞれに複数の地域会議，そして旧町村部にはそれぞれの旧町村単位に地域自治区と地域会議が設置されている（藤岡地域自治区は2つの地域会議）．地域会議の構成メンバーは，公共的団体の推薦者，学識経験者，公募メンバーからなり，各会議で20名以内と定められている．公募メンバーを含めて年齢とか性別，住所の偏りがないように選任している．最終的な選任権者は市長である．公共的団体としての自治会長が構成員の

第9章 自治体内分権と地域自治

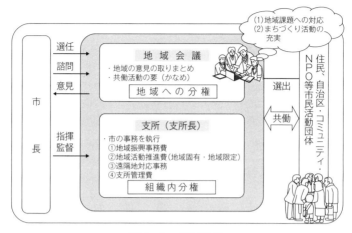

**図9-1　地域会議**

（出典）豊田市『都市内分権の推進　地域自治区制度と地域自治システム』（http://www.city.toyota.aichi.jp/shisei/jichiku/1004968.html, 2016年12月6日閲覧）．

メインとなるが，公募メンバーは全体の5.6％（2018年）である．地域会議が地域意見の取りまとめ等を行い，支所が地域会議を事務として支える仕組みである（図9-1）．

予算提案制度の手続きを具体的に見てみよう．豊田市では地域会議あたり年間2000万円を上限に事業を提案することができる．スケジュールは4月スタートで，住民意見等の基礎調査を実施した後，取り組み課題の決定，続いて夏前に事業計画書案を作成し，住民への公開，意見集約を経て事業計画書の決定，最終的には市予算として事業計画書を予算案に盛り込むという手続きである．対象となる事業はハードからソフトまで幅広く設定されているが，市に決定権限がないもの，全市的計画に沿って決定すべきもの，自治会と市の間で調整したもの，他市長が適さないと判断する事業は対象外とされている．

これまでに提案された事業としては，計画策定，防犯パトロール，防災啓発，健康づくり事業，遊歩道整備，交通実態調査・ヒヤリハットマップ，水辺環境清掃活動・水質調査，森林保全伐採，空き家定住促進，散策マップなどがある．道路や公園整備など施設整備関連の項目は自治会との調整対象事業となるため，地域会議の対象となっていない．

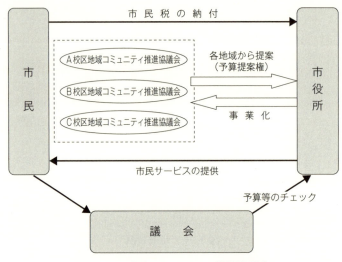

**図9-2 地域コミュニティ推進協議会**
(出典) 池田市総合政策部地域分権・協働課 [2011].

### 大阪府池田市「地域コミュニティ推進協議会」

2つ目は,大阪府池田市の地域コミュニティ推進協議会である(図9-2).池田市の取り組みは,1995年から市長を務める倉田氏のリーダーシップが発端となった.倉田市政4期目の2007年に「池田市地域分権の推進に関する条例」が施行されて,職員向け説明会,住民向け説明会を矢継ぎ早に実施し,同年10月には全ての小学校区において協議会が設立された.

地域コミュニティ推進協議会は小学校区を設置単位としており,構成メンバー(会員)は「地域内に居住する住民」と規定されているが,会員は原則公募で選出する.池田市の自治会加入率は制度開始時に全市平均で40%を下回っていて,自治会をメインに組織化できなかったという事情があった.会員には原則定数は存在するが,現在は応募した人全て委員となれる運用をしている.公募の方法は各協議会に委ねられていて,自治会長等をメンバーとして入れるように運用するケースもある.地区によって運用の仕方には柔軟に対応しているが,原則的には完全公募制が池田市の取り組みの最たる特徴である.

条例には,協議会の権限として「地域内において実施する必要がある事業(中略)を市に提案することができる」と定められ,その際「提案書」を提出す

る手続きが求められる．この提案手続きについては，豊田市の地域会議とよく似ている．まずは，春から夏にかけて予算提案のための地域課題検討を行い，10月には予算提案書を協議会で作成・提出する．その後，11月から2月ごろにかけて市担当部署が予算化するか否かの審査手続きを進めるのである．実施する必要があるかどうかを市が審査するわけである．最終的には各協議会の提案分を載せて市予算案として議会に3月に上程する．額としては，住民税の1.5％を目途することとしていて，各協議会には概ね900万円分の枠付けとなっている．

池田市でも，豊田市と同じく比較的幅広く事業提案が認められているが，現金給付，物品給付，営利・政治・宗教活動に関するもの，公共の利害を害するものは提案できないとされている．市行政では，自主事業として実施できるかどうか，後年度の維持管理費用が明確になっているか，単なる赤字補填ではないかなどの基準を用いて査定を行う［田中 2013］．池田市の場合は，協議会の範囲を超える提案を行う場合，協議会同士で共同提案を行うことも認められている．権能が特定地区に限定されていない点が大きな特色である．その意味で，場合によっては全市的な課題についても協議会が予算提案することも可能となっている．

年々，提案される予算額は増加傾向にある［Ibid.］．これまでに提案された事業としては，例えば公園整備とか，防犯カメラ設置，道路安全対策，掲示板設置，美化整備，植樹，AED設置，コミュニティ広報誌の発行，メタボ予防教室，レクリエーション大会事業，観光振興などハード，ソフト両面に幅広い．

池田市がとりわけ興味深いのは，事業評価を行う点である．協議会が事業実施前と後の状況，事業の効果，課題を自己評価し，市の事業担当課と協議会を担当する地域分権・協働課が各々評価結果にコメントを加える仕組みである．

### (2) 制度の意義と限界
**予算提案制度の意義**

予算提案制度は，公的資金の使途決定，とりわけ予算編成過程に住民が公式に関与できる仕組みである．これまで自治体の予算編成過程は先述の通り，非公式関与はあっても，自治体行政内で専権事項とされてきた．それを一部ではあるが開放するというのは，大きな変化であるといえよう．第Ⅱ部第12章でも取り上げる通り，参加型予算配分制度が各国に広がりつつあるという事実は，

政府部門の予算過程という意思決定の根幹部分に住民参加を取り入れる方法が，地方自治体における標準装備となっていくことを意味するのではないか．

また，予算提案制度は直接的に多元的なアクターが政府部門の資源配分過程に関与することを可能にする点で新しい．特に制度を設けることで，公平な参加を誘導するという意義が確認できよう．アメリカの行政学者セオドア・ローウィは，アメリカの特定の利益集団が政府部門に影響を与えている構図を批判して，「依法的民主主義」による解決を論じたが［Lowi 1979：邦訳 Ch.11］，いわば厳然とした公式のルール・仕組みに依る民主的政策決定を理念上は想定した点に着眼すべきである．

**制度の限界**

〈1〉正統性

しかし，現行の仕組みを見ると，いくつか限界点も指摘せざるをえない．1つ目は，正統性の限界である．豊田市の『地域自治システム評価アンケート調査』[10]を見ると，地域会議を知っている人々は少ないと言わざるをえない．「まったく知らない」が45.6％である．聞いたことがあるが内容はあまり知らないを含めて86.6％にのぼる．予算提案制度についても地区によってバリエーションはあるものの，概ね「まったく知らない」という回答が目立っている．池田市の地域コミュニティ推進協議会については2008年時点の市民意識調査では，知っている市民は24.9％にとどまっていた［椋田 2011：23］．多くの人々は特段参加意思を持たないのか，あるいは白紙委任状態になっているのかどうかはわからないが，存在すら認知されていないことには住民自治とか地域自治の仕組みとしての正統性が大きく問われる．

加えて，「新しさの不利益」と言って，歴史の浅い組織はその正統性に弱点が発生しがちである［Stinchcombe 2013］．これまで地域の中心的組織であった自治会等各種団体とのコンフリクトは起こる可能性もあるだろう．一括交付金型の事例だが，自治会と地域自治組織のどちらが偉いのかという意見が地元役員から出されたという［岩崎 2006：28］．既存団体の力が強ければ，必然的に地域自治組織の存在は霞んでしまう．

〈2〉アドボカシー

2つ目は，アドボカシー達成という面の限界である．公共政策の決定過程に住民が参加できることは重要だが，それがアドボカシー型の機能を発揮し得て

いるかがさらに問われなければならない．先に見た両市の「提案できない事業」に鑑みると，市の条例や計画があくまで提案の基準になることを指摘できる．例えば池田市であれば，予算提案書の内容については公式サイトでも「法律・条例との適合性や公平性の確保，現行制度との整合性等の観点から審査し，必要に応じて協議会と調整を行う」と手続きが明記されているが，基本的には予算提案は自治体全体の上位計画に沿ったものが優先されるということになる．自治体条例制定における法律に対する「上乗せ」とか「横出し」の用語を援用すれば，こうした提案内容の上乗せ横出しがどれくらい認められていくのかは注目すべき局面である．

　アドボカシーの重要な局面として，政府部門の問題点を指摘し，そこに修正を加えるということがある［Reid 1999：邦訳 264-69］．その点で実は池田市の評価過程はきわめて重要な役割を持つ．評価を通じて，問題点を明らかにし，事業本体の見直しだけではなく，市の条例や計画内容の課題があればそれを指摘するというようなことも十分できる．ただ，池田市が公開している各年度の評価結果に鑑みても，評価過程が市予算や計画・事業そのものの評価に繋がったり，次年度の予算編成過程全体に影響したりするような経路は今のところ想定されていないといえよう．

〈3〉代表性

　そして3つ目に最も根本的かつ上記2つの限界の源ともいえる，代表性の限界である．地域自治組織は，そもそも地区住民全体を代表しているのかどうか．財政分権は，いわば税金の使い道，もっと言えばその優先順位を住民の直接的参加を通じて決めることである．原則憲法に定められた納税の義務に基づけば，その使途決定には何らかの形で納税者全員の意見反映の機会が保障されなければならない．だからこそ，税金の配分決定作業は公選の政治家（首長と議員）に委ねられてきたわけである．予算提案制度については，最終決定ではないものの，行政の予算編成の一過程を構成するという点から，幅広く地区住民一般の需要や好みを代表しうる状態が求められるだろう．地域自治組織は第三者が見て信頼に足る方法で参加のしくみを整えておかなければならない．

　現時点で，代表性の担保は，豊田市では，比較的多くの人々が加入している自治会と各種団体，そして公募メンバーの参加枠を設けるという，アクターのバランスと網羅という観点，池田市では誰でも立候補して良いという意味で機

会の均等と多様な意見反映の観点で，実質的な代表性を担保しようとしている．ただ，常にそれらがバランスある代表性を実現できるとは限らない，不安定な担保の仕方であると言わざるをえない［森 2012：146-49］．豊田市の場合は自治会の加入率が低下したり，結果的に幅広い団体が参加しなかったりした時にバランスと網羅性を欠いてしまう[12]．他方，池田市は全ての人々に参加機会を開いているように自由度が高い反面，選任手続きが事実上作動していないという弱点がある．

## おわりに
### ——自治体内分権のこれから——

現時点で，日本の自治体内分権は，まだまだ登山の準備を始めたばかりと言って良いだろう．その意味では，どの山頂をどのように目指すかは不明瞭であるが，逆にこれからどれだけでも議論して決めることができる．まだまだ可塑性が高い仕組みなのである．

地域自治組織には，一括交付金型財政分権に基づくタイプと予算提案型財政分権のタイプと各々存在するのだが，いずれにせよ代表性や正統性の問題は常に付随する．様々な方向は考えられるが，例えば新潟県上越市の地域自治区で採用されている「公募公選制」は１つの将来像かもしれない．これは，地域協議会委員の立候補者を公募し，委員定数を公募者数が上回ったら住民投票を行い，その結果をもとに市長が委員を選任する手続きである．投票結果が拘束力を持つ公選制とは異なるが，できる限り住民の公平性に基づいた代表性を整えようとする試みとして着目すべきだろう．こうした公募型の場合，住民の多様な意見反映と参加の機会均等には有効かもしれないが［西村 2011：20-22］，その一方で特定のメンバーだけが参加する傾向が強まる"usual suspects問題"（第Ⅱ部第12章を参照）の発生が起こりやすい構造を孕みうることには注意が必要である．機会と結果の均等をどう制御するかが今後の制度設計そして運用に求められているといえよう．ある種のポジティブ・アクションを講じる等，候補者をどう取り揃えるかは各々の地域の事情に沿って決めるとしても，何らかの有権者による信任の手続きを導入し，きちんと作動させることは民主主義の観点からも極めて肝要なのではないだろうか．例えばニューヨーク市が導入する地区予算提案で見られる住民向け公聴会［木寺 2013］を用いる工夫は割と現実的な代表性担保につながるのではないか．

もちろん，どういったしくみを整え作動させるとしても，一朝一夕に地域自治が達成されるわけではない．ただし，時間の経過だけをただ繰り返し待っていてもそれは達成されないことは言うまでもない．いかなる価値の元にどれほどの資源が動員可能か，といった制度設計の自覚的な議論とともに求められるのは，地域自治組織をいわば自治体のOS（オペレーションシステム）の構成要素として位置付ける自治体，そして人々の勇気と覚悟である．

**注**
1) 「市町村合併の特例に関する法律」が正式名称である．これはもともと戦後に行われた昭和の大合併の際に制定されたものである．繰り返し改正を続けてきたが，1999年の改正で市町村合併に伴う特例が新たに盛り込まれたのをきっかけに平成の大合併がスタートした．
2) 設置期間が5年までであり，2014年に熊本市と宮崎市の合併特例区を最後に2017年現在の設置例はない．
3) 独自型は広く捉えると，自治体が条例などで公式に設置するタイプに限らず，市民が自分たちで任意で結成する例もある［木原 2007：81-83］．本章では前者の公式設置のタイプを前提に議論する．
4) 「都市自治体における『都市内分権』の現状と課題に関するアンケート」の結果である（2015年）．対象は813市区，回答率は52.9%である．なお，法律型は地域自治区と指定都市に置くことができる「区地域協議会」のみを対象としている．
5) 例えば，山梨県甲州市は地域自治区を期限途中で廃止した［三浦 2009］．
6) 総務省の調査では「地域運営組織」という概念が用いられ，その定義は「地域の生活や暮らしを守るため，地域で暮らす人々が中心となって形成され，地域内の様々な関係主体が参加する協議組織が定めた地域経営の指針に基づき，地域課題の解決に向けた取り組みを持続的に実践する組織」である．地域自治組織と概ね重なる部分が多いと思われる．また，本調査は岩手，宮城，福島を調査対象としていない．
7) ただ，中でも自治会町内会の場合は，「地区要望会」等として公式の要望伝達経路を認めてきた自治体は多い．例えば，三重県四日市市では「土木要望会」を中学校区ごと（概ね連合自治会）に開催している．
8) 地域自治組織からの主体的な予算提案制度だけでなく，予算提案制度自体は広がっている．区役所の予算提案である「区提案予算制度」（新潟県新潟市），各種団体が提案する「市民予算枠事業」（愛知県高浜市）等がある．なお，大阪府大阪狭山市の「まちづくり円卓会議」も予算提案型としてスタート［鈴木 2012］したが，現在は一括交付金が導入されている．
9) 豊田市では自治会を「自治区」と呼んでいるが，地域自治区との混同を避けるために本章中では自治会とした．
10) 2016年9月に実施．豊田市在住3カ月以上の満20歳以上の約6500人が対象である．有

効回答率は54.2%.
11）池田市の公式サイト『地域コミュニティ推進協議会の提案事業に対する評価』（http://www.city.ikeda.osaka.jp/soshiki/sogoseisaku/chiikibunken/gyomu/chiikibunken/1415934866226.html，2016年12月19日閲覧）．
12）滋賀県高島市のまちづくり委員会は，規定上幅広いアクターを網羅的に参加することを想定していたが，実際自治会とか農協・商工会等団体出身者が多くを占めた［広原2008：199］．

**参考文献**

池田市総合政策部地域分権・協働課［2011］『地域分権やってます』．
今川晃［2011］「地域ガバナンスの変容——地域社会における公的ガバナンスの変化と動態——」，新川達郎編『公的ガバナンスの動態研究——政府の作動様式の変容——』ミネルヴァ書房．
岩崎恭典［2006］「住民自治協議会の現状と課題——伊賀流住民自治その後——」『市政研究』153．
大杉覚［2007］『住民と自治体——自治体経営への住民参加——』自治体国際化協会．
大山耕輔［2007］「ガバナンス概念と課題について——ボバードの議論を参考に——」『法学研究』80(1)．
木寺元［2013］「市民参加と取引費用アプローチ——ニューヨーク市コミュニティ・ボードの比較政治——」『開発論集』92．
木原勝彬［2009］「第4プロジェクト報告『地域自治の仕組みづくり』にかかわるアンケート調査報告」『コミュニティ政策』7．
鈴木潔［2012］「新しい予算編成の試み」，日本都市センター編『自治体の予算編成改革——新たな潮流と手法の効果——』ぎょうせい．
田中晃代［2013］「ネットワーク型まちづくり事業を生み出すための『予算提案制度』の運用に関する研究——大阪府池田市の地域分権制度を事例とする——」『都市計画論文集』48(3)．
地域活性化センター［2011］『『地域自治組織』の現状と課題〜住民主体のまちづくり〜調査研究報告書』．
堤可奈子・小泉秀樹・大方純一郎［2007］「地域住民自治組織に対する権限委譲施策の運用実態」『都市計画論文集』42(3)．
名和田是彦［1998］『コミュニティの法理論』創文社．
新川達郎編［2011］『公的ガバナンスの動態研究——政府の作動様式の変容——』ミネルヴァ書房．
西村茂［2011］「基礎自治体の域内分権——住民代表組織の審議（決定）・実動（執行）運営——」『地域と自治体』34．
日本都市センター［2016］『都市内分権の未来を創る——全国市区アンケート・事例調査を踏まえた多角的考察——』．
広原盛明［2008］「高島市における参加協働型政策研究——地域パートナーシップにおけ

る大学の役割――」,白石克孝・新川達郎編『参加と協働の地域公共政策開発システム』日本評論社.
松田真由美［2005］「自治体予算編成過程への市民参加」『TORCレポート』26.
三浦哲司［2009］「自治体内分権のしくみを導入する際の留意点――甲州市の地域自治区制度廃止を事例として――」『同志社政策科学研究』11(2).
椋田那津希［2011］「池田市地域分権の推進に関する条例について」『マッセOsakaセミナー講演録集』24.
宗野隆俊［2011］「法による地域社会の変動と自治体内分権」『法社会学』74.
森裕亮［2008］「自治体広域化と地方自治――市町村合併と自治内内分権――」,山本隆・難波利光・森裕亮編『ローカルガバナンスと現代行財政』ミネルヴァ書房.
森裕亮［2012］「地域自治組織と自治体」,真山達志編『ローカルガバメント論――地方行政のルネサンス――』ミネルヴァ書房.
森裕亮［2014］「コミュニティ政策と地域自治組織――北九州市,福岡市,宗像市の事例を対象に――」『コミュニティ政策』12.
森脇俊雅［1991］「自治体の予算過程と利益団体」『都市問題』82(2).
Burns, D., Hambleton, R. and Hoggett, P. eds. [1994] *The Politics of Decentralisation: Revitalising Local Democracy*, Basingstoke, Hampshire : MacMillan.
Fung, A. and Wright, E. [2003] *Deepening democracy: Institutional innovations in empowered participatory governance*, London, UK : Verso.
Lowi, T.J. [1979] *The End of Liberalism: The Second Republic of United States*, New York, NY : W.W. Norton and Company（村松岐夫訳『自由主義の終焉――現代政府の問題性――』木鐸社,2004年）.
Lowndes, V. [1996] "Decentralisation, Devolution and the Local Dimension," in Leach, S. ed., *The Local Government Review: Key Issues and Choices*, Birmingham, U.K. : The University of Birmingham.
Reid, E. J. [1999] "Nonprofit Advocacy and Political Participation," in Boris, E.T. and Steuerle, E. eds., *Nonprofits & Government: Collaboration and Conflict*, Washington D.C., The Urban Institute Press（上野真城子・山内直人訳「NPO・アドボカシーと政治参加」『NPOと政府』ミネルヴァ書房,2007年）.
Stinchcombe, A.L. [2013] "Social Structure and Organizations," in March J.G. ed., *Handbook of Organizations*, Abington, UK : Routledge.

# 第10章

# 東日本大震災からの復興過程におけるローカル・ガバナンス

## はじめに

　災害からの復興過程は，コミュニティに社会的変化をもたらす"機会の窓"であるといわれている．東日本大震災の被災コミュニティにおいても，震災復興に向け，多様なアクターの関与のもと，従来の枠組みを超えた新たな協働の取り組みが展開されている．

　過去の災害事例を振り返っても，復興を契機として生まれた協働，エンパワメントの枠組みは，合意形成，意思決定，資源配分のメカニズムとして復興を促進するだけでなく，復興後も地域の持続的発展を支える基盤となってきた．

　例えば，阪神・淡路大震災時に緊急的なイニシアティブとしてアドホックに生まれた中間支援組織は，復興過程を通じ安定的，持続的な組織へと発展し，今日では地域に不可欠なサービス提供主体，事業推進機関として存立している［今井・金川 2011］．

　本章では，東日本大震災の被災地である南三陸町の地域組織を事例に取り上げ，それが如何に復興過程における協働を促進し，ローカル・ガバナンスに影響を及ぼしてきたかについて考察する．

　以下では，調査対象の南三陸町の地域自治等の概況を示したのち，同町における協働の復興まちづくり（復興計画・事業の推進状況及び地域組織の発展状況）について概観する．次いで，震災後新たに誕生した2つの地域組織の事例を紹介したうえで，復興過程における地域組織の意義・役割を明らかにするとともに，ローカル・ガバナンスの基調変化について考察する．最後に，地域組織の今後の役割について展望する．

## 1　南三陸町の概況

### (1) 地勢，人口，産業

　南三陸町は，宮城県北東部，本吉郡南端に位置する町で，2005年，旧志津川町と旧歌津町が合併して新たに誕生した自治体である．東は太平洋に面し，リアス式海岸特有の風光明媚な景観が続く海岸部は，三陸復興国立公園の一角を形成している．その他三方は山に囲まれ，南は石巻市，西は登米市，北は気仙沼市に接している（図10-1）．

　2017年12月末現在，町の人口は1万3210人，世帯数は4566世帯にのぼる（住民基本台帳登録数）．合併時，1万9000人を上回っていた人口は，震災前までに1万7000人台にまで減り，その後震災を経てさらに20％以上減少している．

　南三陸町は，以前より漁業（特に養殖漁業）と水産加工業を基幹産業として発展してきたが，近年は海，山の豊かな自然環境・景観や地域資源を活かしたツーリズムも活発になり，震災前まで交流人口の拡大が続いていた．震災後の復興過程でも，6次産業化の取り組みなどと相まって，ブルーツーリズム・グリーンツーリズム振興の動きが広がっている．

### (2) 地域自治（住民自治）の状況

　南三陸町の町域は，「志津川」，「戸倉」，「入谷」，「歌津」の4つの地区（＝昭和の大合併前の旧町村単位）からなる．この4つの地区毎に公民館活動，青少年育成活動等が展開されてきた．

　各地区内は，世帯数を基準として「行政区」に細分化されている．「自治会」はこの行政区毎あるいは2～3の行政区にまたがる形で設置されている．部落公民館組織や婦人会，老人クラブなどは，この行政区を基本単位として活動している．

　また，南三陸町では東北各地でみられる「契約講」[3]と呼ばれる伝統的な相互扶助組織も，行政区単位あるいは複数の行政区をまたぐ形で設置されている．契約講は，集落運営の中心を担う組織であり，地域コミュニティの決定に大きな影響力を及ぼす存在である．契約講は任意団体ではあるものの，町への陳情窓口や行政区長（町の特別職・非常勤職員），各種団体役員の選任機関として機能している．このため，行政でも，それを自治会と並ぶ地域自治の基礎単位と捉

図10-1　南三陸町位置図（左上）及び町内地区区分図（右下）

えてきた．

　このように南三陸町では，地縁組織が'盤石'であったものの，合併時より，人口減少・高齢化のもとでのコミュニティ機能の維持・確保が課題として認識されてきた．このため，南三陸町の総合計画では，「参画と協働が活発なまちづくり」が柱の1つに位置づけられ，震災1年前には，「協働のまちづくり指針」も策定された．そして，参画と協働の取り組みを実践しようとしていた矢先に震災に遭遇することになった．

## 2　協働の復興まちづくり

### (1) 復興計画・事業の推進

　東日本大震災は，南三陸町に壊滅的な被害をもたらした．津波により，海岸沿いの低地にある市街地や集落，農地などはほぼ浸水し，多くの家屋や漁船が

流され，町役場などの公共施設も流失した．死者・行方不明者は832名を数え，明治三陸大津波に次ぐ人的被害が生じた．被害家屋（半壊以上）は3321戸と全世帯数の6割以上にのぼり，一時人口の半数以上の9746人が33の避難所への避難を余儀なくされた．

このように甚大かつ深刻な被害を被った南三陸町が当面の応急・復旧対応に追われながらも復興に向け動き出したのは，震災から約2カ月が経ってからのことであった．2011年5月，町は復興に向け「震災復興基本方針」を公表した．

そのなかでは，改めて，参画と協働の理念が謳われ，町では，この方針に沿って，公募委員らによる「震災復興町民会議」を開催し，住民意見の吸収に努めるとともに，「地域懇談会」を各地区で開催し，住民との対話に努めた．

2011年12月には，このようにして聴取された住民意見等を踏まえ，「震災復興計画」が策定された．震災復興計画では，復興の推進方策の1つとして，「協働の復興まちづくりの推進」が掲げられ，まちづくり協議会の設置やNPO，大学等の様々な団体との連携が謳われた．

そして，この震災復興計画に基づき，被災した歌津・伊里前地区（2011年12月），戸倉地区（2012年1月），志津川地区（2012年9月）の3地区で「まちづくり協議会」が設立された．各まちづくり協議会では，地区（行政区，契約講等）代表や事業者（既成団体）代表で構成される「役員会」とともに，個別具体的な課題について協議する「専門部会」が設置された．この専門部会の委員については，一般公募が行われ，公募委員等の間で高台移転やコミュニティ形成，都市計画・土地利用計画，公共施設配置等の課題について議論が交わされた．

また，歌津・伊里前地区や志津川地区では，防災集団移転促進事業等の進展を受けて，高台団地毎に検討会が開催された．検討会の場では，各団地の計画案のほか，街並み景観等の自主的なまちづくりルールや住民コミュニティの形成，宅地の決定手法などのテーマについて，入居予定者間で意見交換が行われた．

さらに，震災復興事業においても，行政，地域団体等の間の協働の取り組みが進展した．例えば，宮城県の「復興応援隊事業」（2012年度～）では，①住民参加による観光のまちづくり（地域住民による語り部ツアーの運営支援等），②商工会と町，観光協会，地域団体等の連携による仮設商店街の活性化事業，③地域団体，NPO，町等の協力によるまちづくりの担い手育成，④交流施設，地域団体，町等の連携による地域をフィールドとした交流事業（「里山振興プロ

ジェクト」)が実施された.

### (2) 地域組織の台頭

震災後,全国各地から多くの団体・個人がボランティアとして南三陸町に駆けつけ,復旧・復興の支援にあたった.南三陸災害ボランティアセンターに登録したボランティアの数は,最盛期の2011年8月には8000人以上にのぼり,累計では1年間で約5万人に達した.

「宮城県支援団体調査」(2012年) によると,南三陸町への支援団体の数は87団体(旧志津川町:49団体,旧歌津町:40団体)にのぼった.このうち,71の団体が震災後約3カ月の間(〜2011年5月末)に支援を開始し,76の団体が2012年末時点でも活動を行っていた.また,この調査の対象にはなっていないものの,企業・学校単位での支援や,商店街等の既成団体間のつながりをベースとした支援も数多く報告されている.

他方,被災から1年が経過し,復旧から復興へと移行する段階になると,住民自身による被災者支援活動や復興まちづくりの取り組みが本格化しはじめた.それとともに,新たな地域組織の設立が相次いだ(**表10-1**参照).

南三陸町では,震災前,NPO(特定非営利活動法人)が1団体しか存在しなかったが,2012年度以降現在までの間に,7つの団体が新たに同法人として認証を受けている.そのいずれもが,まちづくりや経済活性化を目的に掲げ,復興の取り組みと関わるものである.

また,この間,登記だけで設立でき,比較的自由度の高い一般社団法人として法人化された地域組織も7団体にのぼっている[髙田 2016:2].それらの活動内容をみると,「まちづくりNPO」と呼んでもよいものが大半である.

さらに,NPO,社団法人以外の法人(合同会社)や任意団体として震災後設立・運営されているものも含めると,震災以降新たに20以上の地域組織が誕生している.このほか,旧来からの地縁組織や地域組織でも,震災以降,震災復興をそのミッションに加え,被災者支援に乗り出すところも現れている(事例「すばらしい歌津をつくる協議会」[4]).

新しく設立された地域組織の多くは,単独で設立・運営されているのではなく,地縁組織(契約講等)や既成団体(商工会等)との様々な結びつきのなかで設立・運営されている.また,まちづくり協議会の運営支援・補完などの役割を担い,その課題解決,意思決定を支援する組織も存在する.さらに,震災後

**表10-1　震災以降誕生した地域組織（NPO，一般社団法人，任意団体・その他）**

| NPO(注)（特定非営利活動法人）<br>（かっこ内は法人認証年） | 一般社団法人<br>（かっこ内は法人設立年） |
| --- | --- |
| ・みらい南三陸（2012年）<br>・奏海の杜（2013年）<br>・夢未来南三陸（2013年）<br>・南三陸コミュニティメディア（2013年）<br>・南三陸町復興協会（2013年）<br>・田の浦ファンクラブ（2014年）<br>・びば!!南三陸（2015年） | ・復興応援団（2011年）<br>・よみがえれ南三陸（2011年）<br>・さとうみファーム（2012年）<br>・南三陸研修センター（2012年）<br>・南三陸町復興推進ネットワーク（2012年）<br>・南三陸復興まちづくり機構（2012年）<br>・復興みなさん会（2014年） |
| 任意団体・その他 ||
| ・南三陸復興タコの会（2011年）<br>・グランドラインズ（2011年）<br>・南三陸ふっこう青年会（2011年）<br>・ラムズ（2012年） | ・南三陸ネイチャーセンター友の会（2012年）<br>・南三陸木の家づくり互助会（2013年）<br>・波伝の森山学校合同会社（2014年） |

(注) このほかNPOに関しては，1団体が2017年に登米市から移転．
(出典) 髙田［2016］を修正．

誕生した地域組織の間でも，様々な活動を通して連携・協力が図られている．

新しい地域組織は，いずれも住民有志が立ち上げを図ったものであるが，その大半は復旧・復興過程のなかで結びついた外部の組織・機関，専門家とも交流・連携を図りながら，活動を展開している．そのなかには，外部支援者（大学教員，専門家等）が設立・運営に深く関与しているものもあれば，外部組織が復興支援の一環として整備したアセット（施設）を継承する受け皿として設立されたものもある．

すなわち，新しい地域組織は，内外の組織，ネットワークとの結びつきのなかで設立され，存立してきたといえる．次項では，このうちの2つの地域組織の活動を事例として取り上げ，その実態を報告する．

### （3） 新しい地域組織の事例

① ㈳南三陸町復興推進ネットワーク[5]

㈳南三陸町復興推進ネットワーク（以後「推進ネットワーク」）は，震災直後からボランティア活動にあたってきた地元出身の若手3人が立ち上げた団体である．2012年3月に設立され，同年5月に一般社団法人（非営利型）となった．現在，町出身者8名を含む10名で活動にあたっている．

推進ネットワークは，「千年の事業を構想する」をビジョンに掲げ，長期的

な地域づくり，人づくりを志向し，その実践にあたろうとしている．具体的には「教育」「自然」「ネットワーク」をキーワードに「教育を通じた"まちづくり"への貢献」「若手世代のコミュニティ再生への貢献」「新規事業の研究・開発」の各分野で事業を展開している．

このうち教育に関しては，町内の小学生を対象に「南三陸わらすこ探検隊」（旧南三陸町ふるさと学習会）と呼ばれる学習会を2012年6月から開催してきた．開催回数はこれまで120回以上，参加者は延べ2200人以上にのぼる．この事業では，様々な体験学習イベント（職場体験，収穫体験，自然観察等）を開催することで，子供たちに地域の仕事，歴史・文化，自然などについて学ぶ機会を提供している．この事業を通じ，学年，学校を越えた交流が育まれ，地元有志の講師と父兄の間に新たなつながりが生まれているという．

若手世代向けには，2012年3月より「青年異業種勉強会」を実施してきた．毎回ゲストを招聘し，まちづくり，交流人口，産業振興，地域資源，情報発信などのテーマについて討議を行ってきた．開催回数はこれまで20回を数える（現在は不定期開催）．登録メンバーは60名以上にのぼり，全員が20歳，30歳代である．その職業は漁業，農業，水産加工，土木・建設，宿泊，魚屋，理美容，サービス，団体職員，ICT，保険，僧，神職，NPOなど多岐にわたる．

新規事業創出に関しては，2014年度から六次産業化支援，休耕田の有効活用，交流機会の創出などを目的として，酒米づくりから酒づくりまで行う「南三陸おらほの酒づくりプロジェクト」を展開している．このプロジェクトでは，南三陸ネイチャーセンター友の会や㈳南三陸町観光協会の協力のもと，戸倉地区の休耕田，復興田60アールにおいて酒米を栽培している．この活動では，町民有志と町外からのボランティアが，代かきや田植え，除草，草取り，稲刈り，脱穀といった農作業に共に取り組むとともに，音楽会や酒蔵見学などのイベントで交流を深めている．収穫された酒米については，協力先の県内酒蔵に醸造を依頼し，一升瓶1200本分相当の日本酒を生産・販売するに至っている．推進ネットワークでは，将来この日本酒を町の特産品とすることを目指している．

このほか，ICT・ソーシャルメディア活用支援も，代表者がIT企業を経営していたことから事業の1つとなっている．また，Facebookやホームページを通じて，町民ボランティア向け情報を提供するとともに，外国人の体験・研修サポート，学生短期インターンの受け入れなど，町内，町内外を結ぶつなぎ手としての役割も果たしている．

他方，推進ネットワークは活動の進展とともに，まちづくりの分野で行政，NPO，事業者等と連携を深めている．2012年9月より志津川地区まちづくり協議会事務局の運営（委託業務）を担っているほか，2014年度には，宮城県の復興応援隊事業を受託し，まちづくり担い手育成プロジェクトを実施している．その一環として，町内でのNPOネットワークの形成に向け，非営利組織の実態調査を行うとともに，町内のNPOのリソース交換及び課題解決のためのワークショップや協働事業などを実施している．また，2015年5月からは，町内のさんさん商店街で開催される朝市（さんさん朝市）の運営支援を引き受け，「まちの事務局」としての機能を強化しつつある．

② ㈳復興みなさん会[6]

復興みなさん会は，住民間の絆の再生とコミュニティの再構築による本格復興の実現をミッションに掲げ，被災した町民有志が設立した組織である．2011年10月から活動を始め，2014年5月に一般社団法人として法人化した．

中心メンバーはいずれも，震災前より地域コミュニティのなかで様々な活動に従事してきた地元出身者である．各人とも，震災後は復興まちづくり推進員として，コミュニティと大学等の外部機関のつなぎ役を果たすとともに，まちづくり協議会や高台移転の会等の場で，住民サイドから復興まちづくりの推進にあたってきた．復興みなさん会での活動は，こうした各人のフォーマルな活動の延長線上に展開されてきた．

復興みなさん会では，避難所から仮設住宅に転居した被災者の転居先を把握するため，一軒一軒仮設住宅を訪問し，仮設の住宅マップを作成するところから活動をスタートさせた．その後も，仮設住宅入居者相互の交流を目的として草花の植栽等の活動を行うなど，仮設でのコミュニティづくりの支援にあたった．災害公営住宅の建設が進む2013年秋以降は，町民と役場が協働で集会所や共同空間の作り方，使い方について話し合う「くらしの懇談会」を町と共催した．2014年夏以降は，町内最初の災害公営住宅が完成した入谷地区において，入居者と地区住民の交流を目的に，地区のマップづくりをワークショップ形式で行った．

また当初，歌津・伊里前地区では，市街地復興計画への合意形成が十分進んでいなかったことから，宮城大学や外部の研究機関と連携し，復興事業について学び，考え，意見を述べ合う会として「復興てらこ屋」を開催した（2012年

11月～2013年6月：計4回開催)．その場を通じて，住民たちは河川堤防，防潮堤，県道等の整備案や地区の全体計画について正確な情報を把握し，またそれをもとに地区の将来像について意見交換を行い，その後のまちづくり協議会での議論の土台を築くことができた．

他方，志津川地区では，メンバーの1人がまちづくり協議会に向けた勉強会として，「かもめの虹色会議」と呼ばれるグループを2013年5月に若手有志とともに立ち上げ，月2回のペースで会合を開いてきた．その場でまとめられた提言は協議会の中間報告に反映され，結果として町の復興事業にも影響を及ぼすところとなった．

復興みなさん会では，町民に対し復興に関する情報の提供を行い，町民間での話し合いを喚起しようと，2014年7月にニュースレター「復興まちづくり通信」を創刊し，以後毎月発行している．そのなかでは，防災集団移転事業等の復興事業の進捗状況やまちづくり協議会の動き，住民間の意見交換会・交流会の模様などを住民目線に立って伝えている．

一方，復興みなさん会では，塩害に強く，大津波にも負けなかった椿を復興のシンボルに位置づけ，防災，教育，観光，産業等，様々な側面から，椿をテーマとしたソフトなまちづくり活動（「椿ものがたり復興」）を展開してきた．その活動では，椿の植樹会，椿の避難路づくり等の行事を催すとともに，仮設住宅等で椿茶を楽しみながら地域の歴史や将来について語る茶話会を開催し，椿をテーマとしたまちづくりへの機運醸成を図っている．また，住民が主体になった苗木づくりや椿守の育成などを進めるとともに，椿油等椿関連の特産品づくりも手がけている．

災害公営住宅への入居が完了した現在，復興みなさん会ではこうしたこれまでの活動に加え，災害公営住宅での自治会設立への支援や自治活動への助成にも乗り出している．また，災害公営住宅と高台団地（防災集団移転促進事業）の住民が一緒にコミュニティづくりができる場づくりも進めようとしている．

## 3 考　　察

### (1) 復興過程における地域組織の意義と役割

南三陸町では，震災前より，人口減少・高齢化のもとでのコミュニティ機能の維持が課題として提起されてきたが，震災後の状況変化のなかでその課題は

より大きくクローズアップされようとしている．

　震災前は'盤石'に見えた契約講等の地縁組織も，集落の高台移転などとともに，その在り方を変えつつある．他方，新たな高台団地，災害復興公営住宅では新自治会が形成され，様々な集落出身者らによる新しいコミュニティづくりが始まろうとしている．このため，豊かなソーシャル・キャピタルを醸成してきた地縁による結びつきも，今後変化を迫られようとしている．

　こうしたなか，震災後誕生した新たな地域組織は，行政や旧来の地縁組織に代わるソフトな復興まちづくりの担い手として存在感を増してきた．それは，震災前に既定方針化し，震災後喫緊の課題となった協働アジェンダの推進者となり，地域へのエンパワメントを目的とする復興事業〈事例：復興応援隊事業，くらしの懇談会〉の受け皿（サービス提供機関）としての役割を果たした．

　また，地域組織はその活動のなかで様々アクターの有する情報・知識，人材，資金等（地域固有の知恵［地域知・経験知］と高度な専門的知識［専門知］，ボランティアと専門家，事業収入と助成資金・寄付など）を柔軟に組み合わせ，地域，コミュニティの課題解決を図ろうとしてきた．またそれにより，地域におけるソーシャル・イノベーション（価値創造・事業開発）を促進し，復興の選択肢の多様化に寄与した〈事例：おらほの酒づくり，椿ものがたり復興〉．

　さらに，地域組織は情報の共有，学習機会の提供，熟議プロセスの構築（フラットな議論の場づくり），世代，立場を超えた意見表明の機会創出（若年層のアドボカシーの実現）等を促進することで，まちづくり協議会等のフォーマルな組織の運営をファシリテート，補完する機能を果たしてきた〈事例：青年異業種勉強会，復興てらこ屋，かもめの虹色会議〉．すなわち，地域組織は復興まちづくりへの参画の裾野を拡大し，民主的な合意形成の実現に貢献したといえる．

　このように地域組織は，サービス提供，課題解決，価値創造，合意形成の各側面で地域に影響を及ぼしつつあり，その一部は今後，中間支援組織（intermediary）やコミュニティ中核機関（community anchor）として，地域の持続的発展を支える仕組みとして発展していく可能性を秘めている．

### (2)　ローカル・ガバナンスの変容

　地域組織はその活動を通じ，町内における①フォーマル・インフォーマルな組織間の連携，②地区・コミュニティ間の結合，③世代間の融合を促進してきた．また一方では，地域組織は'境界連結者'（boundary spanner）や'ゲー

トキーパー'として外部のアクター（支援機関・団体等）との交流を深化させ，新たな情報の収集，知識の獲得にもあたってきた．

すなわち，地域組織は既成のローカル・ガバナンスの枠組みの内外に広がる連帯的，水平的なネットワークや'実践コミュニティ'[7] (community of practice) [Wenger, McDermott and Snyder 2002] の形成を通じて，政治的，社会的に相互に異質なアクターを結びつけ，地域，コミュニティをめぐる新しい繋がりや多様な結びつきを生みだす役割を果たしてきたといえる．

そして現在，地域組織の一部は重層的，多元的なネットワークのハブ，ノードとして機能し，ローカル・ガバナンスの枠組みの中に構造的に埋め込まれようとしている．こうした地域組織の台頭の前に，自治体（行政・議会），各種団体（商工会，漁協等），地縁組織（契約講等）などで構成する旧来の'政策コミュニティ' [Rhodes 1997] に立脚したローカル・ガバナンスの構造は変容を迫られている．地域組織はガバナンス構造を従来よりも'オープンで緩やかなバウンダリーを持つ'ものへと変質させる可能性がある [野中・廣瀬・平田 2014：312]．

すなわち，今後ローカル・ガバナンスの構図は震災前の'ヒエラルキー'主導から，'ヒエラルキー'と'ネットワーク'という2つの基調が交互に表出する形へと転換していくことが予見される．この多様なアクターが介在するネットワークのもとでのガバナンスが，'共治'，'コ・ガバナンス' (co-governance) [Kooiman 2003] であり，それは様々なアクター間の相互作用により政策形成（合意形成）を試みるという点からして，'インタラクティブ・ガバナンス' (interactive governance) の実践とも形容され得る [Torfing, Peters, Pierre et al. 2012]（第Ⅱ部第11章参照）．

## おわりに

南三陸町では，震災前より協働のまちづくりが進められ，その実践が図られようとした矢先に震災が発生した．震災復興の過程では，協働の枠組みが構築され，まちづくり協議会が立ち上がる一方で，復興支援を契機として町内外とのネットワークの形成が進み，新たな協働関係が生まれた．それにより，ローカル・ガバナンスの構造にも変化の兆しがみられるようになった．

こうした復興プロセスの一翼を地域組織が担ってきたわけだが，その目的は地域，コミュニティの抜本的刷新や革新的変化にあるわけではない．それは既

成のヒエラルキー（政策コミュニティ）に挑戦するものとは認識されていない．地域組織の台頭は，危機に瀕した地域の社会的適応（レジリエンス）であり，その目指すところは，状況変化に即した形での地域，コミュニティの継承・発展にあるとみるべきであろう．

　復興過程において，地域組織は異質な要素を外部から取り込む一方で，地域本来の固有価値やそこに内在する力（結束力，資源動員力，問題解決能力等）を上手く活用しようとしてきた．すなわち，地域組織は外部の専門的知見を活かしつつも，埋もれた地域資源〈休耕田，椿等〉の発掘やその組み換えにより，新たな価値〈酒・椿油等〉の創出を図ろうとしてきた．

　こうした地域組織の活動は，内と外，中心と周縁，異質性（新奇性）と同質性（継続性）のバランスのうえに成り立っているように見受けられる．地域組織は'異質要素を排除せず，既存の権力や秩序とも対立しないしなやかな存在'［野中・廣瀬・平田 2014：312］として，また，'アクター間の相互作用を促進する場や媒介機関'として，今後一層活動を拡大していくことが期待される．

　将来に向けて地域の活力維持・向上を図っていくには，この地域組織が旧来の地縁組織の役割・機能の一部を補完・代替していくことが必須となろう．今後，地縁組織が体現してきた地域アイデンティティや，それが有するソフトパワー－結合力（社会的絆），人材育成力，伝統資源（祭礼，民俗芸能等）伝承力，地域知・経験知（地域固有の知恵）蓄積力－を，地域組織も含めた協働の枠組みのなかで，如何に保持し続けられるかが問われることになる．

　南三陸町では，地方創生の総合戦略（2016年1月策定）のなかで，「地域課題に立ち向かう人材を地域に呼び込み，定着を促す」とともに，「地域に関わる人材の交流を活発化し，移住・定住にとらわれない『南三陸コミュニティ』[8]を拡大する」ことを謳っている［南三陸町 2016b：7］．そして，内外にまたがる様々なネットワークを育むことで，協働の活動をさらに創出していくことをめざしている［Ibid.：8］．今後，この戦略の推進を図るなかで，地域組織が地域の持続的発展を支えるアクターとして，どのような軌道を描いて発展していくのかが注目される．

　（謝辞）本章の執筆にあたっては，㈳南三陸町復興推進ネットワークの及川博道代表理事，㈳復興みなさん会の及川清孝氏，工藤真弓氏，畠山幸男氏，㈳東北こんその高田篤事務局長にヒアリング調査の実施等において多大なる協力を賜りました．改めて，ここに皆

様方のご協力について感謝申し上げます.

※本章は,科学研究費補助金基盤研究（B）「コミュニティ・エンパワメントと新しい地域再生に関する国際比較研究」（研究課題番号：24402009,研究代表,後房雄）及び科学研究費補助金基盤研究（C）「震災復興における周縁的インサイダーの役割とその影響力形成のメカニズムに関する研究」（研究課題番号：26510012,研究代表,金川幸司）」の一環として実施した調査にもとづき執筆したものである.

**注**

1）本章では,「地域組織」という概念を,①住民自身の手で自発的に設立された組織（アソシエーション）,②ミッション（公益目的）の共有により結びついた集団と規定して用いている.この規定に該当する限り,組織形態,法人格の有無は問わない.
2）本章のうち,2（南三陸町の概況）及び3（協働の復興まちづくり）は,今井・金川・後［2015］をその後の状況変化や追加的な調査を踏まえ再編集したものである.
3）主として東北地方に分布する近世以来の地縁的共同組織（南三陸町で最も古い契約講は,17世紀に結成されている）.「契約」（「本契約」）とだけ呼ばれることもある（発音は「ケエヤグ」あるいは「ケヤグ」）.契約講の加入単位は家であり,各家から成人男子1名（家督）が構員となる.

　南三陸町の契約講の多くは,親睦組織化する他地域の契約講とは違い,今日でも伝統的な相互扶助機能をある程度維持している.共有財産として山林（契約山）や保護区（禁漁区）を所有し,そこからの収入を契約講や集落の運営に活用している.また,地域自治組織として連絡調整機能を担うとともに,無形民俗文化財である祭礼（祈祷）や民俗芸能（獅子舞）の保存・継承団体としても活動し,依然集落で重要な役割を果たしている.

　なお,契約講は自治会と異なり,必ずしも集落の全世帯が加入しているわけではない.契約講に一部世帯しか加入していない集落のなかには,別途全世帯加入の相互扶助組織を設けているところもある［今井・金川・後 2015：18］.
4）震災前歌津地区の普及・啓発運動の推進機関であった「すばらしい歌津をつくる協議会」は,震災後,地区の被災者支援の拠点としての役割を果たすことになった.応急段階では,避難所での炊き出しや救援物資の配布,ボランティア団体の受け入れなどを行うとともに,ニュースレター（会報「一燈」）の発行を通じ被災者への情報提供に努めた.また,仮設住宅への入居が始まると,仮設自治会の立ち上げと運営支援等にあたった.復興段階になると,防災集団移転促進事業説明会やまちづくり勉強会などを開催し,住民に復興事業についての学習機会を提供したほか,グッズ製作によるしごと創出,全国の支援団体との交流事業,災害文化の継承活動（津波体験文集の刊行）などに携わった［今井・金川・後 2015：9-10］.こうした協議会の復興支援活動は,2015年3月でもって,歌津地区のNPO,（特）夢未来南三陸のまちづくり事業部に継承された.さらに,2017年4月からは,新たに設立された「歌津地区復興支援の会一燈」がその活動を引き継いでいる.

5）（社）南三陸町復興推進ネットワークに関する記述は，主に及川博道代表理事へのヒアリング調査（2013年8月2日，2014年8月29日，2015年8月25日，2016年11月4日実施）にもとづく．
6）（社）復興みなさん会に関する記述は，主にメンバーの及川清孝氏，工藤真弓氏，畠山幸男氏，（社）東北こんその高田篤事務局長へのヒアリング調査（2012年8月8日，2013年8月1～3日，2014年8月28～30日，2015年8月24・25日，2016年11月5日，2017年7月8・10日実施）にもとづく．
7）実践コミュニティとは，「あるテーマに関する関心や問題，熱意などを共有し，その分野の知識や技能を，持続的な相互交流を通じて深めていく集団」［Wenger, McDermott and Snyder 2002：邦訳 33］を意味する．それは「多様なアクターが現実に直面する重要な問題を解決するために，互いにインフォーマルな学習プロセスを重ねて，知識を共有し蓄積する場である」［谷本・大室・大平ほか 2013：71］．

地域組織のメンバーの多くは，まちづくり協議会等の公式組織にも所属している．メンバーは公式組織での経験を地域組織に持ち込み，そこで得たアイデア，知識を公式組織での問題解決に活用している．地域組織は，この'多重成員性'（multi-membership）による'学習のループ'（複眼的学習サイクル）の形成と，'境界のマネジメント'（外部支援機関との交流などの境界横断・連結的な活動）を通して，内部，外部それぞれの視点を取り入れることで，実践コミュニティの創出を図ってきた．
8）南三陸町では，2015年4月に感謝・絆プロジェクトと銘打って，全国の支援者のネットワークとなる「南三陸応縁団」を立ち上げた．事務局の（社）南三陸町観光協会では，団員に対し特設サイトで町内の情報を発信するとともに，団員向け交流イベント・限定ツアーの開催や団員によるお手伝い（ボランティア）活動の受入れ，団員限定ポイントカードの発行などの業務を行っている（従来町の（災害）ボランティアセンターで行っていたボランティアの受け入れ業務を2016年5月以降応縁団が引き継いでいる）．団員数は2016年9月現在2150名を越え，目標の2000人（2019年度）を上回っている．

**参考文献**

今井良広・金川幸司［2011］「震災復興過程におけるコミュニティ・ガバナンス——協働の枠組をめぐる国際比較——」『社会・経済システム』32.

今井良広・金川幸司・後房雄［2015］「コミュニティ・レジリエンスとソーシャル・キャピタル：南三陸町における震災復興の取り組みから」『経営と情報』27(2).

髙田篤［2016］「南三陸町における新たな地域組織の展開とコミュニティの変容」日本公共政策学会第20回研究大会自由公募セッション報告論文.

谷本寛治・大室悦賀・大平修司・土肥将敦・古村公久［2013］『ソーシャル・イノベーションの創出と普及』NTT出版.

野中郁次郎・廣瀬文乃・平田透［2014］『実践ソーシャルイノベーション——知を価値に変えたコミュニティ・企業・NPO——』千倉書房.

南三陸町［2007］『南三陸町総合計画』.

南三陸町［2010］『南三陸町協働によるまちづくり基本指針』.
南三陸町［2011］『南三陸町震災復興計画』.
南三陸町［2016a］『南三陸町第2次総合計画』.
南三陸町［2016b］『南三陸町総合戦略』.
Kooiman, J. [2003] *Governing as Governance*, London: SAGE Publications.
Rhodes, R. A. W. [1997] *Understanding Governance: Policy Networks, Governance, Reflexivity and Accountability*, Maidenhead: Open University Press.
Torfing, J., Peters, B. G., Pierre, J. and Sørensen, E. [2012] *Interactive Governance: Advancing the Paradigm*, Oxford: Oxford University.
Wenger, E., McDermott, R. and Snyder, W. M. [2002] *Cultivating Communities of Practice: A Guide to Managing Knowledge*, Boston, MA: Harvard Business School Press（野村恭彦監修・櫻井祐子訳『コミュニティ・オブ・プラクティス――ナレッジ社会の新たな知識形態の実践――』翔泳社，2002年）.

※南三陸町の資料は，同町ホームページよりダウンロード可能（2018年1月30日閲覧）.

# 第Ⅱ部 公共ガバナンス論の発展と展望

# 第 11 章
## 公共ガバナンス論の展開

## はじめに

'ガバナンス'（governance）が，政治学，行政学の分野において，現代国家の統治形態・構造の変容を説明する概念として用いられはじめてから，既に四半世紀以上の時が経過している．この間，ガバナンスの理論は様々な形で発展を遂げ，その概念は社会科学の幅広い分野に応用されてきた．

本章では，このガバナンス論のなかでも，政府や公的セクターをめぐるガバナンス論，すなわち，公共空間や公共サービスの場の統治の在り方などを論じる「公共ガバナンス（public governance）」論を考察の対象として取り上げる．

以下では，ガバナンスの概念を明らかにし，公共ガバナンス論の領域を検討したうえで，公共ガバナンス論の二大潮流である'社会中心アプローチ'と'国家中心アプローチ'に焦点を当て，その理論的発展の過程を辿る．両アプローチの対立から接近・融合，理論的接合－インタラクティブ・ガバナンス論の提起－までの変遷を追い，最後に，ガバナンスにおけるガバメントの再定位などをめぐって若干の考察を行う．

## 1 ガバナンスの概念
──公共ガバナンスの領域──

### (1) ガバナンスとは

ガバナンスは，'操縦'や'舵取り'を意味するギリシア語（kubernân），ラテン語（gubernare）を語源とする言葉である．一般に，統治の態様を意味するこの言葉は，かつては語源を同じくするガバメント（government）と'同義'で使われていた［Kjær 2004：3］．しかし，多様化，流動化，複雑化する政策課題の解

**表11-1　ガバメントとガバナンスの比較**

| 特　徴 | ガバメント | ガバナンス |
|---|---|---|
| 中心概念 | 制度化された権限とその機能 | 統治の行為（ガバニング）とプロセス |
| 担い手 | 公的セクター（統治機構）のアクター | 公的セクター，民間セクター，ボランタリーセクターのアクター |
| 組織形態 | ヒエラルキー | ネットワーク（パートナーシップ） |
| 関係性 | 垂直的上下関係 | 水平的協力関係 |
| 統治方法 | 命令，統制，指示 | 促進，交渉，協働 |
| 資　源 | 権威的に配分されるフォーマルな財政的資源 | コミュニティ等が所有する幅広いインフォーマル資源 |
| 役　割 | 漕ぐこと（rowing），直接供給 | 舵取り（steering），条件整備 |

(出典)　外川［2005：260］(原典はLeach and Percy-Smith［2001：5］)，木暮［2008：62］(原典はAnttiroiko［2004：27］) 等を参考に筆者作成．

決をめぐって国家と社会，政府と非政府アクターの間の相互関係が広がるなか，ガバナンスはガバメントとは異なる，より広義の概念として浸透しはじめる．

ガバメントが国家・政府による一元的統治を指すのに対し，ガバナンスは社会統治の新たなプロセス，方法を示すものとして再規定される［Rhodes 1996：652-653；Stoker 1998：17］．すなわち，それは既存の統治制度だけでなく，その外側に存在する社会的アクターやそのネットワークにまで焦点を広げ，統治のプロセスを総合的，統合的に理解するための分析枠組みを提供するものである．

具体的にガバメントとガバナンスの相違点を述べると（**表11-1**），前者が制度やそれに基づく権限，に依拠するのに対し，後者は統治の行為（governing）やプロセスを重視する．また，ガバメントでは，統治の主体が公的セクター（統治機構）のアクターに限られるのに対し，ガバナンスでは，民間・ボランタリーセクターの多様なアクターもその主体となって公的な問題に関与することが前提となる．さらに，ガバメントがヒエラルキー（階層型組織）のもと垂直的上下関係を形成しているのとは対照的に，ガバナンスはネットワーク構造のもとでの水平的な協力関係の構築をめざしている．このほか，ガバナンスが，ガバメントのような命令・規制的手段による統治よりもむしろ交渉や協働を通じた共治（co-governance）を志向している点も，その特徴として指摘することができる．

## (2) 公共ガバナンスの類型

前述のガバナンスとガバメントの対比から明らかなように，公共ガバナンスは一義的には多様なアクターから構成されるネットワークの舵取り (steering)，マネジメントを含意とするものである [Kooiman 1993；Rhodes 1996；Kickert 1997：735；Kjær 2004：48, 57]．このため，公共ガバナンス論においても，ネットワーク・ガバナンス (Network Governance) の在り方，運営が，当初より分析的核心，中心的論題の1つとなってきた [Rhodes 2000：60]．ローズ (R.A.W. Rhodes) など，様々な論者の公共ガバナンスをめぐる類型論を分析したクリン (E.-H. Klijn) は，それらに共通の主な要素として① ネットワーク・ガバナンスのほか，② マルチレベル・ガバナンス (Multi-level Governance)，③ 新公共管理 (NPM：New Public Management) としてのガバナンス，④ グッド・ガバナンス (Good Governance) を挙げ，(広義の) 公共ガバナンスの領域を示している (表11-2参照) [Klijn 2008]．

このうち，①のネットワーク・ガバナンス，②のマルチレベル・ガバナンスはガバナンスの社会的広がり (統治範囲)，政府と社会セクターの関係性に着目したガバナンス論である．ネットワーク・ガバナンスは，官民関係 (公的，民間，ボランタリーセクター) における水平的なネットワーク (=マルチセクトラル・ネットワーク)，マルチレベル・ガバナンスは，政府間関係に端を発した，水平的，垂直的なネットワークを媒介としたガバナンスである．

③のNPMによるガバナンス，④のグッド・ガバナンスはガバメントそれ自体をめぐるガバナンス，すなわち政府組織の自己統治 (政府内改革) のガバナンスと捉えられる．このうち，NPMは政府・準政府関係など機構内関係のガバナンス，公共サービスのアウトソーシングなどを通じた契約関係のガバナンスといったガバナンスの新たな領域を生み出している．グッド・ガバナンスは，民主主義の実現等にかかわる政府改革，行政改革であり，市民参加のガバナンスなどを論ずるものである．

クリンはこの4つの類型のうち，組織の自己統治であるNPMとグッド・ガバナンスを公共管理論として扱い，公共ガバナンス論とは区別する見解 [堀 2014：9] を示している．オズボーン (Stephen P. Osborne) も，(新) 公共ガバナンスをNPMとは異なる，独立したレジームと扱い，またそれをグッド・ガバナンスと区別している [Osborne 2010：7]．これらの見解を踏まえると，狭義の公共ガバナンスとしては，統治範囲のガバナンス論であるネットワーク・ガバ

表11-2 公共ガバナンスの領域

| 区分 | 類型 | 概要 | 関連概念 |
|---|---|---|---|
| 統治範囲のガバナンス | ネットワーク・ガバナンス | NPMへの理論的対抗軸として提起された概念．自律的な諸アクターによって形成される水平的なネットワークを媒介とした統治の枠組み．ヒエラルキー，市場と並ぶ第3の統治構造であり，信頼，相互依存，互酬といった概念によって特徴づけられる | 多中心性，自己組織性官民関係，マルチセクター政策ネットワークガバナンス・ネットワークソーシャル・ガバナンス |
| | マルチレベル・ガバナンス | EUのガバナンス研究から生まれた概念．超国家，国家，リージョン，ローカルという異なる圏域レベルで機能する政府・非政府アクター間の相互作用過程を一体的に理解するための枠組み．水平的側面と垂直的側面の双方向性をもつ概念として発展 | グローバル・ガバナンス政府間関係国家のリスケーリングマルチスカラー空洞化，充填化 |
| 政府の自己統治 | NPMとしてのガバナンス | 1980年代の公共セクター改革の戦略の1つとして登場した概念．公共経営に民間企業の経営管理手法を組み込み，業績主義の浸透を図るとともに，市場原理の導入により，組織のエージェンシー化，事業の民営化，サービスのアウトソーシング化等を推進 | コーポレート・ガバナンス市場ガバナンス政府・準政府関係契約関係のガバナンス（本人—代理人関係） |
| | グッド・ガバナンス | 発展途上国への開発援助の基準として誕生した概念．先進諸国においては，ガバナンスそれ自体が民主主義的な価値をどのように実現するかを問う規範的枠組みであり，具体的には市民参加の制度化などについて論じるものである | 民主主義のガバナンス法の支配（法治主義）効率的で健全な行政運営透明性・公開性市民参加の制度化 |

(出典) Klijn [2008] 等を参考に筆者作成．

ナンスとマルチレベル・ガバナンスに限定され得る．

なお，留意しなければならないのが，NPMなどでも，外形的にはネットワーク形態をとる場合（公共サービスのアウトソーシング等）があるということである．政府と諸アクターの垂直的結合であるアウトソーシング（契約関係のガバナンス）と，水平的パートナーシップ（ネットワーク・ガバナンス）は，目的において本質的に異なるものの，外形からは必ずしもその差異を截然と判別できない可能性がある［外川 2009：81，90］．この点に関しては，第Ⅱ部第14章で再度検討する．

## 2 公共ガバナンス論の発展過程

### (1) ガバナンス論の隆盛
―― NPMから社会中心アプローチへ ――

　先進諸国では，1980年代以降，深刻な財政危機を背景としてケインズ主義的な福祉国家体制（'大きな政府'）の限界が露呈しはじめた．それとともに，政府のスリム化を目指す公共セクターの改革が各国で進展した．

　ガバナンスは，この公共セクターの改革とそれに伴う現代国家の変容を説明する概念として提起されたものである．それは，「ガバメントからガバナンスへ」のフレーズに象徴されるように，統治能力が低下しつつあったガバメント（政府）に代わる新しい統治形態・構造を示す概念として脚光を浴びるようになった．

　当時，アングロサクソン諸国等でガバナンス論の主流と'認識'されていたのは，公共セクターの改革を推進する'新公共経営（NPM）としてのガバナンス'であった．それは新自由主義的な思想を背景とする'市場主義的アプローチ'であり，公共部門の市場化や公共サービスの民営化により，政府の役割を最小限にとどめようとする'小さな政府'（'最小国家'）の立場をとるものであった．

　しかし，1990年代に入り，市場化，民営化の進展とともに，組織の分断化やサービスの断片化が顕在化し，それがNPM本来の目的である効率性の向上をも阻む要因になりはじめると，NPMにもとづくガバナンスも再考を求められるようになる［木暮 2008：58］（なお現在では，前出のクリンの見解など，NPMをガバナンスの一類型とみなさず，両者を概念的に峻別する言説が有力になりつつある．両者の相違点については，第Ⅱ部第14章参照）．

　そうしたなかNPMに対する理論的対抗軸として出現したのが，'ニュー・ガバナンス'（New Governance）と呼ばれる'社会中心アプローチ'（Society-centric Approach）である．それは複雑化，断片化する社会における国家の機能低下を前提としつつ，伝統的な政府や新自由主義的な小さな政府とも異なる'第3の道'として，国家と社会のネットワーク関係や市民社会のなかに新たな統治の可能性を探ろうとするものである［西岡 2006：10］．

　すなわち，社会中心アプローチは，市場化，民営化により分断化された組織，

サービス間の調整を担うネットワークやパートナーシップを媒介としたガバナンスや,政府の統制に依存しない,アクティブな市民社会それ自身によるガバナンス(自己統治)に焦点を向けたものといえる.

この社会中心アプローチの代表的論者の1人が,イギリスの政策ネットワーク研究で著名なローズ(R. A. W. Rhodes)である.ローズは当時のイギリスの政治状況を俯瞰し,国家が上(グローバル化),下(市場化・民営化),横(エージェンシー化)から空洞化(hollowing-out)の圧力を受け,'一元的な国家'(unitary state)から,多数の中心からなる'分化された政体'(differentiated polity)へとシフトしつつあるとの見解を示す[Rhodes 1997：3-8, 195].そして,そのような社会を,ルーマン(N. Luhmann)の言葉を借りて'中心なき社会'(centreless society)と形容する[Ibid.：3].

ローズは,国家の変容を'単一のガバメントから多種多様なガバナンスへ','ヒエラルキーからネットワークへ'の転換とみなし,自身のガバナンス論を'ネットワークとしてのガバナンス'の立場から展開していく.そして,ガバナンスを「相互依存,資源交換,ゲームのルール,そして国家からの相当程度の自律性によって特徴づけられる,自己組織的,組織間ネットワーク」[Ibid.：15]と規定する.さらに,ローズは'政府なき統治'(governing without government)という大胆な修辞表現を用いて,ガバナンスすなわちネットワークが政府から'独立'したものであることを強調している[Ibid.：59, 110].

この時期,イギリス同様,政策ネットワークの拡散が進んだヨーロッパ大陸でも,ネットワーク・ガバナンス(ソーシャル・ガバナンス)の理論は発展を遂げる.オランダ・エラスムス学派のコーイマン(J. Kooiman),キッケルト(W. J. M. Kickert),ドイツ・ケルン学派のマインツ(R. Mayntz)やシャルプ(F. W. Scharpf)などがその代表的論者に挙げられる.彼らは,アングロサクソン中心のNPMに対する対抗軸としてガバナンスを規定し,ガバニング(governing)という統治の動態的側面にも光を当てつつ,政府と社会の新しい関係,その相互作用に着目したガバナンス論を展開する[西岡 2006：16-18].

その1人であり,エラスムス学派をリードしていたコーイマンは,現代社会における国家そのものによる伝統的ガバナンスの限界を指摘する.そのうえで,彼は「いずれのアクターも,単独では社会的課題を解決できるだけの知識・情報,資源,キャパシティを有していない」[Kooiman 1993：4；Kooiman 2003：1-11]と述べ,アクター間の相互作用こそが,多様化,流動化,複雑化する社会に対

処し，課題解決を図る手段になるとの主張を展開する [Kooiman 2003：24]．

また，エラスムス学派のキッケルトは，合規性，正統性，社会的正義，平等といった価値が重視される公的領域では，NPMの経営管理主義は基本的に馴染まないことを指摘し，NPMに対置する概念として'パブリック・ガバナンス'を提起する [Kickert 1997]．そして，それを目的と利害が異なる多数のアクターが関わる複雑な政策ネットワークのマネジメント（舵取り）であると規定し，これまでのような政府からの一方向的な制御，すなわち命令，規制を通じた垂直的・集権的統制に代わって，社会の自己操舵能力（共同調整の新たな手法）が重要になると主張する [Ibid.：735-736]．

これら社会中心アプローチの論者の間でも，ネットワークにおける政府の役割などをめぐって，必ずしも見解が一致していたわけではない．しかし，政府がもはや唯一の支配的なアクターでなく，ガバナンスの空間には多様な公的，私的なアクター間が存在する，そしてそのアクター間で形成される水平的なネットワークでの交渉，協働などを通じた統治が重要になりつつあるという点では，基本的に共通の認識を抱いていたといってよい [木暮 2011：166]．

### (2) 国家中心アプローチの理論展開

社会中心アプローチの言説に異を唱え，国家，政府の役割を積極的に評価しようとしたのが，アメリカ・ピッツバーグ大学のピーターズ（B. G. Peters）とスウェーデン・ヨーテボリ大学のピエール（J. Pierre）である．彼らは自らのガバナンス論を社会中心アプローチとの対比において'国家中心アプローチ'[2] (State-centric Approach) と呼び，ガバナンスを国家が指導的役割を担い続けるプロセスとして捉えようとする [Pierre 2000：3；Peters 2000：32]．

ピーターズとピエールは，社会を舵取りするための政府の能力に目を向け，国家は戦略的にその役割を変質させつつあるものの，今もなお政治権力の中心であり，統治の構造と過程のなかの中心的な存在であると主張している [Pierre and Peters 2000：12]．彼らは社会中心アプローチの論者が主張するネットワークを通じたガバナンスについて，民主的正統性の観点から疑問を呈し，国家や政府による一定方向への指導と調整の必要性を説いている [Ibid.：1；Peters 2000：32]．

ピーターズは，この政府による方向づけが重要な理由として，不足する行政資源の利用における優先順位の決定や，政策の一貫性の確保，国際競争下での

国内における協調的なプログラム策定の必要性などを挙げる［Peters 2000：34］．また，民主的正統性の観点からして，政府のみが対立の調停，解決を担う存在であることも，その理由として指摘されている［Ibid.：40-42］．

ピーターズとピエールの主張によれば，そもそもガバナンスへの関心の高まりは，国家の崩壊ではなく，むしろそれは外的な環境変化への適応の証左にほかならない［Pierre 2000：2-4］．すなわち，彼らは一見すると国家の衰退と思われる展開も，実は国家の‘戦略的適応’であり，国家の容認のもと促進されているにすぎないとみる［Pierre and Peters 2000：92-94］．そして，外的環境の不安定化は，必ずしも政府の不安定化に直結するものではなく，むしろ国家権力の再配置，政府機能の再構築を促し，国家の持続可能性を高める方向にも結びづく可能性を示唆している［Ibid.：196］．

2000年代を通じて，この国家中心アプローチの理論的発展は続いていく．その代表的論者としては，‘メタガバナンス論’を展開したジェソップ（B. Jessop）や，‘国家中心関係アプローチ’（State-centric Relational Approach）を唱えたベル（S. Bell）とハインドモーア（A. Hindmoor）らを挙げることができる．

このうちジェソップは，ガバメントからガバナンスへの転回とともに，ガバナンスの在り方を制御する‘メタガバナンス’（meta-governance）の重要性が増し，それを担うメタガバナーとしての国家の役割が拡大していると説く．

ジェソップによると，メタガバナンスはガバナンスの基調間の調整，一貫性の保持やガバナンスをめぐる諸条件の構成をその含意とするものである［Jessop 1997：7；Jessop 2004：70］．その行使によって，ヒエラルキー，市場，ネットワークという統治構造のなかで，‘ガバナンスの失敗’のリスクを最小化する最適な組み合わせの選択がなされ得るというのが彼の主張である［Jessop 2004：70］．

ジェソップは，国家はガバナンスの基本原則，規制秩序を規定するほか，ガバナンス内での紛争に際して控訴審として機能したり，勢力，体制間の権力格差のバランス回復を図ったりすることで，メタガバナンスの局面において主要な役割を担うと述べている．また，最終的なガバナンスの失敗に際し，政治的責任を担うことも，メタガバナンスにおける国家の役割の1つに掲げている［Jessop 2002：242-243］．

他方，ベルとハインドモーアは，国家は空洞化しておらず，ヒエラルキーによる統制は今も健在であり，それ以外のガバナンスのプロセスでも，政府は枢

要な地位を占めていると主張している［Bell and Hindmoore 2009：2-3］.

　ベルらの定義によれば，ガバナンスは「統治を助けるため，政府によって用いられる道具，戦略，関係」［Ibid.：2］であり，ガバナンスの仕組みは，実質的に政府の選択と戦略の変化によって形づくられ，調整されている．政府は，絶えず新しい政策目標を設定し，様々なガバナンスの仕組みのもとでその追求にあたっている．

　ベルらは，国家は中央の統治機構を強化するだけでなく，社会の様々なアクターとパートナーシップを形成することで，その統治能力を拡大しているとみている．それ故に，国家中心と社会中心，ガバメントとガバナンスの二者択一は誤りであるとも説き，ガバナンスにおける国家の重要性とともに，国家 ‐ 社会関係の重要性を強調している．そして，自らの国家中心関係アプローチを「国家中心アプローチの観点から，社会中心アプローチの関係的側面を吸収する」［Ibid.：3］ものと位置づけている．

　このように，国家中心アプローチも，その理論的発展とともに，徐々に社会中心アプローチとの融合への動きをみせるようになる．ピーターズとピエール自身も，2005年のその著作『複雑な社会を統治する（*Governing Complex Society*）』において，「国家か社会か，という二元論的な思考はとっていない」と言明し，社会中心アプローチが提起した社会の複雑化とそれに伴う国家の役割変化という認識を一定程度受け入れようとしている［西岡 2012：75］.

### (3)　第2世代のガバナンス論
――社会中心アプローチの進化――

　国家中心アプローチの理論的展開がみられるなかで，社会中心アプローチもまた新たな進化を遂げていく．その担い手となったのは，'第2世代のガバナンス論'を唱えたデンマーク・ロスキレ大学のトルフィング（J. Torfing）やソレンセン（E. Sørensen）らである．

　彼らは，1990年代以降活躍した社会中心アプローチの代表的論者であるローズやマインツ，コーイマンらを第1世代に位置づけ，自らを第2世代と称する．そして，第1世代と第2世代の差異をガバナンス・ネットワークの定義・捉え方ではなく，研究課題や対象の設定方法（①ガバナンスの形成・発展，②ガバナンスの成功と失敗，③メタガバナンス（自己規制的ガバナンスの規制）の考察，④民主主義との関連性）に求めていく．

この第2世代のガバナンスの特色の1つは，新制度論（New Institutionalism）などの既存理論を援用しながら，厳密な分析的なフレームワークとしてガバナンス概念の発展をめざした点にある［木暮 2009：22］．すなわち，それは'ガバナンス・ネットワーク[4]'という概念を中心に据え，その場におけるアクター間の交渉や，それを維持するルール・規制を'制度'と捉え，その形成・発展，成功と失敗の分析を試みようとするものである［木暮 2011：167］．

　第2世代と第1世代のローズらとの相違点の1つは，国家の役割についての認識である．第2世代のトルフィングらは，国家は空洞化しているという立場をとっていない［Torfing and Sørensen 2014：335；木暮 2008：65-66］．国家はかつてのように特権的な地位を占めてはいないものの，依然多くの権力を保持し，様々なレベルで自己統制的なガバナンス・ネットワークを管理するための新たな能力を形成しつつあると説く．そして，公的機関によるメタガバナンスの形態やそれによる規制の在り方にまで研究のフィールドを広げていく．

　他方，トルフィングら第2世代は，ガバナンスをネットワーク諸形態と同等のものとみなした第1世代と違い，ネットワークを万能薬のような絶対的なものと捉えていない［Torfing and Sørensen 2014：335］．彼らは，公権力の行使は公的機関自身に，標準的なサービス提供は民間事業者の手に委ねるべきであって，ガバナンス・ネットワークの強みは，不安定な状況下でますます増えつつある複雑でリスクの高い，厄介な問題（wicked problems）への対処にあるとする．

　また，ネットワークについて，既存の民主主義モデルとの整合性や民主主義的正統性の観点から新たな議論を展開しようとしているのも，第2世代のガバナンス論の特徴の1つである．トルフィングらは，ネットワークを通じた公共，民間のアクター間の相互作用が現代のガバメントの特色であり，自由民主主義の本質的な特徴であると主張する．また，実態的側面にも言及し，欧州の中枢意思決定者の間で徐々にガバナンス・ネットワークが効率的で正統な統治メカニズムとして支持されはじめていることを指摘している．

　このように第2世代のガバナンス論に至って，社会中心アプローチも，ガバナンスをネットワークと等価のものとせず，国家に一定の役割を認めるようになる．そして，国家中心アプローチが論じてきたメタガバナンスにも考察の目を向けはじめる．また，ガバナンスと民主主義の問題に真正面から取り組み，疑義が呈されてきたネットワーク・ガバナンスの正統性の問題についても積極的に探求しようとしている．すなわちここにきてようやく，社会中心アプロー

チも国家中心アプローチとの接近・融合の可能性を見出し得る状況を迎えたといえる．

### (4) インタラクティブ・ガバナンス論の提起
―― 社会中心，国家中心アプローチの融合 ――

　社会中心アプローチ，国家中心アプローチの学的潮流の融合が試みられたのは，トルフィング，ピーターズ，ピエール，ソレンセンの4者が2012年に共著した『インタラクティブ・ガバナンス (Interactive Governance)』においてである [Torfing, Peters, Pierre et al. 2012 : 77]．

　トルフィングらはインタラクティブなガバナンス形態を「利害の異なる様々な社会的，政治的アクターたちが，共通の目的の設定，促進，実現をめざして，アイデア，ルール，資源を幅広く動員，交換，活用し，相互に影響を及ぼし合う複雑なプロセス」[Ibid. : 14] と規定する．

　このようなインタラクティブ・ガバナンスの定義自体は，必ずしも目新しいものではない．相互作用を通したガバナンスに対する認識は，コーイマンをはじめとする社会中心アプローチの論者の間では早くより共有されていた．そうしたインタラクィブ・ガバナンスの概念自体よりもむしろ，トルフィングらの'独自性'は，**図11-1** に示すように，ガバメントとインタラクィブ・ガバナンスを対置させたガバナンスの構図を明確に提示した点にあるといえる．[5]

　トルフィングらは，多様なアクター間の複雑な相互作用による脱中心的な意思決定プロセスに着目する一方で，それが公共ガバナンスの領域の全てではないことも認めている [Ibid. : 4]．そして，公共ガバナンスにおける政府の役割が相変わらず重要であると指摘し，ガバメントとガバナンスの関係をゼロ・サムではなく，ポジティブ・サムに捉えている [Ibid. : 4-5, 10, 235]．

　その描くガバナンスの構図では，伝統的なガバメントと複数の中心からなるインタラクティブ・ガバナンスの場は'共存'している [Ibid. : 5, 235]．そして，問題や課題を特定し，共通の目的を掲げ，実現するという意味では，ともに社会とその経済の統治行為 (governing) に貢献するものと位置づけられている．

　政府とインタラクティブ・ガバナンスの場の関係は双方向性を有する，相補的なものである．政府はメタガバナンスを行使し，インタラクティブ・ガバナンスの構造的，制度的条件を形成し，その場を設計，運営，管理するうえで重

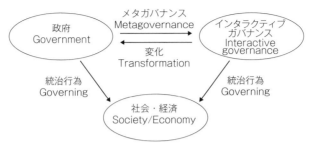

**図11-1　インタラクティブ・ガバナンスの構図**

（出典）Torfing, Peters, Pierre et al. [2012：5].

要な役割を果たす．他方，政府自身も，インタラクティブ・ガバナンスの場を介した社会的アクターからの働きかけによって'舵をとられる'ことになる．トルフィングらはインタラクティブ・ガバナンスの場の拡散とともに，国家はその場への参加などをめぐって新たな能力，調整メカニズムを開発し，結果としてその全体的役割・機能を変化（transformation）させていく可能性があると指摘する［Ibid.：236］．

## おわりに

　公共ガバナンス論の発展過程を振り返ると，その本質は現代国家における政府（ガバメント）の役割をどのように再定位するかをめぐっての議論であったと総括できる．

　ガバナンスという現象の新奇性を強調する社会中心アプローチは，ガバメントの統治能力の低下に伴い，その機能が様々なアクター間の水平的，自己組織的ネットワークにとって代わられていく状況（国家の空洞化）を強調することで，政府機能の相対化を図った．そのなかでは，'政府（ガバメント）なきガバナンス'の言説も現れた．

　これに対し，従来のガバメント論の延長線上に位置する国家中心アプローチは，環境変化のなかでガバメントの役割が変化しつつあることを認めつつも，依然ガバメントが中心的な役割を担うものであると主張した．その言説は基本的にヒエラルキーによるガバナンス，すなわちガバメントによるガバナンスへの垂直的な調整や統制を肯定するところからはじまった．

そして，両アプローチの理論的接合を図ったインタラクティブ・ガバナンスは，より包括的，全体的な視点から統治機能の把握を試みるものであった．その描く統治の構図は，ガバメントの役割を認めるとともに，インタラクティブ・ガバナンスの場を制度として埋め込み，両者の共存を認めるものであった［Ibid.：233］．

'ガバメント・ガバナンス並立論'の立場に立つインタライティブ・ガバナンスは，ガバナンスの中のガバメントの役割を検討するとともに，ガバメントによるガバナンスの可能性を論ずるうえでの枠組みを提供するものであり，規範的理論としての可能性を有するものともいえる［Edelenbos and Meerkerk 2016］．

しかしながら，インタラクティブ・ガバナンスの招来が，仮にトルフィングらの言うように'不可逆的な変化'（irreversible change）［Torfing, Peters, Pierre et al. 2012：31］であったとしても，その言説が全てのガバナンスをめぐる課題を解決しているわけではない．

例えば，民主主義にとって，インタラクティブ・ガバナンスの場は可能性（熟議型民主主義の場）にもなれば，脅威（代議制民主主義の脅威）にもなるという両義的な側面を有する［Ibid.：206］．インタラクティブ・ガバナンスが民主主義のガバナンス論として成立するには，ガバナンスの場の特性（政府主導VSコミュニティ主導など）に応じて，理論の精緻化を図っていく必要がある．

今後，インタラクティブ・ガバナンスの体系的，規範的理論としての発展に向け，ベースとなる新制度論にシステム論，複雑系理論，学習理論，イノベーション論，コミュニケーション論などを交えた学際的分析［Ibid.：239］や，拡大が進むマルチレベル・ガバナンスの状況下における実証研究などが進むことを期待したい．

注
1）ローズは，①コーポレート・ガバナンス，②NPMとしてのガバナンス，③グッド・ガバナンス，④国際的相互依存としてのガバナンス，⑤ソシオ・サイバネティック・システムとしてのガバナンス，⑥自己組織化ネットワークとしてのガバナンス，⑦新政治経済としてのガバナンスの7つの類型を示した［Rhodes 2000：55-60］．
2）山本［2014：44-45］はピーターズとピエールが国家によるガバナンスを強調する新制度論と距離を置きつつも，国家によるコントロールや調整を否定せず，その主張が新制度論の枠内にとどまっていることから，彼らの理論を'修正型新制度論'と名付けている．

3）社会中心アプローチの主唱者であったローズは，2000年代以降，マーク・ベヴィア（Mark Bevir）とともに，反基礎づけ主義（anti-foundationalism）に立脚した「解釈論的ガバナンス論」を展開する．その理論は，与件としての客観的な社会的実在を否定する反基礎づけ主義に基づき，ガバナンスを客観的な実体ではなく，人々の信念を通じて構成されるものとみなし，偶発的な諸行為を明らかにするナラティブによってその実体を説明しようとするものである．両者はこの解釈論的ガバナンス論の立場から，ガバナンス・ネットワークの研究やメタガバナンス研究への批判を展開し，それらと一線を画すこととなる［堀 2011：64-73］．
4）ソレンセンとトルフィングは，ガバナンス・ネットワークを「相互に依存しつつも，運営面では自立したアクター間の比較的安定した，水平的な接合」と定義し，その特徴として，①交渉を通した相互作用，②制度的枠組み（ルール・規範）の存在，③自己統制的，④公共目的への貢献を挙げている［Sørensen and Torfing 2007：9］．
5）コーイマンは政府と社会の関係，その新しいインタラクション（相互作用）がガバナンスの全体像を展望するうえでの中心的概念であると主張［Kooiman 1993：1；Kooiman 2003：11］し，インタラクティブ・ガバナンスを「（多様化，流動化，複雑化する）社会的問題の解決と社会的機会の創出に向けて（公私のアクターが参加して）生み出される相互作用の総体」［Kooiman 2003：4；Kooiman, Bavinck, Jentoft et al. 2005：17］と規定している．

**参考文献**

木暮健太郎［2008］「ガバナンス概念の系譜」『杏林社会科学研究』24(3)．
木暮健太郎［2009］「第1世代から第2世代のガバナンス論へ――ガバナンス・ネットワーク論の展開を中心にガバナンス概念の系譜――」『杏林社会科学研究』25(1)．
木暮健太郎［2011］「第七章　第二世代のガバナンス論と民主主義」，岩崎正洋編『ガバナンス論の現在――国家をめぐる公共性と民主主義――』勁草書房．
外川伸一［2005］「ガバナンス論へのアプローチに関するノート」『山梨学院大学法学論集』54．
外川伸一［2009］「ガバナンス分析のためのネットワーク・ガバナンス論――相互依存性，正統性，メタガバナンス，NPMとの相違の観点から――」『山梨学院大学法学論集』63．
西岡晋［2006］「パブリック・ガバナンス論の系譜」，岩崎正洋・田中信弘編『公私領域のガバナンス』東海大学出版会．
西岡晋［2012］「ピーターズ＆ピエールのガバナンス論」，岩崎正洋『政策過程の理論分析』三和書籍．
堀雅晴［2011］「民主的ガバナンス・ネットワーク論――Eva Sørensen & Jacob Torfingのマルチ理論アプローチの場合――」『立命館法學』333・334．
堀雅晴［2012］「公的ガバナンス論の到達点――ガバナンス研究の回顧と展望をめぐって――」，新川達郎編『公的ガバナンスの動態的研究――政府の作動様式の変容――』ミネルヴァ書房．

堀雅晴［2014］「ガバナンス論研究の現状と課題――『スポーツのグッドガバナンス』に向けて――」『体育・スポーツ経営学研究』27.
山本啓［2014］「パブリック・ガバナンスの政治学」勁草書房.
Anttiroiko, A. [2004] "Introduction to Democratic e-Governance," in Malkia, M., Anttiroiko, A. and Savolainene, R. eds., *E-Transformation in Governance: New Directions in Government and Politics*, Hershey: Idea Group Publishing.
Bell, S. and Hindmoor, A. [2009] *Rethinking Governance: The Centrality of the State in Modern Society*, Port Melbourne: Cambridge University Press.
Edelenbos, J. and Meerkerk, I. [2016] "Normative Theory," in Ansell, C. and Torfing, J. eds., *Handbook on Theories of Governance*, Cheltenham: Edward Elgar Pub.
Jessop, B. [1997] "Capitalism and Its Future: Remarks on Regulation, Government and Governance," *Review of International Political Economy*, 4(3).
Jessop, B. [2000] "Governance Failure," in Stoker, G. ed., *The New Politics of British Local Governance*, Basingstoke: Macmillan.
Jessop, B. [2002] *The Future of the Capitalist State*, Cambridge: Polity Press.
Jessop, B. [2004] "Multi-level Governance and Multi-level Metagovernance," in Bache, I. and Flinders, M. eds., *Multi-Level Governance*, Oxford: Oxford University Press.
Kjær, A. M. [2004] *Governance*, Cambridge: Polity Press.
Kickert, W.J.M. [1997] "Public Governance in the Netherlands: An Alternative to Anglo-American 'Managerialism'," *Public Administration*, 75(4).
Klijn, E.H. [2008] "Governance and Governance Networks in Europe: An Assessment of 10 Years of Research on the Theme," *Public Management Review*, 10(4).
Kooiman, J. [1993] "Socio-Political Governance: Intorduction," in Kooiman, J. ed., *Modern Governance: New Government-Society Interactions*, London: Sage.
Kooiman, J. [2003] *Governing as Governance*, London: Sage.
Kooiman, J., Bavinck, M., Jentoft, S. and Pullin, R. [2005] *Fish for Life: Interactive Governance for Fisheries*, Amsterdam: Amsterdam University Press.
Leach, R. and Percy-Smith, J. [2001] *Local Governance in Britain*, Basingstoke and New York: Palgrave.
Osborne, S.P. [2010] "Introduction The (New) Public Governance: A Suitable Case for Treatment," in Osborne, S.P. eds., *The New Public Governance? : Emerging Perspectives on the Theory and Practice of Public Governance*, New York: Routledge.
Peters, B. G. [2000] "Globalization, Institution and Governance," in Peters, B. G. and Savoie, D.J. eds., *Governance in the Twenty-first Century: Revitalizing the Public Service*, Montreal and Kingston: McGill-Queen's University Press.
Pierre, J. [2000] "Introduction: Understanding Governance," in Pierre, J. ed., *Debating Governance: Authority, Steering, and Democracy*, Oxford: Oxford University Press.
Pierre, J. and Peters, B. G. [2000] *Governance, Politics and the State*, New York : St. Martin's Press.

Pierre, J. and Peters, B. G. [2005] *Governing Complex. Societies: Trajectories and Scenarios*, Basingstoke: Palgrave Macmillan.
Rhodes, R.A.W. [1996] "The New Governance: Governing without Government," *Political Studies*, 44(4).
Rhodes, R.A.W. [1997] *Understanding Governance: Policy Networks, Governance, Reflexivity and Accountability*, Buckingham: Open University Press.
Rhodes, R.A.W. [2000] "Governance and Public Administration," in Pierre, J. ed., *Debating Governance: Authority, Steering, and Democracy*, Oxford: Oxford University Press.
Sørensen, E. and Torfing, J. [2007] "Introduction: Governance Network Research: Towards a Second Generation," in Sørensen, E. and Torfing, J. eds., *Theories of Democratic Network Governance*, Basingstoke: Palgrave Macmillan.
Sørensen, E. and Torfing, J. [2014] "The European Debate on Governance Networks: Towards a New and Viable Parevadigm?", *Policy & Society*, 33(4).
Stoker, G. [1998] "Governance as Theory: Five Propositions," *International Social Science Journal*, 50 (155).
Torfing, J., Peters, B.G., Pierre, J. and Sørensen, E. [2012] *Interactive Governance: Advancing the Paradigm*, Oxford: Oxford University.

# 第12章

## マルチレベル・ガバナンスの中の市民自治の方法
——コミュニティ・ガバナンスとは——

## 1 ガバナンス概念の登場

「ガバナンス」は，すでに世界中で市民権を得た概念であろう．コーポレート・ガバナンスとか，グローバル・ガバナンスのように，様々な局面で使われ続けてきた．本書の『公共ガバナンス』の視点から，ガバナンス概念を説明する．

ガバナンス（governance）は，とりもなおさず「治める」ということである．では誰が何を治めるのか．ガバナンス研究の代表的研究者であるマーク・ベビアは，ガバナンス概念が広まってきた背景として，人々の考え方が変わり，また世界そのものも新しい実践を展開してきた結果，多くの人々が「治める」ことに関心を向けるようになったとしている．その奥底にあるのが，20世紀終盤ごろから目立ってきた世界の変化，つまり，国家（政府）の財政逼迫とかまたグローバリゼーション，そして環境など解決困難な問題（wicked problems）等，様々な変化がどんどん浮上してきた［Peter and Pierre 2000：Ch.3］．その中で，これまで統治を一手に引き受けてきた国家（政府）のあり方が問われつつ，人々も新しい統治のあり方に関心を持つようになったのである［Bevir 2012：3-13］．ここでいう「治める」というのは，複雑化して簡単に処置が効かない諸問題に対処し，制御するという面の行動であるとしておこう．

端的に言えば，ガバナンス概念が指し示す真髄は，治めるプロセスが様々に展開し，それぞれが結び合っている面を捉えようとする点にある．例えば，コーポレート・ガバナンス概念は，主として民間企業の世界で用いられるが，企業体内部を治めるプロセスのみならず，株主などの関係者との関係を治めるプロセスをも想定するものである［Chhotray and Stoker 2009：Ch.7］．公共ガバナンスの世界で言えば，ガバナンスは，これまで政府（特に国家）が経済社会問題のための諸政策・事業に関する全面的スポンサーだったのが，政府と非政府

アクター，あるいは非政府の民間アクター同士が一緒になって問題解決を進めていくという，統治のあり方の複雑多面的な世界へのシフトと，そこで展開される複合的な治めるプロセスを捉え，分析する概念と位置付けられる［Stoker 1998］．

## 2　コミュニティ・ガバナンス

### (1)　マルチレベル・ガバナンス

　ガバナンス概念は，様々な治めるプロセス，そしてそのプロセス同士がどう結びついているかを見通し分析する道具と言えるが，だからこそどこにでもその焦点を合わせることが可能である．地球レベルでも良いし，ある1つの組織というレベルもあり得る．したがって，「マルチレベル・ガバナンス」という概念もよく使われる．世界のどこでもどの規模でもガバナンス概念で説明できる，あるいは説明すべき状況が生じているということでもある．

　例えば，環境問題を例としよう．PM2.5は簡単に国境を越えていく．発生源に住んでいる人々は最も大気汚染に苦しんでいるだろうが，それは同時に国際規模に問題が発展してしまう．これを解決しようと思えば，発生源の国の政府と企業が一緒に取り組みを始めなければならないし，場合によっては海外の自治体や環境NGO等が環境改善の技術提供を行うといったこともありうる．政策領域も，純粋な環境分野だけでなく外交分野も関わってくる．すでに欧州では，EUという超国家機関が統治機能を有していて，超国家，国家，地域が複雑に関係し合っている．現代の社会問題が複雑化するにつれて，治めるプロセスがだんだんとマルチに展開せざるを得なくなっているし，また一方でマルチな展開に多くの機関や人々が自ら関心を向けている面もある．他方，マルチになったからこそ，プロセス同士の対立も起こる．例えば，国際機関の1つである国際捕鯨委員会は，日本など特定の国家の捕鯨政策と真っ向から対立している．もちろんこの対立をどう乗り越えるのかということが実は重要である．

　**図12-1**は，環境政策の世界を例として作られたマルチレベル・ガバナンスのイメージである．マルチレベルとは，縦横奥行きの3つの方向に及ぶ．それは，ガバナンスの規模，アクター，そしてアクターが関与する政策領域である．3つ目の政策領域については，図については環境政策がテーマだが，別の課題になれば，また別の領域が登場することになる．最も手前面の真ん中に「中央

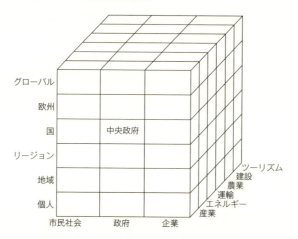

**図12-1　マルチレベル・ガバナンスのイメージ**
(出典) Janicke [2008] を改変.

政府」と書かれているのは，伝統的な統治が国家レベルの政府がその中心だったからである．いずれにしても，主権国家の中央政府をメインプレイヤーとしてきたこれまでの統治から，意図するにせよしないにせよ様々なポイントで「治める」機能が分散また相互依存した状態が生まれているのである．

　もう少しダイナミックに説明すると，**図12-2** のようになるだろう．治めることに利害を持つアクター，言い換えれば，治めることで何か利益を得るとか，誰かが治めることで損失を被る存在として様々な機関，市民が登場する．ガバナンス概念は，様々なアクターの行動の連結を想定するものであるから，論者によっては「各アクターが協力すべき」といった規範概念として用いられることもかなりある．他方で，実証概念，つまり今私たちが直面しているアクターたちの動向を明確に記述し，誰が何をどの程度治めることができているのか，またどういった条件があればうまく治めることができるのか，加えてそこでは誰のどういう治め方が重要か，といったような分析や議論を行うための概念でもある．ただ，この場合は，ガバナンス概念を各々の研究目的に応じて，分析や議論のための視角を改めてこしらえる必要がある［大山 2007］．

　以下の議論は，市民自治の観点に立って，ガバナンスの分析視角としてコミュニティ・ガバナンスを考えてみることにしよう．

第12章　マルチレベル・ガバナンスの中の市民自治の方法　*211*

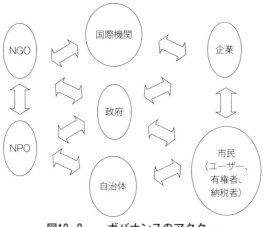

**図12-2　ガバナンスのアクター**

(出典）大山［2007］.

### (2) コミュニティ・ガバナンス

このマルチレベルで展開するガバナンスの中で，最も重要なのが「コミュニティ・ガバナンス」である．それはなぜか．仮に，グローバルレベルの治める過程がナショナルレベルの治める過程に影響したりして，どんどんガバナンスが繰り広げられていくとすれば，どうにかして多くの人々が手の届く範囲でガバナンスに関与して，何らかの利益を得つつ，同時に不利益を被らないようにしなければならないだろう．カステルが論じる，グローバル化の「フローの空間」の増大の中で，人々の暮らしが基づく「場所の空間」をどうそこに対置できるかという問題意識である［Castel 2010］．そうした観点から導きうるのがコミュニティ・ガバナンスなのである．

コミュニティ・ガバナンス概念を比較的初期に議論したClarkeとStewart［1998］は，コミュニティ・ガバナンスは，コミュニティとして人々に権能を付与する（力をつける）仕組みだとする．ここでは，コミュニティに影響を与える諸課題についてできる限り決定する権利を与えることだという．これは，最もハイレベルな民主主義を可能にするものと位置づけることができる［somervill 2005：120］．コミュニティ・ガバナンスでは，基本的に１つの自治体よりも小規模な単位でのガバナンスが想定される．コミュニティはそもそもとても多義

的な用語であるのだが，ここでは地理的な範囲のことを指し，概ね「ネイバーフッド」（近隣地区）が念頭に置かれることが多い．ネイバーフッドは人々が自分たちの居住地として識別できる範囲という強みがある［Hampton 1970；Somerville 2005：120-121］．集合行為のコストに鑑みたとき，これは参加を促進するという民主主義上の利点につながる．Lowndesらは，ガバナンスでネイバーフッドがなぜ適切かという理由について，市民参加の促進，市民生活のための公共サービスの向上，応答性とアカウンタビリィの拡充，そして規模の経済でない"範囲の経済"による効率化と有効性の達成を取り上げる［Lowndes and Sullivan 2008：57-59］．ネイバーフッドは一種の行政上の地理区分なのだが，地理区分を大前提にすることで参加の対象，場所，資格を明瞭にすることができるのである．

　コミュニティ・ガバナンスは，民主主義を重んじつつ，コミュニティ自身にも大きな便益を生み出す．民主的にコントロールされた住民組織はより効果的に幅広い社会的便益，そしてコミュニティにとっての便益を提供できるという［Somerville 2005：121］．ここで重要なのは，コミュニティ・ガバナンスが持つ2つの面を解明しておくことである．1つ目の面は，便益をコミュニティ自らが生み出す面である．2つ目の面は，政府部門などコミュニティ以外のアクターがコミュニティの代わりに便益を生み出す面である．1つ目はいわばコミュニティの自己決定で地域の諸問題解決に取り組むということである．2つ目は，地域レベルで言えば主として地方政府の公共政策過程をコミュニティが統御することを意味する．つまり，コミュニティがステークホルダーとして公共政策過程にパワーを発揮することを通じて諸問題解決を実現する経路である［Taylor 2003：Ch.7］．

### (3)　コミュニティ・ガバナンスの真髄：シティズン・ガバナンス

　このコミュニティ・ガバナンスの特徴は，ネットワーク・ガバナンスの議論と比べるととりわけわかりやすい．ガバナンス概念は往々にしてネットワーク・ガバナンス概念として議論されて来た面が大きい．ガバナンス概念の嚆矢となったローズは，ガバナンスを「自己組織的ネットワーク」と定義した［Rhodes 1997：52-53］．パートナーシップや協働といった言葉も，このネットワーク・ガバナンスの議論の影響を受けたものである．このネットワークには政府，非政府など幅広いアクターが相互依存して行動するという前提がある．

その意味では，コミュニティ・ガバナンス概念もネットワークと親和性が高いと言える．ただし，そもそもネットワークは流動的なものであり，だからこそネットワークの民主的統御の問題とか責任の所在が覆い隠されてしまうような点が指摘されてきた［Peters 1998：20；Hansen 2007］．ネットワークはコミュニティ・ガバナンスの基底にある要素だが，それを明確に参加民主主義の方法で組織化するという点がコミュニティ・ガバナンス概念の理論的基軸となる［Totikidis, Armstrong and Francis 2005：14］．

　したがって，小さなスケールの地域単位の治める過程であるコミュニティ・ガバナンスは，市民自治という見方に立てば，市民による治める過程（シティズン・ガバナンス［Somerville 2005：128-32］）と表現することができる．地方政府が市民参加制度を構築し，市民をサポートすることは重要だが，それだけでは不足である．ガバナンスを市民そのものが統御するという原則に基づくことが重要である．だからこそ，単に市民に参加機会を与えるという漠然としたものでなく，市民が意思決定にかかるパワーを有することが前提条件となる［Bell and Hindmoor 2009：139-42］．

　コミュニティ・ガバナンスはまさにネイバーフッドのような市民個人が参加しやすい小規模な範囲で十分に実践されうる．この鍵となるのは，様々な個人・集団間ネットワークを横断し，それらのコンフリクトを処理するメカニズムを擁する討論会などアクターが一堂に会する場である．ただ，コミュニティが自身で統治するも，公共政策過程に影響を与えるも，市民による治めるプロセスをきちんと名実のものとするためには，そこには何らかの中核となる機構がその支持基盤として重要となる．中核機構については地域のあらゆる組織がそれになり得るが，それが何であれしっかりとした基盤となることで，ネイバーフッドを起点にして市民セクターが諸問題解決に一種のヘゲモニーを持つこと，決して政府などの他部門に引けを取らない存在となることが想定される［Sommerville 2005：131-33］．

### (4) コミュニティ・ガバナンスの構図

　コミュニティ・ガバナンスは，単独で存在するわけでなく，他のガバナンスとともに関係しながら機能するものである．地方のレベルに限って見ても，地方政府自身のガバナンスもあれば，地域の民間企業のコーポレート・ガバナンスもある．もちろんそれらは，コミュニティ・ガバナンスと様々な局面で結び

つく．公共ガバナンスを考える上で特に重要なのは，地方政府とコミュニティの関係である．コミュニティの様々な問題解決を実現する上で，市民ないしネイバーフッドレベルの諸団体が自力でできる部分は恐らく相当に限られる．まだまだ公共政策の果たすべき役割は大きい．先述の通り，ガバナンス概念の真骨頂は治める過程の相互作用を見通す点にある．この点に鑑みると，コミュニティ・ガバナンスといったとき，コミュニティが公共政策そのものを治める過程にどう関与しているか，しうるかを見ることがとても重要なのである．

　コミュニティ・ガバナンスは，単にガバメントが自らの権限として市民の意見を聴取するような段階を超えて，意思決定過程の権限をガバメントとコミュニティが共有する状況を理論的枠組みに収める概念である［Bell and Hindmoor 2009：139-41］．コミュニティの問題解決に，地方政府もコミュニティのアクターもお互いに関与するということである．問うべきはこの関与の仕方である．実にこの点に関して，コミュニティ・ガバナンスの議論で共通する主張が「利益団体政治との決別」である．FungとWrightは，ネイバーフッドレベルの意思決定参加の分析概念として「権限付与型参加ガバナンス（Empowered Participatory Governance, EPG）」を提示したが，この権限付与型参加ガバナンスは，各々の組織個別の利害拡充のために資源とかパワーを交渉の場に持ち込んで意思決定過程を利用するような利益集団政治とは異なるという．あくまで利益集団政治は，関係者相互に耳を傾け，十分な熟慮の上政策選択を行う「討議」ではなく，特定アクターの脅しとか利害関係者のパワー較差などを前提とした市民参加だからである［Fung and Wright 2003：18-20］．まさに，政策をめぐって個別利益間が競合するというより，個別利益に立ちながらも，討議や取引を通じて利益調整を行う方向が重んじられるのである．

　そこでその鍵となるのが「アドボカシー」である．アドボカシーとは単に特定団体の利益を個別に陳情するのでなく，政策の代替案を考えたり，また既存の政策に異議を唱えたり，モニタリングをしたりするような要素が想定される［Reid 1999］．特定のアクターがアドボカシーをリードすることもあろうが，アクター間の意見交換などで相互行為を経て，お互いにアドボカシーを協働するという局面もある．コミュニティ・ガバナンスは，ネイバーフッドの利害関係者が幅広く参加することを想定するのであり，後者のアドボカシーの協働が重要である．

## 3 コミュニティ・ガバナンスのデザイン

### (1) 制度の役割

　それでは，コミュニティ・ガバナンスはいかに進展していくことが可能か．コミュニティ・ガバナンスはそもそも個人ないし組織アクターが十分に参加し得なければ成立しないものである．この点に鑑みれば，多くのアクターの参加をどう促進し得るかが重要である．そこで，改めて「制度」の重要性に着眼しよう．

　制度の効用は，いくつか認められる．まずは，幅広い団体の参加に対するイコールフッティングが可能となる面である［Fung and Wright 2003］．Johnは，ガバナンス型の参加制度は完全に社会経済較差の影響を無くすことは難しいというが，それでも英国では若年層とかエスニックマイノリティといったこれまで排除されがちだった層に参加機会を拡充できている面はある点に言及する［John 2009］．Skelcher and Torfing［2010：79］は，参加者のエンパワーメントとか刷新的な解決提案形成といった諸利点をもたらすために，参加は長い時間をかけて繰り返されなければならず，それを制度がサポートし得るという．諸アクターの能力にはそもそも較差があることから，それを修正し参加を推進できるようなプログラムデザインと組織構造化が参加の成功には欠かせないのである［Head 2007］．加えて，ネイバーフッドなどのユニットを明白にすれば，権限付与の対象も明確となり，先述したような団体間を超えた相互調節とか共通目的の達成のために要する取引コストが低くなるといった面を指摘できるだろう［Somerville 2005：122］．よほどのリーダーシップがある人物がいれば，どんな状況でも低コストで様々な取り組みを迅速に進めることができるかもしれないが，制度があれば並大抵の人々でも一定に利害関係者の行動を予測し，相互の方向づけを行うことができる．

　この参加と制度の議論は，実際に世界各地で進められている参加制度の事例に依拠したものである．各研究者のアプローチによって前提とする事例は異なるが，議論全体では，市民陪審制とか，コンセンサス会議などの仕組みも言及されつつ［Skelcher and Torfing 2010：79-81］，概ね地理的な近隣地区レベルの参加機構が取り上げられることが多い［Aarsaether, Nyseth and Røiseland 2002；Fung and Wright 2003；Gaventa 2004；Musso, Weare, Bryer et al. 2011］．中でも最も盛んに言及されるのがブラジルで始まった「参加型予算配分制度（participatory budgeting)」である [Baiocchi 2003]．もともとブラジルのポルトアレグレ市で始まった制度である．ブラジルで続いた軍事政権下の施政に対する不満が鬱積し，様々なインフラ整備が遅れる問題が蓄積されていた．そこへ当市で労働党政権が誕生したのをきっかけに，取り組みがスタートしたのである．ごく簡単にいうと，市予算の使い道決定に住民が関与する仕組みである．1年間を通じて，個人や近隣団体が参加する地区総会で代表者を選出→地区ごとの事業へのニーズを承認して，また次の段階の市予算委員会の委員を選出→市予算委員会で全市から寄せられた要望を調整，次年度予算案を市議会へ提出，というプロセスを経ていく．開始当初は参加者も慣れていなかったり，単に地区の要望をぶつけるというだけだったり，ある政治家の集票マシーンになりかけたりしたが，そうした経験を経て，次第に地域全体に目を向け資源配分に関する議論ができるような諸変化があったという [Abers 1998：526-527]．

　制度は誰が準備しても良いが，通常それは政府の役割となる．いずれにしても制度設計は参加のパフォーマンスに影響してしまう [Aarsaether, Nyseth and Røiseland 2002；Skelcher and Torfing 2010他]．だからこそ，制度設計はもちろん柔軟かつ慎重に行わなくてはならず，コミュニティの事情，構成団体の事情などの背景条件をしっかり検討しなければならない．特に，参加を促進しようとする時，人々が参加を嫌がったり，プロセスが進まなかったりすれば，政府部門はそれなりの資源をプロセスに投入しなければならない [Irvin and Stansbury 2004：62]．なんでもいいから制度をとにかくこしらえればそれでよしというわけではない．参加の一歩を促す制度の設計がここでは求められるだろう．

### (2) コミュニティ・ガバナンスの難しさ："Usual suspects" 問題

　コミュニティ・ガバナンスは，多くの地域問題解決の中でもベストな手法と考えられてはいるが，いくら理念上で制度の効用があるとしても現実世界には問題が起こりうる．それは，第1に排除の可能性は残ること，第2に，権限分散を通じて究極的な責任者がいない分，戦略とかサービスの方向性が不安定なってしまいかねないこと，そして第3にそれ自体が目的化してしまうこと，の3つである [Ross and Osborne 1999：58-59]．コミュニティ・ガバナンスの領域において深刻なのは，第1の問題であろう．というのは，これが民主的正統性に大きく関わるからである．

　そもそも参加は「少数派のスポーツ」[Taylor 2003：184] という批判的隠喩は

的を得ているかもしれない．これは主として英国で"usual suspects"問題として指摘されてきた．日本語に訳しにくいが，「常に参加の場に呼ばれる人」[Applegate 1998：952]という趣旨である．一回参加の場に呼ばれた人はまた次の回に呼ばれやすい．Skidmore [2006]らは，イギリスのネイバーフッド開発の政策における参加を分析した結果，参加が多くの人に広がらず，一定の人物に偏りがちという点を実証している．そこで指摘されるのは，「連結型ソーシャルキャピタル（linking social capital）」概念である．これは端的に言えば，ある人々と彼・彼女らより相対的にパワーを有している制度や人々との間に作られる，どちらかというと垂直型の関係である [Szeter and Woolcock 2003：655；Hawkins and Maurer 2009：1779-1780]．特にここでは政府部門と市民との社会関係資本を言い表すものである．ソーシャルキャピタル概念については，Putnam [2001]が特に重要性を強調した「橋渡し型ソーシャルキャピタル（bridging social capital）」が有名だが[3]，これはいずれも多くの人々が関与して成立するものである．対して連結型ソーシャルキャピタルはごく少数のメンバーがいればそれで十分だという．いわばソーシャルキャピタルの中でも「資本」として分配不平等に結実するという性格が如実に現れてしまうのである [Skidmore 2006：11]．もし一定の人だけがどんどん経験豊富になってしまえば，新参者は参加にあたってナーバスにならざるをえない．その結果，より古参組の小集団化が進みやすくなる．他方で，多くの人々は，わざわざ討論の場に出かけて行くコストを支払う余裕がそもそもないし，できれば特定の人々に参加を委ねたいと思っている状況も現実ではある [Gaventa 2004b：13]．加えて，政府サイドがあえて同じ人を参加者としてピックアップするという可能性もある [Robinson, Show and Davidson et al. 2005：21]．特段別け隔てせずに多くの人々に参加を託して諸失敗をまねく可能性を念頭に置くより，よく知っている人でしっかり議論してくれることが明らかな人に委ねる方が，参加をめぐる取引コストは確実に安くなるからである．

　Usual suspectsは，先に見た「参加型予算配分」だから生じないという訳ではなさそうだ．Mussoらは，ロサンゼルス市が参加型予算配分制度として導入したネイバーフッドカウンシル（近隣会議）の参加構造を分析した結果，カウンシルのメンバーに選出されるのは，不動産所有者等上位所得層が多いという結果がえられた．一般市民の多くは，福祉の充実とか学校の強化とかに関心を持っているが，不動産所有者を中心とするカウンシルでは，土地利用とか都市

計画の議論ばかりが優先されがちだという [Musso, Weare, Bryer et al. 2011：106]．

このusual suspectsの現象を考えると，いわば，Schuttschneider [1960] が論じた利益集団政治における「参加の偏向」構造が，実は参加ガバナンス制度にも付いて回り得るということに注意を払わなくてはならないのだろう．

## おわりに
### ——コミュニティ・ガバナンスのこれから——

コミュニティ・ガバナンスの実現には，制度の役割は欠かせない．ある程度進展の方向性を示し，予測可能性を高めることで取引コストを抑えて，そして行動の輻輳を促すことができる．何よりも，参加機会のイコールフッティングが重要だろう．

とはいえ，いくら機会均等の仕組みを作っても，usual suspectsが生じてくる可能性は低くはないのである．制度は，参加のために利する潜在性が大きいことは明らかだが，使い手次第で制度の効果は変わってしまうのである．Usual suspectsが全体的な視野から公平な議論をしてくれれば問題はないのだろうが，ロサンゼルス市のケースに鑑みるとそれは望み薄だろう．だから，参加の偏向が生じうるということに常に我々は敏感でなくてはならないし，それを自覚しつつ，人々がそこで経験を積んで視野を広げたり，議論の仕方を学んだり，その中で必要な制度の改善を繰り返していく長いプロセスを踏み続けることしかない．そうやって，参加を通じた人々の成功体験を1つずつ蓄積していくことが肝要だろう．それは多くの人々の参加のさらなる動機付けにつながる．[4] 時間をかけて行きつ戻りつし，利害関係者が相互に失敗と学習を重ね，少しずつ参加者の対象を広げて，諸経験蓄積と能力浸透を図っていくことが求められるだろう．

Gaventaは，こうしたコミュニティ・ガバナンスは一朝一夕に成り立つものではなく，とにかく時間がかかるものだという [Gaventa 2004a]．事を急いでしまっては，参加は人々のやる気を削ぎ，必ず失敗に終わるだろう．場合によっては，コミュニティ・ガバナンスは各々の社会を支えてきた伝統的な政治文化を変える必要を伴うものだからである．

注

1）Fungらは利益集団政治に加えて，伝統的な社会的選択の方法として，官僚など専門

家による政策のコントロール，そして選挙とか住民投票をあげて，コミュニティ・ガバナンスとの対比に用いている．

2）参加ガバナンス論は，コミュニティレベルの参加に限らず，討議民主主義の方法全体も議論対象とする．市民陪審は，イギリスで普及した地域レベルの取り組みが基本で，ランダムで選ばれた十数名程度の市民が議論して報告書を作成し，政策決定に参加する仕組みである．コンセンサス会議は，デンマークやオランダ，イギリスで導入されたが，科学技術に関する討議を行う機会である．議論して市民の問題関心を起こし，科学に対する市民の統御を目指すものである．詳しくは，篠原［2004］を参照．

3）Putnamは2001年の著書で，橋渡し型ソーシャルキャピタルと結束型ソーシャルキャピタルの類型を示した．前者は，異なる組織間における異質な人や組織を結びつけるネットワークである．後者は組織の内部における人と人との同質的な結びつきであるとする．

4）そこでは特に，「言葉」の使い方に敏感でなくてはならない．言葉はパワーの表現手段であり，専門家-非専門家の区別を簡単に作ってしまう．参加の場では，利害関係者間の「共通言語」が欠かせない［Edwards 2001：84］．政府担当者による専門用語を並べた説明に対し，市民サイドが理解できず不満だけが鬱積するということが生じてしまうからである［Musso, Weare, Bryer et al.2011：106-107］．

**参考文献**

大山耕輔［2007］「ガバナンス概念と課題について——ボバードの議論を参考に——」『法学研究』80(1)．

篠原一［2004］『市民の政治学——討議デモクラシーとは何か——』岩波書店．

Aarsaether, N., Nyseth, T. and Røiseland［2002］"Neighborhood Councils: Municipal Instruments or Grass-Roots Movement? Some Reflections on Results from Two Norwegian Surveys," in McLaverty, P. ed., *Public Participation and Innovations in Community Governance*, Aldershot : Ashgate.

Abers, R.［1998］"From Clientelism to Cooperation: Local Government, Participatory Policy, and Civic Organizing in Porto Alegre, Brazil," *Politics and Society*, 26(4).

Applegate, J.S.［1998］"Beyond The Usual Suspects: The Use of Citizens Advirosy Boards in Environmental Decisionmaking," *Indiana Law Journal*, 73(3).

Baiocchi, G.［2003］"Participation, Activism, and Politics: The Porto Aregre experiment," in Fung, A. and Wright, E.O. eds., *Deepening Democracy: Institutional Innovations in Empowered Participatory Governance*, London : Verso.

Bell, S. and Hindmoor, A.［2009］*Rethinking Governance: The Centrality of The State in Modern Society*, Melbourne : Cambridge University Press.

Bevir, M.［2012］*Governance: A Very Short Introduction*, Oxford : Oxford University Press（野口牧人訳『ガバナンスとは何か』NTT出版，2013年）．

Castells, M.［2010］*The Rise of The Network Society: The Information Age: Economy, Society, and Culture*（Vol. 1), West Sussex: John Wiley & Sons.

Chhotray, V. and Stoker, G. [2009] *Governance Theory and Practice: A Cross-Disciplinary Approach*, Basingstoke ; New York : Springer.

Clarke, M. and Stewart, J. [1998] *Community Governance, Community Leadership and The New Local Government*, York : YPS for The Joseph Rowntree foundation.

Edwards, M. [2001] Participatory Governance into The Future: Roles of The Government and Community Sectors. *Australian Journal of Public Administration*. 60(3).

Fung, A. and Wright, E. O. [2003] *Deepening Democracy: Institutional Innovations in Empowered Participatory Governance*, London: Verso.

Gaventa, J. [2004a] *Representation, Community Leadership and Participation: Citizen Involvement in Neighborhood Renewal and Local Governance*, Prepared for The Neighborhood Renewal Unit Office of Deputy Prime Minister.

Gaventa, J. [2004b] "Strengthening Participatory Approaches to Local Governance: Learning The Lessons from Abroad," *National Civic Review*, 93(4).

Hampton, W. [1970] *Democracy and Community*, London ; New York : Oxford University Press.

Hansen, A. D. [2007] "Governance Networks and Participation," in Sørensen, E. and Torfing, J. eds., *Theories of Democratic Network Governance*, Basingstoke [England]: Palgrave Macmillan UK.

Hawkins, R. L. and Maurer, K. [2009] "Bonding, Bridging and Linking: How Social Capital Operated in New Orleans Following Hurricane Katrina," *British Journal of Social Work*, 40(6).

Head, B. W. [2007] "Community Engagement: Participation on Whose Terms?" *Australian Journal of Political Science*, 42(3).

Irvin, R. A. and Stansbury, J. [2004] "Citizen Participation in Decision Making: is it Worth The Effort?" *Public Administration Review*, 64(1).

Jänicke, M. [2008] "Ecological Mdernisation: New Perspectives," in Janicke, M. and Jacob, K. eds., Environmental Governance in Global Perspective: New Approaches to Ecological Modernisation, FFU Report, Environmental Policy Research Centre, Freie Universität.

John, P. [2009] "Can Citizen Governance Redress The Representative Bias of Political Participation?" *Public Administration Review*, 69(3).

Lowndes, V. and Sullivan, H. [2008] "How Low Can You Go?: Rationales and Challenges for Neighbourhood Governance," *Public Administration*, 86(1).

Musso, J., Weare, C., Bryer, T. and Cooper, T. L. [2011] "Toward "Strong Democracy" in Global Cities? Social Capital Building, Theory‐Driven Reform, and The Los Angeles Neighborhood Council Experience," *Public Administration Review*, 71(1).

Peters, G. B. [1998] "'With a Little Help from Our Friends': Public-Private Partnerships as Institutions and Instruments," in Pierre, J. ed., *Partnerships in urban governance*, New York : MacMillan Press.

Peters, G.B. and Pierre, J. [2000] *Governance, Politics and The State*, Basingstoke : Macmillan.
Putnam, R. D. [2000] *Bowling Alone: The Collapse and Revival of American Community*, New York: Simon and Schuster.
Reid, E.J. [1999] "Nonprofit Advocacy and Political Participation," in Boris, E.T. and Steuerle, E. eds., *Nonprofits & Government: Collaboration and Conflict*, Washington D.C.: The Urban Institute Press（上野真城子・山内直人訳「NPO・アドボカシーと政治参加」『NPOと政府』ミネルヴァ書房，2007年）.
Rhodes, R. A. W. [1997] *Understanding Governance: Policy Networks, Governance: Reflexivity and Accountability*, Buckingham ; Philadelphia : Open University Press.
Robinson, F., Shaw, K. and Davidson, G. [2005] "'On The Side of The Angels': Community Involvement in The Governance of Neighbourhood Renewal," *Local Economy*, 20(1).
Ross, K. and Osborne, S. P. [1999] "Making a Reality of Community Governance : Structuring Government-Voluntary Sector Relationships at The Local Level," *Public Policy and Administration*, 14(2).
Schattschneider, E. E. [1960] *The Semi-Sovereign People*, New York : Holt, Rhinehart and Winston.
Skelcher, C. and Torfing, J. [2010] "Improving Democratic Governance Through Institutional Design: Civic Participation and Democratic Ownership in Europe," *Regulation & Governance*, 4(1).
Skidmore, P., Bound, K. and Lownsbrough, H. [2006] *Community Participation: Who Benefits?*, York : Joseph Rowntree Foundation.
Somerville, P. [2005] "Community Governance and Democracy," *Policy & Politics*, 33 (1).
Stoker, G. [1998] "Governance as Theory: Five Propositions," *International Social Science Journal, 50* (155).
Szreter, S. and Woolcock, M. [2003] "Health by Association? Social Capital, Social Theory, and The Political Economy of Public Health," *International Journal of Epidemiology*, 33(4).
Taylor, M. [2003] *Public Policy in The Community*, Basingstoke : Palgrave Macmillan.
Totikidis, V., Armstrong, A. and Francis, R. [2005] *The Concept of Community Governance: a Preliminary Review*, presented at The GovNet Conference. Monash University, Melbourne, 28-30th.

# 第 13 章

# 新たなアクターとしてのサードセクターとその理論的位置づけ

## はじめに

　本書では，サードセクターについて，第Ⅰ部第1章で非営利法人制度改革の視点から，主としてNPO法人，公益法人制度改革について議論した．また，第Ⅰ部第5章では社会的企業についての緒論を紹介し，世界の中における日本の社会的企業の位置づけを示した．さらに，それらの中間支援組織の実態についてふれた．また，日本特有の組織と言える自治会等，伝統的に存在するコミュニティ組織についても議論してきた．そして，これらのサードセクター組織の資金問題についても，アセット移転，優先公共調達，バウチャー，寄付制度等についてふれた．日本においては，高度成長期が終演して以降，1990年代や民主党政権下の一時期における穏やかな新自由主義から，2000年代の小泉行革以降は，基本的には市町村合併や民営化に関する諸改革等を経て，1980年代型の撤退型新自由主義［仁平 2017：161］が台頭しているように見える．そこでは，サードセクターが小さな政府づくりのために期待され，近年では，人口減少の中，地域から行政組織の撤退が始まり，その穴埋めを自治会等の地域組織を含めてサードセクターに期待し，さらには，安倍内閣の地方創生政策の中で，地域運営組織などの新たな枠組みが施策として進められているように見える．
　本章では，こういった日本の文脈に沿って，サードセクターの位置づけを理論的に再考し，今後の方向性を示すこととしたい．

## 1　サードセクター論

### (1) 概要

　サードセクターという用語は，政府と純粋営利企業とは異なったセクターに

属する存在として理解される．すなわち，政府，市場を第1，第2セクターとした場合の用語である．しかし，そのとらえ方には，大きく分けてアメリカ型のとらえ方と，ヨーロッパ型のとらえ方が存在する．ちなみに，第Ⅰ部第5章で紹介した，社会的企業は，サードセクターの下位概念として捉えられるが，アメリカでは営利組織と非営利組織のハイブリッド組織として，ヨーロッパでは，協同組合と非営利組織のハイブリッド組織として［Defourny 2001：邦訳 35］捉えられている．

### (2) 境界画定型の分類（制度選択アプローチ）

一般にサードセクターを非営利性（NPO）を軸として政府と営利企業の間において考える考え方がアメリカを中心とするアプローチである．

この考え方は，主として制度派経済学をベースとした非営利組織論であり，各セクターが分離して存在していると考える．すなわち，市場の失敗が起こる公共財を中心とする財の供給は，営利企業以外の領域からなされなけれる必要があり，それは，近代国家においては，国民から税の強制徴収で成立する政府の役割とされる．このため，政府は，市場の失敗の起こる公共財（準公共財）の提供を行う必要が起こる．しかし，民主的政府は多数の国民から支持された選挙で選ばれた主体が政治を行うため，また，次の選挙での得票を獲得するため，どうしても多数に支持される政策を行おうとするため，中位投票者に対する財の供給を行おうとする．このため，少数意見が反映されにくく，また，一部の人しか気づいていないような先駆的，先験的な活動を行いにくいと言うことになる．また，公平性を重視するため，意思決定に時間がかかり迅速な活動が行いにくいと言った課題を抱える．これは，一般に政府の失敗と言われるものである［Weisbroad 1986：21］．

したがって，政府から独立して意思決定の出来る何らかの主体がこれらの財の提供をすることが求められる．営利企業は収益を最終的に最大化しようとする主体とすると，既に市場の失敗にさらされていることに加え，ハンズマンは契約の失敗として，営利企業の利益分配を問題とする．すなわち，利益の分配を行う営利組織は，利益を最大化して配当を確保しようとし，ともすれば，コストを極限まで削減して，サービスの質を落としたりといった契約の失敗が起こる可能性があるとするのである．これは，特に福祉サービスなどのような対人サービスの場合，サービス供給側と利用者側との間の情報の非対称性が大き

く，その契約において失敗が起こる危険性が高い．この点，利益分配を禁止している非営利組織の場合そのような危険性が少なく，信頼性が高いと見るわけである［Hansmann 1987：29-33］．

ただし，この考え方には批判があり，主として組織に対して寄付を行う場合には，非営利（＝非分配）は，寄付した資金が配当に回ってしまう危険性が抑制されており，その組織の掲げるミッションのために使われる蓋然性が高く，プリンシパルから見たエージェンシーとして，信頼性が高いという文脈では当てはまる．しかし，それ以外の非営利組織のパフォーマンスの高さを説明するには十分ではない．それは，サラモンが主張するボランタリーの失敗に代表される問題である．すなわち，非営利組織は，ミッションを重視するあまり，アマチュアリズムに陥る危険性，寄付に依存する場合，大口の寄付者の意向に活動が左右される点などが存在する［Salamon 1995：44-48］．

サラモンは，これらの理論から政府によるNPOへの支援の必要性を説き，政府が財源を提供し，実際のサービスをサードセクターが行うという分業論を軸とした，第三者政府（third party government）論と，政府のサードセクターの相補モデルの概念を発展させた［Salamon 1987］．[1]

アメリカを代表するサードセクター論は，①非営利性，②政府からの独立性，③制度的形式性，④自発性，⑤自己統治性，といった定義を行う組織をNPOの要件とし，サラモンは，この定義に，非政治，非宗教を加えて，NPOの国際比較研究を行い，世界34カ国のNPOの分野，財源内訳，雇用者数などを比較分析として提示した．この国際比較は，従来漠然としていたNPOという存在の国による比較を示した点で大きな役割を果たしたと言えよう．

しかしながら，非営利原則を厳格に捉えているため，組合員に一定割合の分配を認めている協同組合が範囲の中に入っていないことから，特に，協同組合が発達しているヨーロッパ大陸を中心とするサードセクター論からは異論が出され，アメリカンバイアスと批判された［Borzaga 1998］．また，エバースは，経済学からのアプローチの限界と，サラモンとアンハイヤーの引き出したサードセクターと市民社会とを「市民社会セクター（civil society sector）」[2]という呼称のもとで密接に結合しようとする対応策を性急に過ぎるとして批判する［Evers 2004：邦訳 29］．

いずれにしても，アメリカ主導型のサードセクター論の多くは，営利企業，公共サービス，非営利セクターの3つのセクターを明確に切り分ける点に特徴

があるといえる［Evers 2004：邦訳2,29］．

### (3) 媒介モデル
① ハイブリッド組織としてのサードセクター

　それに対して，ヨーロッパでは，サードセクターが，政府との関係も強く，インフォーマルな側面も持ち，市場的要素も持つ存在であり，厳格に区分されるセクターとしてより，ハイブリッド組織として捉えるべきとの考え方が有力に主張される．特に，ヨーロッパの理論家たちは，サラモンたちが，サードセクターの国際比較に大きな役割を果たした点を評価しつつも，ヨーロッパでサードセクターの主体となっている協同組合が除外されていることに大きな違和感を持った．そして，非分配制約の問題は，資本主義的分配の最大化ではなく，何らかの形でそれに対する抑制がかかり，利潤が地域に再投資されるような組織体を積極的にサードセクターに加えようと考える．例えば，ペストフは，福祉トライアングルにおいて，そこにコミュニティ，家族といったインフォーマルなセクターを加えて，それらの中間に位置する領域をサードセクターとしている[3]．

　この枠組みでは，「国家（公共機関）」，「市場（民間企業）」，「コミュニティ（世帯・家族等）」の三極と密接な関係性を有する「媒介的セクター」としてサードセクターが描かれている．また，この枠組みを用いる利点として，各セクター間に存在する差異よりも，セクター間の混合要素，つまり，相互に利用可能な資源としてその理論的根拠を理解できる点が挙げられる．

　混合組織❶は，公共―民間の境界線によって区切られ，また，国家の枠組みと重なり合っている．この領域に属するサードセクター組織は，Pestoff［1998］によれば「準公共組織」，あるいは，「民間利益政府」である．この領域においては，公共―民間間の区別はほとんど消えており，属するサードセクター組織は，公共セクターと民間セクターの間のネットワーク形成を担っている．また，公共政策を定義・決定・執行する上で，公式的な公的責任を付与されている．この領域に属するサードセクター組織には，具体的には行政の外郭団体（エージェンシー）などが該当する．混合組織❷は，営利―非営利の境界線によって区切られ，また，市場の枠組みと重なり合っている．具体的には，主として市場取引によって収益を得る社会的企業や協同組合などがこの領域に属している．この領域の位置付けが非常に困難であるのは，営利と非営利の違い，

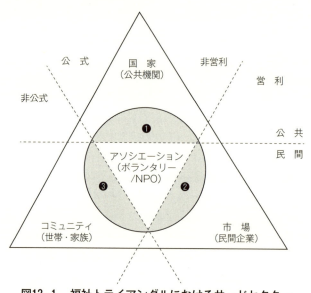

**図13-1　福祉トライアングルにおけるサードセクター**

（注）網掛け部分の中央の円がサードセクター全体の広がりを表している. ❶, ❷, ❸が本文中の混合組織❶, 混合組織❷, 混合組織❸にそれぞれ対応している.
（出典）Pestoff［1998：邦訳48（図2-1）］を基に筆者作成.

つまり，一定の利潤分配を行う組織をどのように捉えるべきであるのかという問題に帰結する．あるいはまた，政府の財政状況の悪化，それにともなう財政支出の削減やNPM的手法の導入が進む中で，サードセクターが市場競争にさらされている現状や，サードセクターに属しながら「社会的企業」と呼称される存在をどのように位置付けるべきであるのかという問題になる．混合組織❸は，公式─非公式の境界線によって区切られ，また，コミュニティの枠組みと重なり合っている．この領域は，多様な互助ないし自助グループによって構成されている．

② 媒介モデル論の課題

上記で示した媒介モデルによるサードセクターの考え方は，制度選択アプローチと比較して，サードセクターをハイブリッドな存在とした柔軟なとらえ方と言うことができる．

しかし，この考え方には，いくつかの課題が存在する．それは，① 媒介される客体が不明確であること，② 福祉トライアングルのインフォーマルなコミュニティが残余のものとして捉えられ，多様な客体が混在していることである［米澤 2017：88］．そこで，新制度派社会学に端を発する「制度ロジックモデル」などが主張されるようになっている．制度ロジックは，個人や組織の行動パターンは，その組織や個人が置かれる社会制度——家族制度や政治制度，市場制度など——の固有のロジックに寄って導かれることに注目する考え方である［Freiland and Alford 1991］．それにより，制度的環境の多元性に焦点が当てられるようになってきている．エバースの媒介モデルの課題としては，上述したとおり，政府，市場以外は，インフォーマルセクターや互酬性としてまとめられてしまっており，この点の過度な単純化を問題視する．確かに，日本やアジア各国では，政府，企業に対して，コミュニティ，インフォーマルセクターのプレゼンスが高く，この部分を残余の物として扱ったり，過度に単純化して扱うことは，日本のサードセクターを考える上で課題があり，今後この部分に研究の光が当てられていく必要があろう．いずれにしても，制度ロジックモデルは，媒介モデルの修正モデル，派生形として捉えることが出来よう．

## 2　アドボカシー，市民社会論との関係

　サードセクターの範疇としてサービス提供組織のみを考えるのか，消費者保護，環境保護，平和活動，人権保護等の各種団体が強く有する，アドボカシー機能も含めて考えるのかという問題がある．アドボカシーとは，「直接あるいは間接的に公共政策に影響を与える試みである［Pekkanen and Smith 2014：3］．アドボカシーについては，日本でも近年議論が活発化しているし，アドボカシー団体をサードセクターに入れるかという点に関しては両方の議論が存在する[4]．ただ，現在サービスを提供している団体も，福祉，環境，文化など，それがどのような領域であっても，もともとは，政府政策に対するオールタナティブな活動や，政府が取り上げてこなかった活動，また，先駆的な方法を提示して活動を始めた団体が多いのが現実である．また，それらの活動は時の政府によって否定され，抑圧されたりすることもあるが，次第に施策の中に組み込まれていく活動も多い．ヨーロッパにおいても，NGOに対して，環境保護などの諸活動を代表する権利，社会的弱者の声の代弁機能，政策形成への寄与を尊

228　第Ⅱ部　公共ガバナンス論の発展と展望

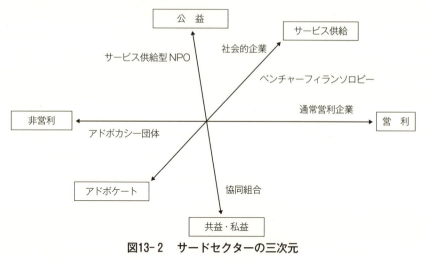

**図13-2　サードセクターの三次元**

（出典）筆者作成.

重していこうという動きが存在する［Commission the European Community 2000：5］. ただし，アドボカシー機能はその国の政治体制，制度，文化，他の組織との関係などによってその手法が異なる．例えば，日本の市民社会は，専門的なアドボカシー系団体が極めて少なく，自治会等の近隣住民団体のプレゼンスが高いという二重構造的な特徴を持つとの指摘もある［Pekkanen 2006］．また，政策提言に関しても，独立系シンクタンクの弱さが際立っている．日本でも，1990年代の後半の一時期，民間非営利型独立系シンクタンクが多数誕生した時期があったが，短期間で消滅してしまっている．鈴木［2011］は，シンクタンクは国際的に見ると本来民主主義の道具という認識が強いが，日本には，その認識が少なく，単なる調査研究機関という位置づけしかなされていないという．この理由としては，明治維新以降，政府・行政主導型で政策が立案され，第二次大戦後も同様のキャッチアップモデルで成功したという体験が作用しているように思われる．近年は，隣国韓国など，アジア各国でも，政策系（あるいは政党系）のシンクタンクが次々に設立されており，日本の時代遅れとも言えるガバナンス構造が目立ってきているように感じる．

　上記の視点からすると，市民の声を代弁していく機能を持つアドボカシー団体をサードセクターから除外することは適当ではない．そう考えると，サード

セクター組織は，営利・非営利，公益・共益，サービス提供・アドボカシーの3軸からなる三次元空間の中に存在することになる（図13-2）．

## 3　サードセクターの多義化と財源問題

先進国に概ね共通している問題は，経済成長の鈍化とサードセクターの財源不足である．これに対しては，社会的企業の起源として共通の理解が得られているように思われる．いわゆるNPOの企業セクターとのハイブリッド化の進展であり，別の言い方をするとNPOの事業化，商業化である．このことは，営利と非営利の区分がますます見えにくくなっていることを意味するし，特に日本においては，社会的企業論の稼得所得学派的な考え方が社会全般的には一般に受け入れられている要因でもある．しかしながら，統計等を見る限り，サードセクターの財源は，きわめて多様であり，純粋営利企業と比べてより複雑である．

資金源から，民間セクターを分類してみる．基本的には，事業性資金として，行政・民間からの支払い資金（図13-3の上半分）と行政・民間からの寄付的資金（同図の下半分）に分類できる．それらの大小によって，2つに区分すると，全

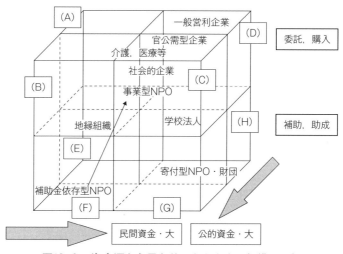

図13-3　資金源から見たサードセクター組織の分類
（出典）筆者作成．

部で8つの象限が考えられることになる。

　これらの分類は，概念的なものであり，実際には，財源はもっと多様化している．例えば，NPO法人は，行政委託，補助，民間助成，民間からの事業費(利用者負担など)も同時に受けていることが多いので，(C)，(F)，(G)，(H) 領域にまたがって活動していると言えよう．

　社会的企業に関しては，一般市場を対象にして (D) 領域の中で活動する団体とイメージされがちであるが，第Ⅰ部第5章で見たように，社会的企業の公共調達（委託事業）の割合が高いため，(B) 領域と (C) 領域にまたがる存在として捉えられる．

　また，この分野では，アドボカシー団体，サービス提供型団体といった区分もなされていないし，社会的企業のイノベーションや，社会的経済といった概念は入っていない静態的な分類である．ただし，稼得所得問題，NPOの商業化をある程度は説明できる概念図である．

　NPOの商業化とは，寄付型NPOや補助金依存型NPOが事業型に移行していくことであり，(F) 領域や (H) 領域の団体が (C) 領域や (D) 領域委に移行していくことである．(C) 領域への移行とは，委託事業や指定管理事業，介護保険事業に乗り出す様なケースであり，または，環境保護団体や福祉団体が利用者の対価を求めて，環境教育やその他の行政サービスが充実していない領域で，支払い能力のある人に対してサービスを提供するケースなどが該当する．これが，営利と非営利のハイブリッド化，領域の曖昧化という現象である．

　また，公的機関も補助を減らして委託に切り替えていくといった契約文化の中では，(F) 領域の団体は立ちゆかなくなり，事業を縮小，中止するか，公共からの委託事業を獲得する (C) 領域に向かっていくことになる．

　さらに，民間からの投資資金は，近年，寄付や助成に並ぶ財源の1つにまで成長してきている．元本保証がないので，資金提供側から見ると，融資とも異なるし，はじめから見返りを求めない寄付とも異なる．ただし，少なくともその事業体に一般市場からの事業収益が見込めることが投資の条件となる．また，情報化社会の中で，クラウドファンディングのように，寄付型，購入型，投資型といった混合型の民間資金が発展しており，このような資金形態の開発が，サードセクターのハイブリッド性に対応して，今後も進められていくことが期待される．

## 4 サードセクターの近年の潮流と課題

### (1) 概要

組織は社会の状況に応じて常に変化し，進化していく必要があるとするならば，その商業化に対する批判のみでは最終的には対抗的運動論に陥ってしまいかねない．もっとも，ヨーロッパの社会的包摂政策が，労働統合型のサードセクター（社会的企業論）に一定の影響を与えることに成功した面は認められる．例えば，日本でも，障害者総合支援法，生活困窮者自立支援法，障害者の法定雇用率のアップなど，その政策内容に関し，人口減少下における雇用確保の必要性と相俟って，労働統合型の社会的企業に対する施策はサービス提供型と比べて，進展しているといっても良いだろう．

### (2) サードセクターの社会性と稼得所得

利益で最終的な価値が計られる営利企業と異なり，サードセクター組織は，様々な要素でその価値が計られる存在である．サービスの質や効率，組織の基盤強化といった尺度が無視されて良いわけではなく，これらの点は，サードセクター組織の評価として，旧来から紹介されてきた．組織の自己点検をし，自分たちのミッションを再確認したり，社会に対するインパクトを考える上で，重要なことである．

しかし，近年は，補助，委託，融資，投資といった資金提供を受けるに際して，それらの価値をエビデンスとして提示することが納税者や寄付者に対するアカウンタビリティとして必要となってきている．

もっとも，一般市場から資金を調達できないタイプのNPOは，活動の永続性に欠けるため，事業性と社会性を両立させうる社会的企業に期待を寄せる風潮は強いし，特に，稼得所得学派の経営学者を中心にそういった論調は強い [Dees 1998]．そうしたことに成功している社会的企業の事例紹介は政府サイドにおいても多くなされている．また，その場合，公共調達（委託）をどう扱うのか，バウチャー制度はどうなのか，収益の中に一部の一般市場からの事業資金が入っていれば，社会的企業として評価さるのか．このあたりは，稼得所得学派は必ずしも詳細にふれているわけではない．また，社会的イノベーション（社会変革）の要素が入っていれば，社会的企業として認めようという，稼得所

得学派と，社会的イノベーション学派の議論も見られる［Nicollas and Cho 2006］．これらの考え方の最大の弱点は，ミクロレベルの考察が中心となっていること，セクターとしての規模，社会全般における影響力に与える大きさの量的側面に，ほとんど関心がない点である．言い方を変えると，英米系に見られる稼得所得学派や社会的イノベーション学派は社会的企業の再分配的要素を概念の中に取り入れない傾向がある［米澤 2017：119］．これらの見方は，組織のマネジメント，資金調達の方法，リーダーシップといった組織のミクロレベルにほとんどその焦点を当てている．このため，それに対応する政策は，成功事例の紹介，組織のマネジメント研修，資金調達の手法，といった点に集約され，マクロレベル，メゾレベルの法制度や制度をとりまく環境への関心は希薄である．事例紹介自体は興味深いが，一般市場からの対価で成り立つ社会的企業は自ずと限定されるから，成功事例を模倣しても，失敗に終わる可能性が高い．

### （3）　社会性の可視化と政策

　さて，社会的価値を客観化し，可視化することは可能であろうか．これについては，サードセクターの評価において，従来，様々な試みがなされてきた．また，質的な評価と量的な評価があり，客観性を担保しようと思えば，数値で示すことができるものならより好ましいと言えるだろう．例えば，職業訓練をしているサードセクター組織がその結果，何人の訓練を行ったか，というのはアウトプットである．しかし，訓練の結果，どれだけの人が職に就いたかはアウトカムであり，さらには，その結果社会全体の便益（納税額のアップ，失業手当の削減等）にどれだけ寄与したか，などのインパクト評価も重要な要素である．過去，これらについては，多くの手法が開発されてきた［馬場 2016：264-265；Mulgan：2010］．社会的インパクトの数量化については，資源提供者側の要求に応えようとする垂直的評価であり，出発点の発想において課題があるといった藤井［2013：131］などの見解もある．現実的には，数量的評価には限界があることに加え，莫大な評価コストがかかるため，SROIなどの先進国であるイギリスなどでも，社会的監査などの質的調査が実務的視点からも現実には多く行われている．[6]

　サードセクターを取り巻く資金状況は厳しさを増しているため，民間財団，納税者，寄付者，投資家もサードセクターの効果性に対しては，厳しい目を向けるようになっている．そういった意味では，サードセクター組織自身が活動

のインパクトを積極的に提示する必要性が増していることは確かであろう．また，第Ⅰ部第5章で紹介したソーシャルインパクトボンドも，数量化の困難性，設計とモニタリングコストの高さ，レントシーキング問題などを充分に考え，限定的な領域で可能な範囲での実践が求められる．

### (4) 優先公共調達と社会的価値

公共政策としては，イギリスを中心として，サードセクター組織のインパクト評価に対して積極的な取り組みが行われている[7]．保守党の中のサードセクターに親和的なビッグソサイエティ派が主導して2013年に施行された公共サービス（社会的価値）法（=Social Value Act）は，政府契約の入札を，事業の社会性を加味して行うことを求めている．具体的な運用は自治体に委ねられているので，手法の違いや，積極性においてバラツキがあるのが現状であるが，先進的な試みを行っている自治体も出ている［岸・金川・尹ほか：2017］．

しかし，2016年にイギリスの社会的企業の全国支援組織であるSEUKの自治体への実態調査では，当初の期待とは裏腹に，実際に公共契約の中に法律の趣旨を盛り込んでいる自治体の割合は少なく，規模の小さな自治体ほど，社会的価値法を積極的には利用していないという結果が出ている［SEUK 2016］．これは，やはり，社会的価値を測定するためのコストが負担になること，また，測定のための手法が十分に確立していないことによる．

このように，サードセクター組織そのものに公共調達の優先権を与えるというよりも，提案されたプロジェクト内容を精査して，品質が同程度なら，社会的インパクトの高い事業内容を優先的に購入（契約）しようという手法がイギリスなどで先行している．組織に着目した発注制度ではないため，サードセクターを自動的に優遇する制度ではないが，ソーシャルサービスを中心に，ボランティアなどの多様なステークホルダーの参加，地域社会への波及効果を考えると，結果的には，一般営利企業よりもサードセクター組織に有利に働く可能性のある仕組みと言える．ただし，社会的価値計測の困難性，計測コストの高さ，数値として可視化されにくいソーシャルキャピタルや市民参加などの領域が捨象される危険性などに注意を要する．

日本においても，2005年の公共工事の品質確保の促進に関する法律による入札の総合評価方式の原則化，1999年の地方自治法施行令の改正による総合評価一般競争入札やトライアル発注制度[8]による随意契約の範囲の拡大など，社会性

を持った団体へ優先発注の範囲も近年広がりつつある．また，障害者就労施設や，生活困窮者自立支援法による事業所からの物品の調達に関しては，日本でも優先調達が既になされている．福祉政策の一環であり，サードセクターという観点からすると，サービス提供型よりも労働統合型の方が外形的に見えやすく，組織に対する優先調達が行いやすいためと思われる．また，社会的企業育成法が制定されている韓国では，元々失業対策や社会的困窮者対策として成立したこともあり，社会的企業に占める労働統合型の割合が高い［尹・岸・浦野ほか 2016：25］．

### (5) 社会的経済組織概念

社会的経済（social economy）概念は，欧州諸国で強く意識される概念である（第Ⅰ部第5章参照）．しかし，同じアジアの国でも，韓国の例では，欧州の社会的経済の概念が意識されている．すなわち，格差是正政策と雇用の確保を目指し，2007年の社会的企業育成法が策定された韓国は，イギリスブレア政権における衰退地域に対する政策から含意を得ていると言われるが，1997年のIMF危機と，その後の格差拡大に対応して雇用に重点が置かれる傾向が強い．その後，実施段階では，李明博，朴槿恵の保守政権が続くが，その間は，雇用の量的拡大に焦点が当てられ，そのために社会的企業育成法に基づく，認証社会的企業を中心に人件費補填などの手厚い保護が行われてきた．しかし，2017年に再び革新政権となり，認証社会的企業だけではなく，自活企業，日本のコミュニティビジネスに当たるマウル企業，協同組合（2012年に協同組合基本法が制定）などを併せて社会的経済組織と呼ぶようになっており［福沢 2017］，個別企業への支援から社会的経済の生態系（eco-system）の育成に焦点が当たるようになっている．また，社会的経済基本法の制定が審議され，可決されようとしている．もちろん，各自治体に社会的経済支援センターができ，起業支援，マネジメント支援も行われており，ソーシャルイノベーションや稼得所得を否定するものではないが，民主主義，市民参加，地域住民による所有，利益の地域還元といった欧州に見られる社会的経済概念とその組織（協同組合，共済組合，アソシエーション等を指す）が強く意識されており，中央主導でないボトムアップ型の政策が模索されている．ただ，韓国の場合は，社会的経済組織概念が法制度や政策に位置づけられ，可視化度が高いが［橋本 2017：36］，法制化が遅れている日本における実践活動の総量が少ないと結論づけるのは早計であろう．

## おわりに

　本章では，サードセクターの位置づけについて，主としてアメリカ型とヨーロッパ型を比較しながら論じてきた．サードセクターは，混合組織の要素が強く，その形態も，それぞれの国の歴史，文化，社会背景によって異なる．また，経済学的な視点からのみ論じるべきものではなく，政治学や社会学などからのアプローチも必要である．日本の場合は，政府セクターの影響力の強さと，特に，省庁別に類似施策が重複して行われている点，市町村合併と財源不足によって空洞化したコミュニティにおけるサービスを維持するために，地縁組織を格としたコミュニティ組織に期待を寄せる施策が行われようとしている．監査文化が優勢な中で，コミュニティにおける些末な金銭の使い方がマスコミで問題となり，一方でEUの目玉事業において巨額の資金の無駄遣いが行われていることについてTaylor［2011：邦訳 196］が警笛を鳴らしているが，それは我々にとっても遠い国の出来事ではない．さらに，政府，企業，コミュニティの混合組織であるサードセクターをどのように設計し，使いこなしていくべきかは，今後の我々に課せられた大きな課題である．それは，社会的包摂といった問題のみならず，日本に欠けがちな，オルタナティヴが提示された多元性のある社会の構築にとって不可欠な問題であろう．

注
1）さらに，彼は，下記に示す国際比較研究を通して，国ごとの違いを認識し，次第に「社会起源アプローチ（social origin approach）」を採るようになっていく［Salamon and Anheier 1998：240］．
2）エバースは，政府セクターに対抗するものとして「市民社会」セクターという単一セクターが存在するわけではないと主張する．
3）また，セクターという概念自体がアメリカにおいてすら1970年代以前はそれほど意識して考えられることはなかったという事実もある［Hall 2001］．
4）例えば前者として原田［2010：81］，後者として向井［2015：2］などがある．
5）ここでは，いくつかの断りをしておく必要がある．第1は，行政からの委託事業（(B)，(C) 領域）は，事業収入にカウントしている点である．このため，この領域には，社会的企業，事業型NPOが入る．また，医療保険，介護保険のようなバウチャー（主として (B) 部分）も競争的資金であり，事業収入（稼いだお金）にカウントしている．第2は，ボランティアによって支えられている団体は，民間寄付と同じ扱いにな

るので，寄付型NPOに入れている．このため，公的委託，民間資金とも少ない（A）領域には組織が存在しないことになる．ただし，わずかな行政からの補助金を得ながら，ある面では自発的に，ある面では半強制的に動いている日本に広範に存在するインフォーマルな地縁型組織をサードセクターと捉えると，主として（E）領域で活動しているといえるだろう．また，民間助成が多く，公的助成も多い団体は海外支援NGOなど，存在しないことはないが，タイプ的には確定しにくいので記載していない．

6）2016年9月8日バーミンガムの社会的企業の中間支援組織，iSEでのインタビュー等による．

7）例えば，内閣府では，Oldham市の落書き除去プロジェクトを事例に上げ，失業者をプロジェクトで雇用することによって，どれだけの潜在的な社会的価値が発生するかを示す様な多くの実践事例を紹介している［Cabinet Office 2015：46］．

8）2007年にはトライアル発注全国ネットワーク（佐賀県事務局）が設立され，2015年，地方自治法施行令の一部改正の施行を受けて，従前の新商品以外に新役務（サービス）も随意契約の新たな対象となった．

**参考文献**

岸昭雄・金川幸司・尹大栄・浦野充洋［2017］「英国における Social Value Act と公共調達」『経営と情報』29(2)．

鈴木崇弘［2011］「日本になぜ（米国型）シンクタンクが育たなかったのか？」『季刊　政策・経営研究』2．

仁平典宏［2017］「政治変容」，坂本治也編『市民社会論』法律文化社．

橋本理［2017］「韓国における社会的経済組織の最近の動向――社会的協同組合と社会的企業の事例を中心に――」『社会学部紀要』49(1)．

原田晃樹［2010］「日本におけるNPOへの資金提供」，原田晃樹・藤井敦史・松井真理子『NPO再構築への道』勁草書房．

馬場英朗［2016］「ソーシャルインパクト・ボンドにおけるインパクト評価」，塚本一郎・金子郁容編『ソーシャルインパクト・ボンドとは何か――ファイナンスによる社会イノベーションの可能性――』ミネルヴァ書房．

福沢康弘［2017］「韓国の〈社会的経済〉とソウル革新パーク――その政策的意義と課題――」『季刊北海学園大学経済論集』64(4)．

藤井敦史［2013］「ハイブリッド構造を可能にするために――欧州WISEの実態から見えてきた理論的課題――」，藤井敦史・原田晃樹・大高研道編『闘う社会的企業』勁草書房．

向井清史［2015］『ポスト福祉国家のサードセクター』ミネルヴァ書房．

尹大栄・岸昭雄・浦野充洋・金川幸司［2016］「社会的企業の日韓比較――社会的企業をめぐる定義と行政支援の観点から――」『経営と情報』28(2)．

米澤旦［2017］『社会的企業への新しい見方――社会政策のなかのサードセクター――』ミネルヴァ書房．

Borzaga, C. [1998] "The economics of the third sector in Europe: The Italian

experience," Department of Economics, University of Trento.
Borzaga, C. and Defourny J. eds. [2001] *The Emergence of Social Enterprise*, London : Routledge（内山哲朗・石塚秀雄・柳沢敏勝訳「サードセクターから社会的起業へ」，ボルザガ・ドゥフルニ編『社会的企業』日本経済評論社，2004年）．
Cabinet Office [2015] Social Value Act Review.
Commission the European Community [2000] *The Commission and non-governmental organizations: Building a stronger partnership*, discussion paper, Brussels: European Commission.
Dees, J. G. [1998] "Enterprising Nonprofits," Harvard Business Review.
Defourny, J. [2001] "From Third Sector to Social Enterprise," in Borzaga, C. and Defourny, J. eds., *The Emergence of Social Enterprise*, London : Routledge（内山哲朗・石塚秀雄・柳沢敏勝訳「サードセクターから社会的起業へ」，ボルザガ・ドゥフルニ編『社会的企業』日本経済評論社，2004年）．
Evers, A. [2004] "Defing the third Sector in Europe," in Evers, A. and Laville, L-E. eds., *The Third Sector in Europe*, heltenham, U.K. : Edward Elgar（内山哲朗・柳沢敏勝訳「欧州サードセクターの歴史」，『欧州サードセクター――歴史・理論・政策』日本経済評論社，2007年）．
Evers, A. and Laville, L-E. [2004] *The Third Sector in Europe*, heltenham, U.K. : Edward Elgar（内山哲朗・柳沢敏勝訳「欧州サードセクターの歴史」，『欧州サードセクター――歴史・理論・政策』日本経済評論社，2007年）．
Friedland, R. and Alford, R.R. [1991] "Bringing Society Back in: Symbols, Practices and Institutional Contradictions," in Powell, W. W. and Dimaggio, P.J. eds., *The New Institutionalism in Organizational Analysis*, Chicago : University of Chicago Press.
Hansmann, H. [1987] "Economic Theories of the Nonprofit Sector," in Powell, W. ed., *The Nonprofit Sector*, New Haven : Yale University Press.
Hall, P.D. [2001] *Inventing the Nonprofit Sector and Other Essays on Philanthropy, Voluntarism, and Nonprofit Organizations*, Baltimore : Johns Hopkins University Press.
Mulgan, G. [2010] "Measuring Social Value," *Stanford Social Innovation Review*, 8(3).
Nicholls, A. and Cho, A. [2006] "Social Entrepreneurship: The Structuration of a Field," in Nicholls, A. ed., *Social Entrepreneurship: New Models of Sustainable Social Change*, Oxford; New York: Oxford University Press.
Pekkanen, R. [2006] *Japan's Dual Civil Society: Members Without Advocates*, Stanford, Calif. : Stanford Univ Press（佐々田博教訳『日本における市民社会の二重構造――政策提言なきメンバー――』木鐸社，2008年）．
Pekkanen, R.J. and Smith, S.R. [2014] *Nonprofits and Advocacy*, Baltimore : Johns Hopkins University Press.
Pestoff, V.A. [1998] *Beyond the Market and State: Social Enterprise and Civil Democracy in a Welfare Society*, Farnham, Surrey : Ashgate Publishing（藤田暁男・川口清史・石塚秀雄・北島健一・的場信樹訳『福祉社会と市民民主主義――協同組合と社会的企

業の役割――』日本経済評論社,2000年).
Salamon, L.M. [1987] "Partners in Public Service: the scope and the theory of Government ― Nonprofit Relations," in Powell, W. ed., *The Nonprofit Sector*, New Haven : Yale University Press.
Salamon, L.M. [1995] *Partners in Public Service: Government-Nonprofit Relations in the Modern Welfare State*, Baltimore : Johns Hopkins University Press.
Salamon, L.M. and Anheier, H. [1994] *The emerging sector : an overview, Institute for Policy Studies*, Baltimore : Johns Hopkins University Press (今田忠監訳『台頭する非営利セクター――12カ国の規模・構成・制度・資金源の現状と展望――』ダイヤモンド社,1996年).
Salamon, L.M. and Anheier, H. [1998] "Social Origins of Civil Society: Explaining the Nonprofit Sector Cross-Nationally," *Voluntas*, 9(3).
Social Enterprise UK [2016] Procuring for Good- How the Social Value Act is being used by local authorities.
Taylor, M. [2011] *Public Policy in the Community*, 2nd edition, New York :Palagrave Macmillan (牧里毎治・金川幸司監訳『コミュニティをエンパワメントするには何が必要か――行政との権力・公共性の共有――』ミネルヴァ書房,2017年).
Weisbrod, B. [1986] "Toward a Theory of the Voluntary Nonprofit Sector in a Third-Sector Economy," in Rose-Ackerman, S.ed., *The economics of nonprofit institutions: Studies in structure and policy*, New York: Oxford University Press.

# 第14章
# 日本における今後のガバナンス改革

## はじめに

　ガバメントからガバナンスという流れは，既存の統治機構が機能不全をおこし，新たな公的枠組みが求められる中で，1990年代に入って急速に広がり始めた概念である．特に，ローズの発表したネットワーク・ガバナンス論［Rhodes 1997］において，決定的な地位を確保したと言って良い．しかし，ガバナンス論が議論されるようになってから，すでに四半世紀が経過し，ガバナンスについても，様々な学説が展開され，精緻化されてきた．

　当初，大きく対立していた概念がピーターズ達の国家中心アプローチとローズの社会中心アプローチであった．その後，両学説を巡って様々な研究が発展していく．ピーターズ達のガバナンス論は，ガバメントとの違いが分かりにくいものの，民主的正統性のある公共セクターによるメタ・レベルからのスーパーバイジングとコントロールが不可欠とする［山本 2011：78］．一方，ローズのネットワーク・ガバナンスは，ネットワークのガバニングを誰が担うのかという課題があり，メタガバナンスの議論へと発展していく．そこでは，誰がその役割を果たすのかといった民主主義や正統性の問題が議論の対象として浮上してくる．

　さらに，ガバナンスの用語も，ハイブリッド・ガバナンス［Hupe and Meijs 2001］，オペレーショナル・ガバナンス［Hill and Hupe 2014］，公共セクターガバナン［Australian Public Service Commission 2007］，新公共ガバナンス（New Public Governance: NPG）［Osborne 2010］，さらには，ICT技術の発達が政府と市民との関係を変化させることを強調したダンレビーなどが主張するデジタル時代（Digital-Era）のガバナンス（DEG）［Dunleavy and Margetts 2006：467-94］といった呼称もなされている．本書においては，地方レベルのガバナンスを扱っている

ので，ローカル・ガバナンスやコミュニティ・ガバナンスに焦点が当たっていると言って良い．その場合には，融合型の地方自治制度を取る日本にあっては，特に，上方レベルの中央政府と，下方レベルの自治体におけるガバナンスの関係性を問う必要がある．特に，平成の合併によって吸収された旧周辺自治体におけるコミュニティが空洞化を起こし，都市部においても既存地縁組織としての自治会が高齢化と参加率の低下に直面している現在，コミュニティレベルでのガバナンスの問題が大きな課題となって浮上している．

一方，2000年代に入って急速に取り入れられたNPMとガバナンスとの関係をどう捉えるのかは現実の行政運営において重要なテーマである．欧米では，ポストNPMなどと言われる今日であるが，果たしてNPMは日本において過去のものなのか，そして，自治体のコストカット圧力が依然と続いている中で，この概念を過去のものとして捉えて良いのかどうか検討する必要がある．さらに，政府が言われているほど空洞化しておらず，依然として公共アクターが強力な中心であるのではないかとトルフィング達は，ガバメントとガバナンスの共存を主張する［Torfing 2007］．その意味では，官治主義が強い日本にあって，その構造を改革し，効率性と効果性をより高めるバージョンアップした新ウェーバー型の国家モデルが今後優位を保つシナリオも視野に入れる必要がある．

## *1* ニューパブリック・マネジメント（NPM：新公共管理）

### (1) 概念と流れ

ニューパブリック・マネジメントは，新公共経営や新公共管理などと訳されており，様々な考え方が存在する．戦後の福祉国家の中で，1970年代に起こった2度の石油ショックにより，先進国は低成長に移行し，税収不足に陥り，政府の効率性やケインズ型福祉国家のあり方そのものの変革が求められた．1980年代には，イギリスでは，サッチャーが，アメリカではレーガンが，日本においては，中曽根が民営化をスローガンに小さな政府を目指した改革が行われた．特に，イギリスにおいては，政府機能が肥大化し麻痺した1970年代（イギリス病といわれた時代）において，サッチャー政権が行った諸改革を後からフッドを中心とする研究者達が概念化したのがNPMである．現実の施策が先行し，概念化が研究者によってなされため，NPM概念は多義的である．しかし，概ね

共通している概念としては，公共の運営に民間の手法を導入し，サービスの受け手を消費者と見て，それに相応しい組織形態やサービス手法を目指す政府形態である．NPMは，理論的には，マネジェリアリズムと新制度派経済学を背景としている．前者は特に民間部門の経営手法を公共部門へ導入すること，後者は，準市場制度などを通じて公共サービス供給に選択的なインセンティブ構造を組み込むことの論拠とされた［Rhodes 1997：48-49］．

　イギリスを中心とするアングロ・アメリカン諸国でこのような改革が先鋭的に行われたのは，政府機能の麻痺と非効率化，財政状況の悪化によるものであり，経済状況の比較的良かった日本では，当時，そのような改革は自覚的に取り入れられることはなかった[1]．

　日本におけるNPMは，欧米から10年遅れたバブル崩壊後の1990年代中期から始まったとされる．橋本行革，小泉行革と続く行政改革にNPMの概念が反映されている．具体的には，PFI，指定管理者制度，エージェンシー化，市場化テスト，行政評価といった諸施策群に結びついている．また，市民社会組織の法人格付与（NPO法）も，行政改革と小さな政府を志向する政治アクターの後押しの元で成立している点は見逃せない［仁平 2017：172］．その後の政権交代による鳩山政権では，「新しい公共」として，NPOなどの市民セクターとの協働による行政改革が目指され，イギリスのブレア政権に見る第3の道（営利企業のみではなく，NPOなどの社会セクターとの連携の重視）の影響を受けた政策運営が目指された．NPM的な志向は継続しつつ，ネットワーク型ガバナンス形態を志向した取り組みと言えるだろう．その後の自民・公明連立政権においても，NPM的な改革が続いているといえる．しかし，もともとNPMが求めていた，①行政のエンド・ユーザーに近い実務担当者への裁量権の拡大と委譲，②市場原理の導入，③統制基準の見直し，④行財政改革，のうち，実現されたものはわずかであり，つまるところ，アングロサクソン型のNPMは浸透しなかったと言える［山本 2014：194］．

　また，NPMが日本において取り入れられるのは，「地方自治体」が先導的な役割を果たしたと言える．例えば，1992年のオズボーンの行政革命［1992：邦訳 1995］の影響を受けて，三重県において1996年度から導入を開始した「事務事業評価システム」があげられる［村松 2003：11］．その理由としては，①自治体は，足による投票によってもともと，擬似的な市場に近い構造下にあること，②日本などは特に，自治体は，規制者というよりは，サービス提供者と

しての側面が強いこと，③キャリア制度に基づく官の優位は自治体においては相対化されており，民間の発想や手法の導入を拒否するほどの優越的な行政文化が根付いていないこと，④中央政府においては，個々の省庁に割拠する官僚制，内閣制度の中での制限された総理大臣の指導力，政権政党における派閥や族議員の力学など，トップの力が限定されたのに対して，自治体の場合は，大統領的制度配置により，首長の強いリーダーシップを支える構造ができあがっていることなどが理由としてあげられる［秋月 2010：148］。

日本において，NPMの導入が遅れてなされた理由として，秋月は，下記の点を述べている。それは，①1969年による総定員法により国家公務員数が抑制され，公務員数が元々少ないこと［前田 2014］，②NPM改革の導入を担い先導的な役割を果たし，直接的な利益を受ける，コンサルティングファーム，シンクタンク，専門職としての公認会計士の数と力が大きくなかったこと，③公共的な施設の建設や維持に民間資金を導入する手法としてのPFIなどに関しては，日本の場合は，郵便貯金と財政投融資計画制度によってかなりの程度達成されてしまっていたこと，④官尊民卑の伝統が強く企業など民間部門の経営管理手法をまねることで公共部門の改革を行うことを阻害していたこと［秋月 2010：147］。

指定管理者制度など，直営や，外郭団体が運営していたスポーツ施設を民間企業が運営することにより，良質なサービスを享受できるような施設に生まれ変わった例も見られる。しかし，そういったコストの大部分が人件費である以上，多くは，官製ワーキングプア問題も含め，実体的には人件費の抑制に結びつけただけの改革も多く，さらに，大企業の参入により，地元の雇用が奪われるケースも見られた。さらに，PFIなどの手法も最終的な住民負担が削減されたのかどうか不明であったり，運営会社の破綻による失敗など，業績管理や発生主義会計など，評価できる一部の成果を除くと，本来の意味でのNPMは，日本においては，定着したとは言い難い。さらに，これに加えて，片岡は，日本の行政文化の形式主義的手続き志向的側面をその特徴として上げている［片岡 1998］。

(2) NPMの評価と課題

フッドとピーターズによると，NPMは時期によって，3つの段階に分けられるとする。第1は1980年代後半からの勃興期である。この時期の関心は，小

さな政府と「ニューライト」といった伝統的な公共管理システムに対する，経営管理主義の理念からの哲学的な批判が中心であり，例えばニュージーランドで見られた新しいアイディアや活動がアカデミズムの世界で断片的に語られた時期である．第2はこうした試行錯誤の段階を経て，NPM等の言葉によって示される特徴を備えた改革実践についての共通理解が固まり，90年代の半ばには第2段階に入る．この時期には，各国での改革実践をNPMという観点から比較する研究が多く生まれる．特に，アングロサクソン諸国におけるウェストミンスターモデルでのケーススタディが多く見られた．これらにより，NPMのより精緻な理解が目指された．そして，第3に，90年代の終わりからは，NPMは中年（middle aging）期に入る．NPMは独立の主題として堂々とした地位を確立する時期であり，同時にそれに対する様々な「逆説」が現れる時期でもある［Hood and Peters 2004：267-268］．

　フッド達は，NPMに対する3つの逆説を取り上げている．第1は，グレゴリーの「生産物の逆説」である．すなわち，アウトプットが計測可能な生産物（サービス）だけでなく，徴税活動や刑務所の運営に至る多くの官僚的な活動にまですべてをアウトソーシングし，指標による統制やベンチマークで処理しようとする点である．第2は，経営管理（managerial）の逆説である．これは，行政の運営責任者をある種"脱"政治化した公共サービスの質の向上のみに求め，成果を達成できないマネジャーの解雇が頻繁に発生し，結果的にかえって経営管理改革に逆効果が発生することもあるという点である．第3は，トクビル的逆説（neo-Tocquevillian paradox）である．革命後のフランスにおいてアンシャンレジームとして排除されたブルボン王朝の行政体制を評価したトクビルにちなんで命名された．「規則に基づいたプロセス重視」から「結果志向」の強調で一世を風靡した1992年のオズボーンとゲブラーの"Reinventing Government"の言説にもかかわらず，その後のNPMの実施過程を詳細に分析した結果は，ポリットたちの国際比較［Pollitt, Girre and Lonsdale et al. 1999］においても，かえって多くの官僚的な評価や監査といったプロセス評価がなされたというものである．

　ニューマンは，イギリスにおいて，1980年代から続き，労働党政権になっても引き継がれているNPMは，監視と監査の文化を内包し，直接的な統制は後退しても，間接的な方法でボランタリーセクターをコントロールしていると述べている［Newman 2001：167-69］．また，テイラーは，NPM文化は，ターゲッ

トやアウトプットが重視され，コミュニティやソーシャルキャピタルの破壊につながると警笛を鳴らす．また，政府からの資金提供において監査が重視され，コンサルタントなどの新しい専門職やキャリアが形成されていくのならば，それら自身の責任が問われるシステムが作られなければならず，そのためには，何を重視するか，そして，それをどのように測定するかに関して，コミュニティに発言権が与えなければならないと主張する［Taylor 2011：邦訳 317-318］．このように，NPMは，評価，モニタリング，監査などを重視するあまり，より広範な公共政策や意思決定の視点を軽視し，長期的で戦略的な政策や計画のアウトカムではなく，短期的な政治的な利害をかえって強化させたという面もある［工藤 2016：11］．しかし，NPOや市民セクターとのパートナーシップといった水平的ガバナンスの要素を加味したイギリスの第3の道政策は，両者を現実的に調和させる政策として一定の評価を受けていることは断っておかねばならないだろう［Bevir and Rhodes 2010：85］．

そして，イギリスの保守党主体の政権が小さな政府と言わずに大きな社会（ビッグソサイエティ）という表現を使ったように，財政均衡を目指した財政削減はドラスティックに行いつつも，サッチャー流の小さな政府という表現は避けられ，さらに，NPMという用語は余り使われなくなり，「ポストNPM」とも言われる状況に至っている．

## 2　NPMとガバナンス

### (1) 両者の関係性

ニューガバナンス論の先駆者であるローズは，ガバナンスという概念の用いられ方を次の7つに分類している．すなわち，①コーポレート・ガバナンス，②ニュー・パブリック・マネジメント，③グッド・ガバナンス，④国際的相互依存，⑤ソシオ・サイバネティッ・システム，⑥新政治経済学，⑦ネットワークである［Rhodes 2000：55］．NPMによって形成された主としてアウトソーシングによるネットワーク形態のすべてがガバナンスと関係ないとは言い切れない．しかし，NPMとネットワーク・ガバナンスには根本的な思想的な相違があることをここでは，外川らの論考を参考にしながら，整理しておきたい．ローズは，自己組織的な組織間ネットワークに関するガバナンス論を展開するが，先述したように，NPMをガバナンスの一形態としたため，ガバナン

スとNPMの区分があいまいとなり，NPMもガバナンスの一形態ではないかという認識が研究者の間でも，持たれるようになる．しかし，NPMと社会の諸アクターが水平的な分業体制をとってガバニングを行うというガバナバンスとでは両者の思想が根本的に異なる．NPMは，あくまでも，それまでの行政管理主義（PA）から，結果重視，指標による統制，民間へのアウトソーシング，市場原理の導入などによる，行政内の体制改革である．

　ローズ自身は，NPMとしてのガバナンスという概念にはきわめて否定的なのであるが，彼がガバナンス論の類型化にこれを含めたのは，こうした使用法が少なからぬ研究者の間で共有されているという事実があったからに過ぎないといわれる［外川 2011：53］．

　また，これらの混同の要因の1つとして，サッチャー，メージャー政権の両保守党政権において追求された効率市場主義のNPMの教義は，基本的にブレア労働党政権にも引き継がれていくのであるが，そのNPMは「社会的包摂」，「パートナーシップ」などの言説によって「部分修正」を施されたという点がある．ベビアによれば，イギリスにおける1970－90年代の状況は，公共部門改革の2つの波に席巻されたとする．すなわち，第1の波は，新自由主義というイデオロギーによって唱道された効率至上主義と小さな政府を基軸とするNPMの波である．また，第2の波は，NPM改革で危機にさらされその後復活した公共部門のエトスによって満たされた一連のネットワークを展開・管理しようとする試みである．この第2の波は部分的には第1の諸改革の「意図せざる帰結」への対応であった［Bevir 2007：368-70；外川 2011：6-7］．[2]

　さらに，ピーターズとピエール達は，両理論の根本的相違を以下のように示している［Peters and Pierre 1998：231-34；外川 2011：57-58；北川 2003：194］．

　第1に，ニューガバナンスの諸形態は，ヒエラルキーのような伝統的ガバナンス・モデルとの対比で評価されており，その諸形態は，公共利益の拡張であるため，最終的には公共サービスに対する政治的統制を維持するのに対して，NPMはイデオロギー的に推進されており，公共サービスの政治的，文化的特殊性を否定し，公共サービスの多くの問題が企業との競争によって改善されると主張する．第2に，ガバナンスはプロセスに関するものであるのに対して，NPMはアウトプットに関するものだとする．このため，NPMは，顧客満足と効率性を保障する組織内経営手法の開発にもっぱら焦点を当て，そのプロセスなど公共サービスの生産に関係ないものに関しては，ほとんど何も語っていな

い．第3は，NPMは，行政改革に関する組織内プログラムであり，本質的に組織理論に過ぎない一方，ガバナンスは組織間プログラムであり，基本的に政治理論だとする．第4は，ガバナンスがある程度の政治統制の元で，公共部門の諸資源を維持し政府の行動能力を持続させる戦略の展開に関するものであるのに対して，NPMは，公共部門自体を変換することに関するものであること．第5は，ガバナンスは公共サービスにおける根底的な文化的シフトなくして導入されうるが，NPMはイデオロギー的装備をまとって登場しているという．

以上を踏まえて，ガバナンスは，それが組み込まれている政治文化に由来しているのに対して，NPMは国家の文脈にはさほど敏感ではないこと，そして，ガバナンスは，民間の諸価値と公共の諸価値の組みあわせであるのに対して，NPMは，公共サービス供給における企業部門の諸価値の「一方的注入」であり，両者の間には相互依存性はほとんど存在しない．

ただし，トルフィングも指摘するように，ガバナンスの在り方も，国家の政治形態と無縁ではない．準市場，パートナーシップは英国においてNPM改革の影響から広がっているのに対して，ガバナンス・ネットワークは，コーポラティズムの伝統の続く北欧，西欧，オーストリアで発展している．さらに，中欧，東欧では，市民社会の相対的な弱さと，多元的民主主義の経験の欠如によって，ガバナンス・ネットワークの形成が困難なものになっていると見る［堀 2017：102］．

日本の自治体において，現在，NPMという用語が余り使われなくなり，協働やパートナーシップという用語が頻繁に使われているものの，「行政改革大綱」の中において，効率至上主義を旨とするNPM型改革手法の導入について掲げた上で，同じ文脈の中で，公共・民間パートナーシップや公共と民間の水平的ネットワークについて語るという「誤り」が多々見られる［外川 2011：50］．また，協働が良いことだという幻想や期待が先行する余り，協働の基本的路線が見失われているという指摘もある［坂本 2009：345］多くの自治体では，民間との協働数をKPIとしてあげている場合が多いが，単なる委託といったアウトソーシングをカウントしているケースが多く見られる．このため，行政の現場は，「協働」という用語に戸惑いを感じているのが現状である．後述するように，財政的な制約が厳しい中で，行政サービスの効率化を図る新自由主義的基底価値を両立させようとして，表層的に協働やパートナーシップという用語が多用されるようになった側面があるのではないだろうか［橋本 2005：31，栗本

2016：153，坪郷 2009：267-268］．また，山本は，日本においては，非効率を廃していかに品質のいいサービスを提供するのかというTQM（総合品質統制）の基本的な考え方は枠外に置かれたまま，PDCAサイクルだけが一人歩きして流布されていったと主張する［山本 2011：67］．さらに，工藤は，日本の場合，政治ではなく，行政が自らの改革手法として，NPMの導入を主導した点が特徴であり，NPMが経済性や効率性の向上に集中し，公共サービスの供給方法は改善したが，その過程への市民参加や社会セクターの役割を考慮しなかったことについて他国と比べて批判が向けられることがなかった点を指摘する［工藤 2016：14］．

### (2) コミュニティ・ガバナンスとNPM

　本書では，コミュニティレベルのガバナンスについて焦点を当てているため，その要因の1つである日本の地方分権改革に関して，若干ふれておきたい．1990年代に入って地方分権が大きなテーマとして浮上してくる．様々な要因が考えられるが，自民党から，地方政治家出身を閣僚に多く持った細川連立政権への政権交代が1つの重要なファクターとなっている．その後，第1次（1993－2001），第2次（2001－2007），第3次（2007－2013）改革を経て，現在においても「未完の改革」として位置づけられている．

　金井は，右肩下がりの時代の社会にあって自治体は事務量の維持による存在価値を今まで以上に要求されるため，民間組織やコミュニティとの"協働"や"地域連携"を行い，それに対する関与を通して，自治の受け皿としての「総合性」を担保しようとしているのだと説明する．日本の地方分権が，自治体の「フルセット主義と総合化」と強くリンクしているという文脈における議論である［金井 2007：127］．

　フルセット主義と分権の受け皿として事務の委譲を受ける基礎自治体は，三位一体の改革によって財源というリソースの減少を受けているため，その事務量を維持するために，民間企業やNPOへのアウトソースを行い，域内のコミュニティに対しては，自治会や地域自治組織に対して，事務をアウトソースする圧力が高まる．

　平成の合併後に起きた東日本大震災における防災力の空洞化については，幸田［2013］らに詳しいが，周辺部の復興が後回しにされたり，緊急期の迅速な意思決定が後手に回るという課題が露呈した．宮城県，南三陸町の事例は第Ⅰ

部第10章に詳述されているが，合併により，意思決定機能が遠方に移転し，従来あった自治体が支所に置き換わったことによって，迅速な意思決定に支障をきたした面も見られる．財政規模が大きくなり，専門的な人材とサービスが確保できることによるメリットがある反面，現場レベルでの意思決定や住民自治に支障をきたした点が震災にかかわらず，合併全体に言えよう［藤井 2016：116］（詳しくは，第Ⅰ部第7章参照）．そして，周辺部の人口減少［幸田 2013：86］と衰退化の加速といった多くの痛みを伴っている．これは，昭和の合併においても見られた現象である［藤井 2016：111；木寺 2012：81］．

　また，コミュニティレベルのガバナンスに関しては，既存の自治会と新しくできた地域自治組織との関係や集落支援型NPOの正統性を巡る課題があり，どのようなガバナンス形態を構築するのかに関する困難性をかかえている（本書第Ⅰ部7，8，9章及び栗本［2016］）．その意味では，今後の地方分権改革の中で国と自治体そして，住民自治との関係から，さらに，自治基本条例などを元にした個別自治体の動きによって，自治体の内部構造をどのように制度設計するのかにローカルレベルのガバナンスのありようは変わってくると言えよう．

## 3　新公共ガバナンス（NPG）

　近年，ポストNPMとして，新公共ガバナンス（New Public Governance: NPG）という用語が使われるようになっている．NPMによる諸施策の中には，効率化とコスト削減に寄与したものもあるが，市場原理の導入と，社会的な規制緩和による非正規雇用の増大と格差の拡大といった負の遺産も残した．

　これらを踏まえて，欧米を中心にポストNPMの議論が盛んに行われている．Pollitt and Bouckaert［2017］によれば，それは，**表14-1**に見られるように3つに分けることができる．1つは，ネットワークであり，ローズの政府無きガバナンス論に近い，第2は，新ウェバー型国家（Neo-Weberian State：NWS）といわれる国家装置の近代化であり，市場原理を活用したNPMではなく，行政には行政のルールや文化を持った存在であることを前提としている．最後に示されるのが，新公共ガバナンス（NPG）である．しかし，新ウェーバー型と異なるのは，多様なアクターの参加であり，国家と市民，民間との相互作用の増大を前提にしている．

　もちろん，NPGモデルには，課題も多い．Pollittらが主張するように，PPP

表14-1　ビッグモデルの基本主張

| モデル | 中心となる主張 | もっとも共通する調整メカニズム | いくつかの主な出典 |
| --- | --- | --- | --- |
| 新公共管理（NPM） | ビジネスのやり方を注入することによって，政府をより効率的に，より「消費者応答的」にすること． | 市場型メカニズム（MTMs）；業績指標，目標，競争的契約，準市場 | ・Hood [1991]<br>・Lane [2000]<br>・Osborne and Gaebler [1992]<br>・Pollitt [1990, 2016] |
| 新ウェーバー型国家（NWS） | より専門的に，より効率的に，より市民応答的にするため，伝統的な国家装置を近代化すること．ビジネスのやり方は，この点で補助的な役割を果たすだろうが，国家は，それ自身のルール，方法，文化をもつ独特のアクターであり続ける． | 公平な公務員の規律のとれたヒエラルキーを通じて行使される権威 | ・Dreschler and Katte [2008]<br>・Lynn [2008]<br>本書の第4章 |
| ネットワーク | ヒエラルキー，そして/または市場メカニズムよりも，「自己組織化する」ネットワークを通じて作動することによって，政府を，よりよい情報をもち，より柔軟に，より排他的でなくすること． | 情報と資源を交換する相互依存的な利害関係者（ステークホルダー）のネットワーク | ・Agranoff [2007]<br>・Castells [2010]<br>・Klijn [2005] |
| ガバナンス（新公共ガバナンス：NPG） | 政策の形成と実施の双方において，より広い範囲の社会的アクターを含むことによって，政府を，より有効で，より正統的なものとすること．ガバナンスのなかには，「ネットワークアプローチ」に明らかに基づいているものもあり，それらのほとんどは，垂直的統制より「水平性」を強調している． | 利害関係者（ステークホルダー）のネットワークとパートナーシップ<br>これらは，複雑な問題解決に向けて異質なスキルや資源をもたらす | ・Pierre and Peters [2000]<br>・Frederickson [2005]<br>・Kaufmann, Kraay and Mastruzzi [2009]<br>・Bellamy and Palumbo [2010]<br>・Osborne [2010] |

（出典）Pollitt and Bouckaert [2017：22（表1.3）]，大山 [2016] を元に筆者作成．

などの協働モデルは，公務員の明確なアカウンタビリティ確保の困難，公務員がすることと政治家がすることの線引き維持の困難性などの問題が発生する．

しかし，新ウェーバーモデルでは，もはや社会の課題を解決するのが困難になってきているのは，財政的にも，ノウハウの面からも明らかである．また，それを単にアウトソーシングするといった関係だけでは，プロセスを重視し，水平的な互換補完性を追求するガバナンスモデルの利点が活かせない．市民や

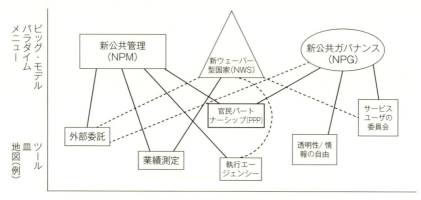

**図14-1　ビッグモデルの地図とパラダイム**
（出典）Pollitt and Bouckaert [2017：28（図1.3）], 大山 [2016] を元に筆者作成.

コミュニティを含めた多様な主体の参加が求められる所以である．しかし，一方で，ガバナンス・ネットワークが効果的，民主的であるためには，民主的正統性を有する公的セクターのメタガバナーとしての役割が期待されるのである [Sørensen and Torfing 2009：245]．

また，日本，ニュージーランド，イングランド，ノルウェー4カ国の国際比較研究によると，比較対象国と比較して，日本では，市民の新ウェーバーモデルに対する選好が高い結果が出ている [大山 2016：27]．一方，先進国の中で見ると，市民社会組織への参加率は低く，GDPに占める社会保障比率は低い [仁平 2017：194]．サードセクターといってもエージェンシーに近いような特別法に基づく認可型の法人や，大企業のバックアップを受けている団体（企業財団等），ODA資金など国の大規模な資金が期待できる一部の国際NGO，さらには，介護，障害者支援など，準市場が存在して，ある程度確実な資金確保が見込める分野でしかプロフェッショナルな有給スタッフを雇用できていないのが現状である．また，1970〜80年代に見られた住民組織のようなインフォーマルセクターの有力な参加主体である専業主婦の割合が減り，担い手の確保に苦慮しているのも現状である．近年は，大学生などの若者への期待が高まっており，大学でも多くの学生参加型の研究やプロジェクトが行われている．これらは，若者の参加へのインセンティブを高めるものとして期待される．しかし，投票率の低さにも見られるように，[3]そもそも，若者のコミュニティや身近な社会問題

への参加と関心は先進国の中でも低い．また，国民全体に占めるデモへの参加率は先進国で最低であり，そういった行動への許容率は低い［朝岡 2014］．本来の意味でのシティズンシップ教育が求められる所以でもあろう［松田 2011：105-107；新藤 2016］．

## 4 ポストNPMとガバナンス改革

ポストNPMに関して山本［2016：5］は，単線的にNPGに移行するという見解に異を唱えている．彼は，OPA（伝統的行政管理），NPM，NPGの混合，堆積，混合，名称変更など様々なパターンを示している．また，ポストNPMについて，語る永戸も，ピーターズを引用して，市場主義と参加主義という2つの時代精神が現代の行政改革を突き動かしているのだとすれば，この2つの時代精神の共鳴，競合，対立が生み出す複雑な構図によって単純明快な収斂モデルの出現が阻まれているのはむしろ道理であると述べる［永戸 2010：1097］．

トルフィングの述べるように，NPMとNPGは共存していくものかもしれないし，山本の述べるような様々な組みあわせが考えられる．それを前提とした上で，NPG型ガバナンスが実現するための条件について，主として日本の現状を見ながら整理してみたい．

まず第1にPPPのアクターとしてのサードセクターの重要性である．サードセクターに関しては，第Ⅱ部第13章で詳述したが，日本のサードセクター，特に新しいタイプのNPOの専門性の欠如に関しては，課題があり，すでに多くの外郭団体やエージェンシーが存在する上に，さらに，新たな仕組みを導入したことによる点も大きい．例えば，学校法人や社会福祉法人といった特別法による認可制の非営利組織が既に存在しており，あるいは，アメリカのNPOであるコミュニティ開発法人（Community Development Corporation=CDC）が行っているアフォーダブル住宅の提供などは，政府のエージェンシーとしての住宅供給公社などが既に行っている．そこに新たにNPO法人制度ができたとしても，活動分野において，多分に重複が発生する．第Ⅱ部の第13章でも述べたが，独立系のシンクタンクが弱く，NPOのアドボカシー機能も弱い．しかし，言論日本，構想日本といったアドボカシー型のNPOも存在しており，これらを含めた「政策提言連合枠組み」（ACF：Advocacy Coalition Framework）［山本 2011：75］としてのこれらの組織の活性化が参加型ガバナンスモデルでは求められる．

また，サードセクターは，地域や住民の目線から，活動が開始されており，代議制民主主義では，排除されがちなマイノリティの利益を代表する側面がある．また，個別の事業を通じて，公共サービスを刷新する可能性がある．この意味でも，政府から独立したサードセクターの役割はNPGにおいて大きいと言える．

第2は，官治主義の強さである．日本の場合，明治維新で官僚主導のキャッチアップ体制が作られ，第2次世界大戦でいくつかの制度の断絶が見られるが，同時に継続も見られる．これらについては，過去から様々な論者によって議論されてきたが，戦前の体制がそのまま温存された面がある［辻 1969；曽我・待鳥 2007：23-24；野口 1995；2015；塩原 2016：135-136］[6]．中央政府→都道府県→基礎地方自治体→コミュニティ（自治会）といった縦系列の中で特定アクターによる政策ネットワークが健在な中で，水平的ネットワーク型のガバナンスモデルがどの程度空間を確保できるのかは今後の課題である[7]．

第3は，第2と関連するが，自治体及びコミュニティへの分権化の問題である．ここでも，NPMモデルの基底価値の強さが見て取れるし，新ウェーバー型国家の色彩が見られる．財政的な厳しさを克服するための方法として，三位一体改革に見られるように，地方への権限委譲が行われたが，財源の保障が十分でなく，自治体は，その疲弊を克服するために，コミュニティやNPOといったアクターと協働しようとするガバナンスの変化が見られるが，一方で，単なるコストカットの道具としてこれらにアウトソーシングする傾向も見られるのが現実である．本書では，自治体内分権についても多くの紙面を割いたが，合併などで廃止された支所や減少した職員を安上がりに住民に請け負わせるための地域協議会であったりするケースも多い．多くの地域で地域協議会が充分に機能していない理由には，コミュニティに権限と資源が与えられていないことも理由としてあげられよう．テイラーがイギリスのコミュニティ研究で述べるように，コミュニティは資源無しでは機能することが困難である［Taylor 2011：邦訳 205-207］．イギリスでは，日本以上にドラスティックな財政削減を地方自治体に対して行っているが，その代わりに，地方主義法（Localism Act）によって多くの権限をコミュニティに与えている．これは，第Ⅰ部第6章で見たようなアセットの移転などとして具現化されている．この点でも，第9章で述べた自治体内分権が必要となり，コミュニティへの権限付与が求められる．

第4は，NPMとパートナーシップに代表されるネットワーク型ガバナンス

とのバランスの取り方の困難性である．教義としてのNPMは，一貫性に欠けているが，個々の施策レベルでの切れ味は鋭い．これに対して，ガバナンスやパートナーシップは，総論としての概念に反対は見られないが，施策としての実行には，取引コストの大きさ，過程に重点を置くことによる効率性についての課題，責任の所在の曖昧性などの課題がある［秋月 2010：161］．しかし，サービスの効率的供給のみに焦点を当てることによる限界と，弊害は各所に現れており，決定プロセスの中に多様な主体が参加し，熟議によってその考えを反映させることが重要と考える．そのためには，NPM型の垂直・効率的行政運営と水平的ネットワーク・ガバナンスの調整を図ることが必要である．

第5は，ガバナンスと民主主義の問題である．ガバナンス自体は，多様なアクターによる協治を求める概念であるが，水平的なネットワークをマネジメントするメタガバナンスの問題が発生する．それは，理想的なモデルとして語られる規範的なガバナンス論が存在する一方でガバナンスの失敗も数多く発生するからである．基本的には，トルフィングなどが主張するように，その役割は民主的な正統性を有する政府ということになるのだろうが，熟議によってそれを克服しようといった参加型民主主義の重要性が指摘できる［松田 2011：93-112］．

## おわりに

ガバナンスの今後について，NPMを総括しながら，ポリット，フッド，外川，山本，大山らの研究を参照しつつ，論じてきた．ガバナンスに関しては，多くの理論が蓄積され，精緻化が図られてきたが，それがどの程度機能しているのかといった実証分析が不足しているのが現状である[8]．また，ネットワーク・ガバナンスの具現化としてのパートナーシップや協働に関しても，個々具体的な事例や契約内容を見なければそれが，NPM的なものか，ネットワーク・ガバナンス的なものか判別がつかないことも実証分析を困難にしている理由の1つである．さらに，ポリットらが指摘し，山本も指摘するように，ポストNPMの姿は一般論としては語れない部分がある．そこには，国や地域における歴史的・文化的な文脈が背後にあることにもよる．しかし，複雑化する公共問題に対して，政府だけがそれを担い，コントロールすることができないとするとき，それは，NPMのような市場原理に基づくものでもなく，開明的な

官僚によるヒエラルキー型の新ウェーバー主義でもない，政府，市場，市民社会の水平的なネットワークとそれらのアクター間の熟議を含んだパートナーシップといったものの必要性を示しているのではなかろうか．

## 注

1）Hoodの国際比較研究では，英語圏と非英語圏の違いがはっきり出ている［Hood 1996］．
2）特にサッチャー改革によって分断化された地方政府は，80-90年代のNPM改革に対する批判的な評価を元に，公共サービスの運用主体として復権したいといった期待的な意味も含まれていた［Sullivan and Skelcher 2002：137；Taylor 2011：邦訳 34］．
3）OECD（http://www2.ttcn.ne.jp/honkawa/5230e.html, 2018年2月24日閲覧）．
4）ただし，政策論議に参加する能動的市民が持つ知識やスキルには，財源論への言及が不可避であるため，少なくとも児童や青少年が理解するには難しく，大学，大学院，市民大学，NPOなどがそれを補完すべきである［松田 2011：107］．
5）ガバナンスにおける政府の役割を重視するピーターズなども利益集団と共にNGOのアクターとしての重要性に関して，言及している［Peters 2010：40］．
6）野口の1940年体制論，塩原の議論には共通して，現在の官僚制が，情報化とグローバリゼーションの中で，政策が後手に回ってしまっている点を指摘している．

　基本的に省庁別の官僚主導型中央集権体制を取る日本にあって，中央地方関係は，自治体の総合行政化による集権融合型をとる．また，福祉国家化によって機能的中央集権化は戦後むしろ強化されざるを得なかったとする見方［市川 2013］，制度変更における「アイディア」とそれを実現させるための政治エリートの協力の重要性が指摘される［木寺 2012：186］．官僚制と中央-地方関係は，ローカル・ガバナンスに大きな影響を持ち，さらに解明されなければならない論点ではあるが，本書では紙面の関係上その問題にはこれ以上立ち入らない．
7）この政策ネットワークの中には，都道府県も入り，日本の場合は，国と市町村の間の触媒者，仲介役，ブローカーとしての役割を果たす［金井 2007：67，136］．
8）日本では，坂本［2009］などの意欲的な分析も見られ，今後の研究蓄積が期待される．

## 参考文献

秋月健吾［2010］「ガバナンス時代の地方自治——NPMとNPO——」，村松岐夫編『テキストブック地方自治 第2版』東洋経済新報社．
朝岡誠［2014］「誰がデモに参加するのか」『民主主義の「危機」——国際比較調査からみる市民意識——』勁草書房
市川喜崇［2012］『日本の中央—地方関係——現代型集権体制の起源と福祉国家——』法律文化社．
大山耕輔［2016］「NPMとポストNPMをめぐる市民・政治家・公務員の関係」『ECO-FORUM』31(4)．

片岡寛光［1998］「行政改革の期待と現実」，片岡寛光編『国別行政改革事情』早稲田大学出版部．
金井利之［2007］『自治制度』東京大学出版会．
木寺元［2012］『地方分権改革の政治学――制度・アイディア・官僚制――』有斐閣．
北川洋一［2003］「地方分権がもたらす行政のマネジメント化とパートナーシップ化――NPMとパートナーシップ論の合流による「第三の波」型改革――」，村松岐夫・稲継裕昭編『包括的地方自治ガバナンス改革』東洋経済新報社．
工藤裕子［2016］「NPMは終わったのか？――New Public Governance と New Political Governanceを中心に――」ECO-FORUM，Vol. 31 No. 4．
栗本裕見［2016］「コミュニティ・ガバナンスの困難――有る地域自治区の挑戦から――」，石田徹・伊藤恭彦・上田道明編『ローカル・ガバナンスとデモクラシー――地方自治の新たなかたち――』法律文化社．
幸田雅治［2013］「市町村合併による震災対応力への影響――石巻市に見る大震災と大合併――」，室﨑益輝・幸田雅治編『市町村合併による防災力の空洞化』ミネルヴァ書房．
坂本信雄［2009］『ローカル・ガバナンスの実証分析』八千代出版
塩原俊彦［2016］『官僚の世界史――腐敗の構造――』社会評論社．
新藤宗幸［2016］『「主権者教育」を問う』岩波書店（岩波ブックレット）．
曽我謙悟・待鳥聡史［2007］『日本の地方政治――二元代表制政府の政策選択――』名古屋大学出版会．
辻清明［1969］『日本官僚制の研究』東京大学出版会．
坪郷實［2009］「日本政治の再構築」，坪郷實編『比較・政治参加』ミネルヴァ書房．
外川伸一［2011］「ネットワーク型ガバナンスとネットワーク形態のNPM――病院PFIをケース・スタディとして――」『社会科学研究』（山梨学院大学），31．
永戸力［2010］「ポスト官僚制か，ポストNPMか？――フッド以降の行政理論の諸相――」『立命館法学』5・6．
仁平典宏［2017］「政治変容」，坂本治也編『市民社会論』法律文化社．
野口悠紀雄［1995］『1940年体制――「さらば戦時経済」――』東洋経済新報社．
野口悠紀雄［2015］『戦後経済史』東洋経済新報社．
橋本行史［2005］「協働，パートナーシップ，ガバナンスの諸概念と住民主導の政策形成の問題点」『地方自治研究』20(1)．
藤井禎介［2016］「分権改革とローカル・ガバナンス」，石田徹・伊藤恭彦編『ローカル・ガバナンスとデモクラシー――地方自治の新たなかたち――』法律文化社．
堀雅晴［2017］『現代行政学とガバナンス研究』東信堂．
前田健太郎［2014］『市民を雇わない国家』東京大学出版会．
松田憲忠［2011］「ガバナンスの主体としての市民」，岩崎正洋編『ガバナンス論の現在』勁草書房．
村松岐夫［2003］「世紀規改期の包括的地方ガバナンス改革」，村松岐夫・稲継裕昭編『包括的地方自治ガバナンス改革』東洋経済新報社．

山本清［2016］「ポストNPMとは？」『ECO-FORUM』31(4).
山本啓［2011］「ガバメントとガバナンス──参加型デモクラシーへのプレリュード──」，岩崎正洋編『ガバナンス論の現在』勁草書房．
山本啓［2014］『パブリック・ガバナンスの政治学』勁草書房．
Agranoff, R. [2007] *Managing Within Networks: Adding Value to Public Organizations*, Washington DC, Georgetown University Press.
Australian Public Service Commission [2007] *Building Better Governance*, Melbourne : Commonwealth of Australia.
Bellamy, R. and Palumbo, A [2010] *From Government to Governance*, London, Ashgate.
Bevir, M. [2007] *Encyclopedia of Governance*, Thousand Oaks, Calif. : Sage Publications.
Bevir, M. and Rhodes, R.A.W. [2010] *The State as Cultural Practice*, N.Y. : Oxford University Press.
Castells, M. [2010] *The Rise of the Network Society* ($2^{nd}$ edition) Chichester, Wiley-Blackwell.
Drechsler, W. and Katte, R. [2008] "Towards the Neo-Weberian State? Perhaps, but Certainly Adieu, NPM!", *The NISPAcee Journal of Public Administration and Policy*, Special Issue: 'A Distinctive European Model ? The Neo-Weberian State'1(2).
Dunleavy, P. and Margetts, H. [2006] "New Public Management Is Dead-Long Live Digital-Era Governance," *Journal of Public Administration Research and Theory*, 16(3).
Frederickson, H.G. [2005] "Whatever Happened to Public Administration ? Governance, governance everywhere" in Ferlie, E., Lynn, Jr. and Pollitt, C. eds., *The Oxford Handbook of Public Management*, Oxford University Press.
Hill, M. and Hupe, P. [2014] *Implementing Public Policy: An Introduction to the Study of Operational Governance*, $3^{rd}$ edition, Thousand Oaks, Calif. : Sage Publications.
Hood, C. [1991] "A Public Management for All Seasons?", *Public Administration*, 69(1).
Hood, C. [1996] "'Exploring Variations in Public Management reform of the1980's," in Bekke, A. J. G. M., Perry, J. L. and Toonen, A. J. eds., *Civil Service Systems in Comparative Perspective*, Bloomington : Indiana University Press.
Hood, C. and Peters, G. [2004] "The Middle Aging of New Public Management: Into the Age of Paradox?", *Journal of Public Administration Research and Theory*, 14(3).
Hupe, P. L. and Meijs, L.C.P.M. [2001] *Hybrid Governance: The Impact of the Nonprofit Sector in the Netherlands*, Center for Civil Society Studies.
Kaufmann, D., Kraay, A. and Mastruzzi, M. [2005] Governance Matters VIII: Governance Indicators for 1996-2008, The World Bank Policy Research Working Paper 4978.
Klijn, E.-H. [2005] "Networks and Inter-organizational Management Challenging Steering Evaluation and the Role of Public actors in public management" in Ferlie, E. Lynn, Jr and Pollitt, C. eds., *The Oxford Handbook of Public Management*, Oxford University Press.

Lane, J.-E. [2000] *New Public Management,* London,Routledge.
Lynn, L., Jr. [2008] "What Is a Neo-Weberian State? Reflections on a Concept and Its Implications" *The NISPAcee Journal of Public Administration and Policy,* Special Issue: 'A Distinctive European Model ? The Neo-Weberian State'1(2).
Newman, J. [2001] *Modernizing governance: New Labour, policy and society,* London, UK: Sage Publications.
Osborne, D. and Gaebler, T. [1993] *Reinventing Government: The Five Strategies for Reinventing Government,* New York, N.Y.: Plume (日本能率協会自治体経営革新研究会訳『行政革命』本能率協会マネジメントセンター, 1995年).
Osborne, S.P. [2010] *The New Public Governance?: Emerging Perspectives on the Theory and Practice of Public Governance,* London ; New York : Routledge.
Peters, B.G. [2010] "'Meta-Governance and Public management'," in *The New Public Governance? : Emerging Perspectives on the Theory and Practice of Public Governance,* London ; New York : Routledge.
Peters, B.G. and Pierre, J. [1998] "Governance without government? Rethinking public administration," *Journal of Public Administration Research & Theory,* 8(2).
Pierre, J. and Peters, B.G. [2000] *Governance, Politics, and the State,* Basingstoke, Macmillan.
Pollitt, C. [1990] "Performance indicators: root and branch" in Cave, M., Kogan, M. and Smith, R., eds., *Performance Measurement in Government: The State of the Art,* London, Jessica Kingsley.
Pollitt, C. [2016] "Managerialism Redux?" *Financial Accountability and Management,* 32 (4).
Pollitt, C. and Bouckaert, G. [2017] *Public Management Reform: A Comparative Analysis - Into The Age of Austerity,* Oxford: Oxford University Press.
Pollitt, C., Girre X., Lonsdale J., Mul R., Summa H. and Waerness, M. [1999] *Performance or compliance? Performance audit and public management in five countries,* Oxford: Oxford University Press.
Rhodes, R.A.W. [1997] *Understanding Governance: Policy Networks, Governance, Reflexivity and Accountability,* Buckingham ; Philadelphia : Open University Press.
Rhodes, R.A.W. [2000] "Governance and Public Administration," in Pierre, J. ed., *Debating Governance: Authority, Steering, and Democracy,* Oxford ; Tokyo : Oxford University Press.
Sørensen, E. and Torfing, J. [2009] "Making Governance Networks Effective and Democratic Through Metagovernance," *Public Administration,* 87(2).
Sullivan, H. and Skelcher, C. [2002] *Working Across Boundaries: Collaboration in Public Services,* (Government beyond the Centre), Basingstoke ; New York : Palgrave.
Taylor, M. [2011] *Public Policy in the Community,* 2nd ed., Basingstoke : Palgrave Macmillan (牧里毎治・金川幸司監訳『コミュニティをエンパワメントするには何が

必要か――行政との権力・公共性の共有――』ミネルヴァ書房,2017年).
Torfing, J. [2007] "Introduction: Democratic Network Governance," in Marcussen, M. and Torfing, J. eds., *Democratic Network Governance in Europe*, New York : Palgrave Macmillan.

あ と が き

　本書は，一般に出版されている純粋理論書とは若干異なるし，かつ，事例紹介中心の書物とも異なる．理論書にありがちな実践軽視，実践書にありがちな普遍化の欠如といった課題を克服するべく，理論と実践の融合を試みたつもりである．編者である私は，2008年に『協働型ガバナンスとNPO──イギリスのパートナーシップ政策を事例として──』で，イギリスの第３の道とブレア政権の協働型ガバナンスに焦点を当てた実証分析を試みた．それから現在に至るまでの間に，イギリスにおいては，政権交代が起こり，保守党主体の政権に移行したが，本書で取り上げた分野の政策の基本的アイデアは労働党政権時に考案されたものが多い．また，大きな社会（Big Society）を標語に掲げ，その意味するところが不明確な点が多かったが，結局は財政規律を守るという政策として具現化され，労働党政権における衰退地域への資金提供，及びサードセクターに対する資金もドラスティックに減額された．労働党政権時代に勢いのあったサードセクター組織の中には，廃止された組織も多い．しかし，財政削減をする代わりに監査委員会（Audit Commission），リージョン（地方）レベルに存在した地域開発公社（RDA）の廃止といった間接コストと監査コストも同時に削減している．そして，コミュニティへの権限付与，さらに，サードセクター組織に関しては，現場のフロントライン組織への資金の重点化など，その改革の動きは素早く，多くの団体が閉鎖される中で，政策のドラスティックな変化にしたたかに対応している組織の姿も見られる．

　また，社会的企業政策において参照した隣国の韓国では，民主政体になってから約30年間しか経過していないにもかかわらず，社会的企業育成法，協同組合基本法，社会的経済（social economy）の概念導入とその組織化など，欧州をモデルにした斬新な改革が矢継ぎ早に行われている．

　日本は，1990年のバブル崩壊後，1990年代半ばの経済の頂上期を最後に国際的な相対的地位の凋落の道をたどっている．21世紀は改革の時代といえるが，その背後にあるのは，財政的課題であることは論を待たない．しかし，その改革においては，非正規雇用の増大など，格差の拡大と同時に，社会サービスや生産現場では，慢性的な人手不足が発生している．さらに，市町村合併のよう

な中央主導で進められた改革は，条件不利地域に居住する弱者に大きな犠牲を強いた面が強い．

　日本では社会的企業などのサードセクター改革一つをとっても，抜本的な改革としての施策化のスピードは遅く，経済システムだけではなく，政治・行政システムにおいても，その制度疲労が目立っているように見える．本書は，このような問題意識からその処方箋の一助になればと思い，執筆したものである．

　本書の執筆過程において，多くの方の協力を得た．実務家の著者の方々には，仕事を抱えた中で，貴重な時間を捻出していただいたことに感謝したい．また，事例研究の中では地域のために現場で汗を流しておられる数え切れないぐらいの行政マン，NPO法人，地域組織，自治会のスタッフからお話をお聞かせいただいた．本書には，これらの方々の現場の声が広く反映されている．なぜなら，本書は，ボトムアップ型の公共ガバナンスのあり方を探ろうとしたものだからである．それ故に，研究者のみならず，実務家，学生諸君に是非ご一読いただきたいと思う次第である．

　また，出版事情が必ずしも良好とは言えない中で，本書の執筆を勧めていただき，予定通りに進まない執筆を温かく見守っていただいた晃洋書房の丸井清泰氏に感謝したい．

　　2018年8月　執筆者を代表して
　　　　　イギリス，バーミンガムより，遠い祖国を想いながら

　　　　　　　　　　　　　　　　　　　　　　　　　金　川　幸　司

# 人名索引

〈ア 行〉

青木孝弘　86, 92
秋月健吾　242, 253
朝岡誠　251
雨宮孝子　10, 12
アンハイヤ, H. K.　3
石平春彦　138
石村耕治　78, 80
今井照　59, 120, 121, 138
今井良広　105, 188
今川晃　166
今瀬政司　60
後房雄　19, 45, 56, 59, 66, 188
碓井光明　60
エバーズ, A.　224, 225
大久保規子　60
大杉覚　161
太田達夫　9, 14, 16, 19
大山耕輔　166, 210, 250
岡本仁宏　3, 11, 19
オズボーン, S. P.　239, 241
小幡純子　9
オルソン, M.　149

〈カ 行〉

柏木宏　42, 45
カステル, M.　211
片岡寛光　242
加藤哲夫　44
金井利之　247
金川幸司　58, 72, 78, 93, 188
カーリン, J. A.　79
北川洋一　245
キッケルト, W. J. M.　197
木寺元　172, 248
ギドロン, B.　56
工藤裕子　244, 247

栗本裕見　245, 246
クリン, E. -H.　194
五石敬路　88
コーイマン, J.　197, 205
幸田雅治　247, 248
木暮健太郎　193, 196, 198, 201
小田切康彦　57, 60, 61

〈サ 行〉

坂本信雄　246
坂本治也　59, 66
サッチャー, M　240
サマービル, P　211-213, 215
サラモン, L. M.　3, 224
ジェソップ, B.　199
塩野宏　3, 9
塩原俊彦　252
シャルプ, F. W.　197
ジョンソン, N.　76
白井絵理子　58
新藤宗幸　251
スケルチャー, C.　215, 216
鈴木崇弘　228
ストーカー, G.　208, 209
スミス, S. R.　227
曾我謙悟　252
ソレンセン, E.　200, 202, 205, 250

〈タ 行〉

高木鉦作　144
竹内英二　84, 86
田中弥生　40
谷本寛治　189
ダンレビー, P.　239
チョ, A.　232
辻清明　252
辻中豊　145-148
坪郷實　247

ディーズ, J. G.　77, 79, 231
テイラー, M.　235, 244, 252
出口正之　15, 19
デフォルニ, J.　76, 77, 223
外川伸一　193, 195, 245, 246
トルフィング, J.　200-205, 215, 216, 240, 250

〈ナ 行〉

中曽根康弘　240
中田裕康　2, 9, 10
中田実　147, 149
永戸力　251
名和田是彦　160
ニコラス, A.　232
西岡晋　196, 197, 200
西尾勝　120
西田亮介　51
ニッセン, M.　77
仁平典宏　59, 222, 241
ニューマン, J.　243
能見善久　10
野口悠紀雄　252
野中郁次郎　186, 187

〈ハ 行〉

ハインドモーア, A.　199, 200, 213, 214
橋本行史　246
橋本理　234
パトナム, R.　217
馬場英朗　232
ピエール, J.　198, 199, 204, 208, 245
日高昭夫　149
ピーターズ, B. G.　198, 199, 204, 208, 245
ヒューペ, P. L.　239
ファング, A.　214
藤井敦　232
藤井禎介　247, 248
ブッカート, G.　248

フッド, C.　243
ブレア, T.　241
ペッカネン, R. J.　153, 227, 228
ベビア, M.　244, 245
ベル, S.　199, 200, 213, 214
堀田力　10
堀雅晴　205, 246
ポリット, C.　243, 248
ボルザガ, C.　224

〈マ 行〉

マインツ, R.　197
前田健太郎　242
待鳥聡史　252
町村敬志　132
松田憲忠　251, 253
丸山真央　130, 131, 134, 137
宮本憲一　121
村松岐夫　241
ムルガン, G.　232
室崎益照　138
森裕亮　157, 165

〈ヤ 行〉

山岡義典　19
山口道昭　59
山崎仁朗　138
山本清　241, 251
山本啓　204, 251
吉田忠彦　40, 48
米澤旦　77, 87, 227, 232

〈ラ・ワ行〉

ライト, E.　214
レーガン, R.　240
ローウィ, T. J.　170
ローズ, R. A. W.　197, 212, 241, 244
ローンズ, V.　111, 160
ワイスブロッド, B.　223

## 事項索引

〈ア　行〉

あいち協働ルールブック　45
愛知県豊田市　166, 170
アイビーハウス　107-109
アウトソーシング　55, 60, 61, 195, 252
アセット・トランスファー（資産移転）
　　99-104, 110
アセットロック　79, 115
新しい公共　51, 241
　　——円卓会議　49, 51
　　——支援事業　48, 49, 51
新しさの不利益　170
アドボカシー　57, 153, 170, 214, 227, 251
　　——活動　89
　　——系団体　228
アマチュアリズム　224
アメリカンバイアス　224
委託　47
一括交付金制度　165, 172
一市2制度　129
一般財団法人　20
一般社団法人　7, 17, 180, 181
　　——復興みなさん会　181, 183, 184
　　——南三陸町復興推進ネットワーク
　　181-183
一般法人　14
　　——法　9, 19
　　共益型——　11, 14
　　非営利貫徹型——　11, 14
　　普通法人型——　11, 14
EU　209
インターネット　155
インターミディアリー　39, 40, 48
インパクト評価　232
インフラストラクチャー・オーガニゼーション
　　41, 42, 44
ウェストミンスターモデル　243

エクイティキャピタル　80
エージェンシー化　195, 241
エージ・UK・ヒリングトン　105-107, 114
SROI　232
ETIC.　50, 89, 93
NAVCA　89
NGO　209
NCVO　89
NPO　39, 41, 145, 180, 181, 211
　　——タクシー　135
　　——法人　→特定非営利活動法人
　　——まちづくり山岡　132
　　官設型——　48
　　集落支援型——　5, 138
　　日本——センター　20, 42, 44
EMES　77
L3C　80
OECD　78
大きな社会（ビッグソサイエティ）　103,
　　109-111, 244
大阪市　34, 35
大阪府池田市　166, 168, 170
オランダ・エラスムス派　197

〈カ　行〉

会員奉仕組織　145
会社法　19
外部資本　130
回覧板　152
稼いだ収入　82
学校法人　2, 15
合併特例区　162, 163
　　——協議会　121, 162
稼得所得学派　77, 231
ガバナンス　192, 193, 208, 210, 214,
　　——・ネットワーク　195, 201, 205, 246
　　——の語源　192, 193
　　——の失敗　253

インタラクティブ・―― 186, 202-205
解釈論的――論 205
グッド・―― 194, 195, 204
コ・――（共治） 186
コミュニティ・―― 209, 211, 216, 218, 219, 240
新公共――（NPG） 239, 248, 251, 252
水平的ネットワーク型――モデル 252
第2世代の――論 200-202
デジタル時代の―― 239
ニュー――論 244
ネットワーク・―― 194, 195, 212
ネットワーク・――論 239
マルチレベル・―― 194, 195, 204, 209, 210
メタ―― 199, 201, 202
ローカル・―― 185, 186
ガバメント 192, 193, 214
官益法人 10, 15
監査文化 235
官製ワーキングプア 242
官尊民卑 242
完治主義 240, 252
菅内閣 51
環浜名湖政令指定都市構想 131
がんばらまいか佐久間 127, 128
岐阜県山岡町 126
キャリア制度 242
境界連結者 185
行政委嘱員 157
行政改革大綱 246
行政区 151
行政補助組織 150, 151
協働 39, 45, 47, 55, 61, 72, 246
　――契約書 60, 61
　――センター 132, 137
　――パロット事業 65
　地域―― 58, 59
　提案公算型――事業 61, 70
共同連 89
空洞化 195, 197, 203

区民懇話会 128
クラウドファンディング 94, 112, 230
グラウンドワーク三島 50
クラスター型政令指定都市 131
クワーク・レビュー 102, 109
契約講 177, 178, 185, 188
契約の失敗 223
ゲートキーパー 185, 186
小泉行革 241
公益財団法人 20
公益認定基準 10
公益認定等委員会 9
公益認定法 9, 10
公益法人 17
　――関連3法 9
　――協会 20
公共調達 231
更生保護事業法 15
更生保護法人 2
公設公営 40
公設民営 40
交付財の段階補正 130
公募公選制 172
交流館 129
国際比較研究 3, 224
国税庁 6
　――法人番号 14
国家中心アプローチ 198-202
国家中心関係アプローチ 199, 200
コーポラティズム 246
コミュニティ 155, 211-214
　――益増進組合 108, 113, 115
　――財団 20
　――・シェアーズ 108, 115
　――資産所有・運営助成プログラム 103, 104, 108
　――資産プログラム 102, 104, 114
　――・ショップ 112, 115
　――担当職員 133, 136
　――入札権 103, 104, 110
　――・バリュー 103, 104, 111, 112

──ビジネス　91
──の権限付与　252
──利益会社　78
実践──　186, 189
政策──　186, 187
地域──推進協議会　168
コンパクト　58

〈サ　行〉

財政分権　164
サードセクター　251, 252
参加型予算配分　169, 217
──制度　169, 215, 216
参加主義　251
三位一体の改革　247
CIC（コミュニティ利益会社）　78, 100, 101, 109, 113
資源立脚アプローチ　109
資産移転ユニット（ATU）　103, 108
市場化テスト　241
市場主義　251
静岡県蒲原町　122, 123
静岡県市町村合併推進構想　123
静岡県富士川町　122
静岡県立美術館　30, 33
静岡市　123
静岡市・由比町合併協議会　123
シーズ＝市民活動を支える制度を作る会　41, 44
市制町村制　151
自治会　121, 177
自治会町内会　144
──体制　150, 155, 156
自治会連合会　138
自治基本条例　138
自治区会　146
自治体内分権　138, 156, 160, 161, 164, 172
市町村合併　160
──の特例に関する法律（合併特例法）　121, 124, 161, 173
指定管理者制度　26-28, 46, 112, 241

シティズンシップ教育　251
CB・SB推進協議会　90
市民参加　57, 161, 213, 233, 247
市民フォーラム21・NPOセンター　44
事務事業評価システム　241
社会教育調査　24, 25
社会中心アプローチ　196-198, 201, 202
社会的イノベーション学派　77, 232
社会的価値法（Social Value Act）　94, 233
社会的監査　232
社会的企業　112, 226
──育成法　234
──家　79, 87
──中央協議会　89
社会的協同組合　78, 226
社会的経済　78, 88, 234
──学派　77
──基本法　234
──組織　234
社会的困窮者自立支援法　231
社会的投資　110-113
社会的包摂　235, 245
──政策　87, 231
社会福祉法人　2, 15
収支相補基準　19
住民投票　123
集落消滅　137
就労訓練事業所　88
就労支援　88
主権国家　210
準市場　250
障害者総合支援法　231
障害者優先調達推進法　91
小規模多機能ネットワーク　121
商業化　229
情報の非対称性　223
所轄庁　6
新ウェーバー　240
──型国家　252
──モデル　250
──主義　254

新自由主義　245, 246
　　新調型——　59
　　撤退型——　58, 222
新制度派経済学　241
新制度派社会学　227
新制度論　201
信用保証協会　90
信頼資本財団　89
随意契約　91, 233
垂直的評価　232
水平的な相互補完性　249
ステークホルダー　212
すばらしい歌津をつくる協議会　188
生活困窮者自立支援法　87, 231, 234
政策提言連合枠組み　251
生態系　234
制度　215, 216, 218
　　——選択アプローチ　223, 226
　　——派経済学　223
　　——ロジックモデル　227
正統性　170, 172
政府　208, 216
西武信用金庫　93
政府なき統治　197, 203
政府の失敗　223
全国コミュニティ財団協会　20
せんだい・みやぎNPOセンター　44, 47
総合評価入札　233
総定員法　242
相補モデル　224
ソーシャルイノベーション　185
　　——ファンド　80
ソーシャルインパクトボンド　90, 93, 233
ソーシャルエンタープライズUK　89, 233
ソーシャルキャピタル　101, 185, 233
　　橋渡し型——　217
　　連結型——　217
ソーシャルビジネス　80
　　——研究会　80
ソーシャルファイナンス支援センター　89

〈タ　行〉

対抗的運動論　231
第三者政府　224
第3の道　241, 244
第27次地方制度調査会　120
代表性　171, 172
タウンフィールド・コミュニティー・センター
　104-106
地域運営組織　112, 113, 115, 121, 138, 173,
地域おこし協力隊　133, 136
地域会議　166
地域開発トラスト　100, 101, 106, 109, 113
地域協議会　138, 162, 163
地域自治区制度　121, 123, 124, 161
地域自治組織　121, 156, 161, 163, 172, 173
地域社会雇用創造事業　48, 50, 51
地域主義法（Localism Act）　103, 109, 111,
　112, 114, 252
地域審議会　121, 123, 124, 162, 164
地域振興会　146
地域組織　180, 181, 184-188
地縁　155
地方自治法改正　26, 27
地方独立行政法人　33
地方分権改革　247
中間支援　39, 40, 48
　　——組織　185
中間就労　87, 88
中間法人法　9, 15
超国家機関　209
町内会加入促進条例　153
DTI　77
デモへの参加率　251
天竜川・浜名湖地域合併協議会　131
ドイツ・ケルン派　197
特定非営利活動法人（NPO法人）　2, 17, 156
　　認定——　5, 7, 17
特別目的会社：SPC　80
独立系シンクタンク　228
鳥取県立博物館　35

事項索引　267

トライアル発注　92

〈ナ　行〉

内国歳入法第501条（C）3　3
長崎県美術館　29, 31
長崎歴史文化博物館　29
NAVCA　89, 110
新潟県上越市　121, 172
西尾私案　120
二重構造　228
日本財団　93
日本政策金融公庫　90
日本ベンチャーフィランソロピー基金　93
入札の総合評価方式　233
ニューパブリック・マネジメント（NPM：新公共管理）　27, 46, 56, 240, 251
　ポスト――　240, 244
　――としてのガバナンス　194-196, 204, 244
ニューレーバー　58
ネットワークのガバニング　239
野田内閣　51

〈ハ　行〉

媒介モデル　226
ハイブリッド化　229
ハイブリッド組織　223, 225
バウチャー制度　85, 231
博物館評価　31
博物館法　24, 25
橋本行革　241
Purchase of Service Contract　83
パートナーシップ　56, 245
鳩山内閣　49, 51
パブリック・サポート・テスト　5, 7, 11
阪神・淡路大震災　58, 176
PFI　241
B会社　80
東日本大震災　112, 176, 247
ビッグソサイエティ派　233
PDCAサイクル　247

兵庫県三田市　150
広島市現代美術館　31
フィランソロピー　79
福祉トライアングル　225, 227
藤枝市郷土博物館・文学館　30
部落会町内会　151
　――等整備要領　151
フルコストリカバリ　61
フルセット主義　247
ブレア政権　234, 241
フローレンス　92
文化会館　25, 26
文化政策　29, 33, 37
平成の合併　122
防災集団移転促進事業　179, 184
防災力の空洞化　247
ボランタリーの失敗　224
ボランティア　180

〈マ　行〉

まちづくり協議会　138, 179, 183, 185, 186, 189
マネジリアニズム　241
三重県伊賀市　164
宮城県南三陸町　177-179
民主的正統性　239
民主党政権　49, 51
民設民営　40
メタガバナー　199, 250

〈ヤ　行〉

山里いきいき応援隊　134
有償運送事業　136
優先発注　92, 234
usual suspects　172, 217, 218
予算提案権　163, 164
予算提案制度　165, 167, 169-172
予算編成過程　164, 169, 171

〈ラ・ワ行〉

レジリエンス　187

レントシーキング　233
労働統合型社会的企業（WISE）　87
ワーカーズコープ連合会　89

ワーカーズ・コレクティブ・ネットワークジャパン　89

《執筆者紹介》（執筆順，＊は編著者）

＊金川 幸司（かながわ こうじ）[はしがき，第1章，第4章，第5章，第7章，第13章，第14章，あとがき]
　奥付参照．

岩瀬 智久（いわせ ともひさ）[第2章]
　1963年生まれ．静岡県立大学大学院経営情報イノベーション研究科修士課程修了．現在，静岡文化芸術大学職員．
**主要業績**
『TOKYO1/4と考える オリンピック文化プログラム 2016から未来へ』（共著），勉誠出版，2016年．

荻野幸太郎（おぎの こうたろう）[第3章]
　1980年生まれ．静岡大学大学院人文社会科学研究科修士課程修了．現在，富士市NPO協議会監事，国際日本文化研究センター共同研究員．
**主要業績**
『静岡に学ぶ地域イノベーション』（共著），中央経済社，2013年．

今井 良広（いまい よしひろ）[第6章，第10章，第11章]
　1962年生まれ．大阪市立大学大学院創造都市研究科都市政策専攻修了，博士（都市創造）．現在，兵庫県企画県民部地域創生局長．
**主要業績**
『地域とNPOのマネジメント』（共著），晃洋書房，2005年．『ボランティアの今を考える』（共著），ミネルヴァ書房，2013年．『経営診断の新展開：日本経営診断学会叢書第3巻』（共著），同友館，2015年．

森 裕亮（もり ひろあき）[第8章，第9章，第12章]
　1976年生まれ．同志社大学大学院総合政策科学研究科修了，博士（政策科学）．現在，北九州市立大学法学部准教授，オーストラリア・アデレード大学客員研究員．
**主要業績**
『地方政府と自治会間のパートナーシップ形成の課題――「行政委嘱員制度」の影響――』渓水社，2014年．

《編著者紹介》

金川 幸司（かながわ　こうじ）

1956年生まれ．埼玉大学大学院政策科学研究科修士課程修了．現在，静岡県立大学経営情報イノベーション研究科教授（博士：政策科学）

**主要業績**

『協働型ガバナンスとNPO——イギリスのパートナーシップ政策を事例として——』晃洋書房，2008年．「イギリスのパートナーシップ型地域再生政策の評価——第三の道とビッグソサイエティ——」，日本地方自治学会編『地方自治叢書25』敬文堂，2013年．『日本のソーシャルビジネス』（共著）日本政策金融公庫編，2015年．

---

公共ガバナンス論
——サードセクター・住民自治・コミュニティ——

| 2018年10月10日　初版第1刷発行 | ＊定価はカバーに表示してあります |

| 編著者の了解により検印省略 | 編著者　金　川　幸　司ⓒ<br>発行者　植　田　　　実<br>印刷者　藤　森　英　夫 |

発行所　株式会社　晃洋書房

〒615-0026　京都市右京区西院北矢掛町7番地
電話　075(312)0788番(代)
振替口座　01040-6-32280

装丁　尾崎閑也　　　印刷・製本　亜細亜印刷㈱

ISBN978-4-7710-3080-0

JCOPY 〈㈳出版者著作権管理機構　委託出版物〉
本書の無断複写は著作権法上での例外を除き禁じられています．複写される場合は，そのつど事前に，㈳出版者著作権管理機構（電話 03-3513-6969, FAX 03-3513-6979, e-mail:info@jcopy.or.jp）の許諾を得てください．

山谷 清秀 著
**ガバナンスと評価 2**
**公共部門のガバナンスとオンブズマン**
　——行政とマネジメント——
A5判 256頁
本体2800円（税別）

橋本 圭多 著
**ガバナンスと評価 1**
**公共部門における評価と統制**
A5判 202頁
本体2600円（税別）

竹内 裕二 著
**地域メンテナンス論**
　——不確実な時代のコミュニティ現場からの動き——
四六判 238頁
本体2400円（税別）

小山 弘美 著
**自治と協働からみた現代コミュニティ論**
　——世田谷区まちづくり活動の軌跡——
A5判 270頁
本体2900円（税別）

広原 盛明 著
**日本型コミュニティ政策**
　——東京・横浜・武蔵野の経験——
A5判 518頁
本体4800円（税別）

田中 きよむ 編著
**小さな拠点を軸とする共生型地域づくり**
　——地方消滅論を超えて——
A5判 270頁
本体2800円（税別）

濱田 恵三・伊藤 浩平・神戸 一生 編著
**地域創生の戦略と実践**
A5判 160頁
本体1900円（税別）

石田 光規 編著
**郊外社会の分断と再編**
　——つくられたまち・多摩ニュータウンのその後——
A5判 230頁
本体2600円（税別）

内藤和美・山谷清志 編著
**男女共同参画政策**
　——行政評価と施設評価——
A5判 258頁
本体2800円（税別）

稲本隆壽・鈴木茂 編著
**内子町のまちづくり**
　——住民と行政による協働のまちづくりの実践——
A5判 208頁
本体2200円（税別）

━━━━━━ 晃 洋 書 房 ━━━━━━